Zu sagen, dass Merkel, Obama, Putin, aber auch Leute wie Ackermann (Ex-Chef der Deutschen Bank) oder gut bezahlte Öffentlichkeitsarbeiter tagtäglich Verbrechen exekutieren und einfache Bürger Beihilfe leisten, ist allerdings nur ein Anfang, dem eine eingehende Analyse folgen muss, die nicht nur das (Verbrechen exekutierende) Innenleben herrschender Eliten, sondern auch das eigene, des Normalbürgers, einbeziehen muss, schon weil wir ohne Einbeziehung des eigenen Innenlebens zu keinen diskutier- oder belastbaren Aussagen gegen kriminelle Eliten kommen können (aus Band 1, S. 145).

Franz Witsch, geb. 1952, lebt in Hamburg und ist Lehrer für Politik, Geografie und Philosophie. Zwischen 1984 bis 2003 arbeitete er in allen Bereichen der freien Wirtschaft als Informatiker und Unternehmensberater. Heute schreibt er sozialphilosophische Texte und Bücher.

Franz Witsch

Materialien zur
Politisierung des Bürgers

Band 1:
Ökonomische und moralische Voraussetzungen
einer sozialverträglichen Gesellschaft

Bibliografische Information der Deutschen Nationalbibliothek
Die Deutsche Nationalbibliothek verzeichnet diese Publikation in der
Deutschen Nationalbibliografie; detaillierte bibliografische Daten sind
im Internet über http://dnb.d-nb.de abrufbar

1. Auflage Mai 2015

Impressum
©2015 Franz Witsch
Herstellung und Verlag:
BoD – Books on Demand, Norderstedt
Alle Rechte vorbehalten
ISBN 978-3-7347-8224-4

Inhalt

Vorbemerkung zum definitiven Gesellschaftsbegriff

Die zwei Bände *Materialien zur Politisierung des Bürgers* (MP1,MP2) enthalten Texte, die zwischen 2004 und 2007 entstanden sind.(DPB, 214f) Sie nahmen damals wesentliche Gedanken und Begriffe vorweg, die später, in *Die Politisierung des Bürgers* (2009-2013), eine wesentliche Rolle spielen sollten. Die Texte bringen zum Ausdruck, dass und auf welche Weise Theorien oder Begriffe aus der politischen Praxis, bzw. sozialen Auseinandersetzungen hervorgehen. Das illustriert bereits der erste Text, der sich mit den *Programmatischen Eckpunkten* beschäftigt, die seinerzeit, im Jahre 2006, die Fusion zweier Parteien – PDS und WASG – legitimieren sollten. Aus beiden Parteien ging dann die Partei *Die Linke* (PDL) hervor. Heute wissen wir, was ich in diesem Text schon damals befürchtete: die PDL ist eine Partei wie jede andere: ohne das geringsten Interesse, die herrschenden gesellschaftlichen Strukturen mit einem *alternativen Gesellschaftskonzept* (S. 87-127) zu konfrontieren; das zeichnete sich für mich damals ab auf der Grundlage von Überlegungen, die später wesentlich den *definitiven Gesellschaftsbegriff* in Abgrenzung zu einem *strukturalen, körperlich begreifbaren Gesellschaftsbegriff* prägten.(DPB,22f, 29-44)
Der körperlich begreifbare Gesellschaftsbegriff entwickelte sich historisch auf der Basis einer wertethisch – z.B. muslimisch, christlich oder jüdisch – fundierten Moral oder Lebensweise, die ihren Mitgliedern ein bestimmtes Denken und Verhalten auferlegt, im Falle einer muslimischen Lebensweise z.B. die Unterordnung der Frau unter dem Mann.
Demgegenüber transportiert der definitive Gesellschaftsbegriff nicht eine bestimmte Lebensweise als vielmehr ein Allgemeininteresse (Grundrechte auch für Straftäter), das, moralisch gesehen, über jeder Lebensweise, bzw. sozialen Struktur stehen sollte, in die ihre Teilnehmer gleichsam *körperlich* – gegenständlich beschreibbar – mit Leib, Seele und all ihren Gefühlen involviert sind. Gleichwohl müssen sie sich moralisch an jenem Allgemeininteresse messen lassen; vorausgesetzt, es ist im Sinne eines Erziehungsziels (die Würde des Menschen ist unantastbar!) eingelassen in jene wertethisch fundierten Strukturen, wenn auch in Spannung zu ihnen als etwas, das ihnen fremd ist, so dass es ihnen schwer fällt, sich an jenem Allgemeininteresse zu bemessen (DP3,165f), würde das Allgemeininteresse doch einschließen, auch einem Straftäter unmittelbar einklagbare Grundrechte einzuräumen.(DPB,29-44)
Gewöhnlich hat nicht nur der muslimische, vielmehr auch der christliche Standpunkt Schwierigkeiten, Grundrechte dem eigenen Leben zu assimilieren. Der christliche Standpunkt vermag seine Schwierigkeiten nur gut zu verstecken, so wenn er mit Hilfe der Hartz-IV-Gesetze von Arbeitslosigkeit betroffenen Menschen *Würde* verweigert, als wären sie mit der

menschlichen Existenz nicht untrennbar verbunden, als müsse man sie sich erst verdienen (z.B. indem Arbeitslose jede *zumutbare* Arbeit annehmen), bevor man sie in Anspruch nehmen könne.

Zur Zeit werden den Griechen Grundrechte im Kontext ihrer EU-Zugehörigkeit verweigert. Ganz zu schweigen davon, dass Menschen mit ferngesteuerten Drohnen liquidiert werden – von Obama angeordnet mit der Begründung, man befinde sich im Krieg gegen den Terror.[1] Und die Bundesregierung leistet Beihilfe dazu, wie aus einer Drucksache des Bundestages vom 08.09.10 hervorgeht. Dort erklärt der Bundestag *die Tötung feindlicher Kämpfer auch außerhalb von Kampfhandlungen ausdrücklich für zulässig.*[2] Nun, wertethisch fundierte Lebensweisen hatten schon immer ein ziemlich unbefangenes Verhältnis zu Mord und Totschlag.

Die Bände enthalten zusätzlich drei aktuelle Texte (2013-2015), in denen der definitive Gesellschaftsbegriff eine zentrale Rolle spielt. So bemühte ich mich in einem Vortrag auf der diesjährigen Jahrestagung der *Neuen Gesellschaft für Psychologie* (NGfP) zu zeigen, dass und warum menschliches *Denken, Sprechen und Handeln* ohne *definitiven Gesellschaftsbegriff* für wachsende Gewalt in den sozialen (internationalen) Strukturen bürgt.

Hamburg, April 2015   Franz Witsch

---

[1] Jeremy Scahill, Terrorstaat USA – Schmutzige Kriege – Die geheimen Kommandoaktionen der USA, NDR-Dokumentation auf *youtube.de* vom 28.11.2013

[2] Zur Tötung vorgeschlagen. Germain-foreign-policy.de vom 06.01.15; ferner: US-Drohnen töten 1147 Zivilisten bei der Jagd auf 41 Terroristen, DWN vom 27.11.14; ergänzend: Egmont R. Koch, Michael Wech, Lizenz zum Töten. Wie Israel seine Feinde liquidiert, ARD-Reportage auf *youtube.de* vom 04.04.2013

1. Gesellschaftsanalyse als Ausgangspunkt (A)

PT1 (A1) Die Präambel der Programmatischen Eckpunkte[3]

> *Noch nicht so recht wissen, was man will,*
> *aber das mit vereinigter Kraft*

Schlägt man in einem Fremdwörterbuch unter dem Stichwort *Präambel* nach, so findet sich dort die folgende Definition: "Vorspruch, feierliche Erklärung als Einleitung, z.B. bei Staatsverträgen, Verfassungsurkunden." Feierlich wohl deshalb, weil solche Texte soziale und kommunikative Räume handlungsorientierend ausleuchten sollen im Hinblick darauf, wie eine Gruppe von Menschen gegenwärtig und bezogen auf die Zukunft sich selbst politisch verstehen will. Warum ein Parteiprogramm nicht tatsächlich auffassen als eine Art Verfassungstext mit einleitender Erklärung, um Menschen außerhalb der Partei, aber auch innerparteilich im Hinblick auf ganz bestimmte Werte und Prinzipien zu überzeugen und – darauf basierend – zusammen zu halten. So etwas hat in der Tat etwas Feierliches an sich, nicht zuletzt weil die Präambel eine Gruppe einzuschwören hat, handlungsorientierend darauf, was in der politischen Praxis gelten oder auf gar keinen Fall gelten soll. Ja, fast möchte man sagen: eine Präambel ist wie ein Schwur.

Auch unsere Präambel muss zum Ausdruck bringen, aufgrund welcher unverrückbarer Gemeinsamkeiten unsere zukünftige Partei – es sind ja noch zwei Parteien – existieren, bzw. Politik in die Gesellschaft hinein machen will, die ihrerseits auf eine Art Vertrag gründet: dem Grundgesetz. Das alles ist auch deswegen so feierlich, um nicht zu sagen: heilig, weil die Mitglieder unserer zukünftigen Partei ihre Gemeinsamkeiten, einem Eheschwur nicht unähnlich, absolut ernst nehmen wollen. Das ist umso weniger gering zu achten, als wir in einer Spaßgesellschaft leben, in der Menschen sich immer weniger ernst nehmen in Bezug auf das, was sie voneinander wollen und zusammen hält. Es gehört zum guten Ton, alles ins Lächerliche zu ziehen, um dann, wenn es angeblich ums Eingemachte geht, überhaupt keinen selbstironischen Humor mehr zu entwickeln, da, wo es um notwendige Auseinandersetzungen geht, die das existenziell Gemeinsame gar nicht in Frage stellen wollen, ohne gewahr zu werden, dass man aus einem wesentlichen Grund kommuniziert: auch der andere könnte Recht haben, oder ein berechtigtes Anliegen haben. Ich muss ihn ernst nehmen, in der Auseinandersetzung auch ermitteln, was gemeinsame Realität, d.h. nicht fraglich und was (noch) fraglich ist, um

---

[3] BIJ-PEP: Bischoff, Brie u.a.: Programmatischen Eckpunkte auf dem Weg zu einer neuen Linkspartei in Deutschland. Diskussionsgrundlage der gemeinsamen Programmkommission von Linkspartei.PDS und WASG, erschienen im Februar 2006

Positionierungen dann so zu formulieren, dass sie der Kritik zugänglich bleiben, nicht zuletzt auch im Bewusstsein, dass Fragliches sich an unverrückbaren Gemeinsamkeiten zu bemessen hat; letzteres zielt unmittelbar auf das politische Handeln, das sich an einer gemeinsamen Realität, die wir als nicht verhandelbar verstehen, messen lassen muss, so dass entschieden werden kann: verhalte ich mich in der Politik richtig oder falsch.

Das, was uns in eine neue Partei zusammenführt, muss handlungsorientierend den Praxistest bestehen. Dieser (in den Naturwissenschaften ist es das Experiment) muss zeigen können, was Schwüre wert sind, was Menschen wert sind, die sich zusammengeschlossen haben, um politisch zu handeln. Einfach nur irgendwie das Gute, ein guter Mensch sein wollen, und darüber rhetorisch brillante und das Herz erwärmende Reden halten, wie Gregor Gysi das sicher gut kann, ist zwar schön, reicht aber nicht. Worte sind leider nur geduldig, wie die Papiere, auf die sie zu stehen kommen, auch wenn sie unentbehrlich sind.

Für viele Mitglieder in PDS oder WASG ist der Präambelbegriff kaum mehr als nur ein Wort. Dass man zu den besseren Menschen gehört, gilt als selbstverständlich. Man legt den Akzent zu wenig auf handlungsorientierende Praxis, darauf, was politisch erlaubt ist und was nicht. Wert- und praxisbezogene Handlungsorientierung gehören zusammen und haben etwas Unbedingtes an sich: eine – vor allem im Hinblick auf Regierungsbeteiligung – nicht verhandelbare Moral. Man mag so was als Kirchturmmentalität abtun. Nun denn, dann brauchen wir halt Kirchturmmentalität. Wir kommen nicht drum herum, politisches Handeln an etwas zu messen, so dass klar werden kann: hier handeln wir richtig, dort nicht. Andernfalls wären wir nicht glaubwürdig.

Das mit den gemeinsamen Werten, einer gemeinsamen moralischen Sichtweise, wie wir uns gesellschaftlich verstehen und miteinander umgehen wollen, im Sinne eines positiv formulierten Vorsatzes, deckt die Präambel des Eckpunktepapiers im großen und ganzen ab. Dagegen nicht den unverzichtbaren Aspekt der politischen Handlungsorientierung. Diese muss, will sie den Praxistest bestehen, auf bestehende gesellschaftliche Strukturen zielen, dadurch, dass man sich zunächst verweigert, z.B. sich am Sozialabbau zu beteiligen oder Sozialabbau zu tolerieren. Gesellschaftliche Strukturen bleiben notwendig unberührt, unproblematisch, sakrosankt, wo man wegen klammer Haushalte glaubt, Sozialabbau betreiben zu müssen, um konfliktträchtige Verweigerungshaltungen zu umgehen.

Doch was bedeutet es zu sagen, die bloße Verweigerung, rein formal, weil nur negativ formulierbar, ziele auf gesellschaftliche Strukturen, sei also politisch handlungsorientierend, von konkret praktischer Relevanz; kurz: abstrakt und konkret in einem? Verweigerungshaltungen benennen nur im Negativ ganz generell das, was und wie man nicht sein will, was

man auf keinen Fall machen will – das, was man bei Vertretern der anderen Parteien bisher immer zum Leidwesen insbesondere benachteiligter und ausgegrenzter Bevölkerungsteile beobachten kann. Daran will man sich nicht beteiligen. So lehnen wir Gewalt gegen Menschen kategorisch ab, ausnahmslos, sogar gegenüber Kindesentführern, auch wenn viele Folter unter bestimmten Bedingungen für notwendig erachten, wenn es z.B. um die Rettung eines entführten Kindes geht. Gewaltverweigerung rettet natürlich das unschuldig entführte Kind nicht. Und doch, allein eine diesbezügliche Verweigerungshaltung, die auf das unschuldige Kind keine Rücksicht nimmt, zielt auf gesellschaftliche Strukturen, denn sie fordert zu Überlegungen heraus hinsichtlich der Entwicklung einer Gesellschaft, in der zunehmend Stimmen lauter werden, die Gewalt für ein Mittel des mitmenschlichen Umgangs halten. Gegen eine Gesellschaft, die sich so entwickelt, wollen wir Politik machen; d.h. die gesellschaftlichen Strukturen fordern uns heraus, dass wir uns mit ihnen beschäftigen, sie analysieren, um die Notwendigkeit von Veränderungen zu begründen, um sich für sie nachvollziehbar einzusetzen, weil wir eine bestimmte gesellschaftliche Entwicklung nicht wollen, in der Folter und Gewalt zunehmend die Würde des Menschen in Frage stellen. Diese Herausforderung nehmen wir in dem Augenblick an, wo wir uns verweigern.
Verweigerungshaltungen können als unverrückbare Gemeinsamkeiten in der Präambel formuliert werden. Sie ersetzen nicht die sozialökonomische Analyse und das, was aus der Analyse an Möglichkeiten und Notwendigkeiten im Hinblick auf weiterführende Politik folgt, so was womöglich auf eine Änderung gesellschaftlicher Strukturen zielt; dennoch kann – im Vorfeld der Analyse, sozusagen eigensinnig irrational – schon im Rahmen gegebener gesellschaftlicher Strukturen derjenige, der Folter nicht unter allen Umständen ablehnt, nicht zu uns gehören, unter keinen Umständen, denn er tritt für die Würde des Menschen nicht uneingeschränkt ein; uneingeschränkt heißt: auch die Würde eines Verbrechers ist gemeint.
Mit der Weigerung am Sozialabbau mitzuwirken verhält es sich ähnlich. Da, wo Sozialabbau denknotwendig wird, weil klamme Haushalte zu sanieren sind, verlieren die politischen Akteure gesellschaftliche Strukturen und Verhältnisse aus dem Blick, bewegen sie sich unproblematisch im Rahmen derselben, während eine diesbezügliche Verweigerung auf die Problematisierung gesellschaftlicher Strukturen zielt, dazu unmittelbar herausfordert noch im Vorfeld der Analyse, dort Fragwürdiges sich auftut.
Unsere Präambel sagt selbst, dass es noch an einem gemeinsamen Verständnis mangelt, also dort, wo wir schon mitten drin sind, feierlich zu erklären, was uns zusammen führen und zusammen halten soll, was und wie wir auf keinen Fall sein wollen. Dort heißt es nämlich, "die notwendige Debatte um Selbstverständnis" müsse fortgesetzt werden. Wie bit-

te? Das ist so, als würden während einer Trauung die Brautleute nicht so recht wissen, warum sie vor dem Traualtar stehen. So was dürfte in einer Präambel nicht mehr stehen, schon gar nicht dann, wenn das Aufgebot schon bestellt ist. Tun sich da zwei womöglich fußkranke Parteien zusammen? Die es nicht so schlimm finden, mit Fußpilz herum zu laufen? Bei der L.PDS ist es im Zuge von Parlamentarisierung und Regierungsverantwortung nur etwas offensichtlicher, dass sie fußkrank ist. Aber zusammen tun sollen wir uns möglichst schnell, v.a. wenn es nach dem WASG-Bundesvorstand geht. Der zeitliche Fahrplan soll unwiderruflich festgeschrieben werden. Die Fusion soll laut Intension der bundesweiten Urabstimmung nicht mehr ergebnisoffen sein, mit einer einzigen Frage abgefackelt werden. Obwohl es selbst laut Präambel des Eckpunktepapiers noch Diskussionsbedarf im Hinblick auf ein gemeinsames Selbstverständnis gibt, wie gesagt: "die notwendige Debatte um Selbstverständnis" müsse fortgesetzt werden. So ein Bund läuft Gefahr, im Ansatz zu scheitern: eine Partei zu werden wie jede andere, das Schlimmste, was uns passieren kann. Wer darauf aufmerksam macht und die Urabstimmung deshalb ablehnt, bzw. mit *nein* beantwortet, ist alles andere als ein Spalter, wie uns das Oskar und Gregor in einem Rundbrief an alle WASG-Mitglieder weismachen wollen. Solche Begriffe (Spalter, Abweichler) liegen in der Tradition des Stalinismus; mit ihnen grenzte man früher unbequeme Parteigenossen aus, um sie ggf. an die Wand zu stellen. Mit der Anwendung solcher Begriffe verstoßen wir gravierend gegen die Geflogenheiten innerparteilicher Demokratie, bzw. demokratischer Meinungsbildung. Sie sind völlig ungeeignet, den innerparteilichen Meinungsbildungsprozess zu fördern. Es steht zu befürchten, dass wir die Kinderkrankheiten der Arbeiterbewegung immer noch nicht auskuriert haben, nicht einmal Parteifreund Oskar. Bei Gregor ist so was ja verständlich. Dem stecken vielleicht noch seine DDR-Erfahrungen in den Knochen.
Natürlich werden in der Präambel Vorstellungen formuliert, auf welcher Grundlage der Zusammenschluss geschehen soll, wiewohl die Art der Diskussion anzeigt, dass diese Vorstellungen recht vage, nichtssagend, praxisfern sind, kurz: nur in unverbindlichen Leerformeln zum Ausdruck kommen: "Frei und selbstbestimmt vereinigen sich in dieser Partei Personen und politische Strömungen...", wenn auch mit "unterschiedlicher Geschichte und Herkunft." Das alles brauche selbstverständlich programmatische Leitvorstellungen: die "Verständigung auf eine programmatische Grundlage." So die ersten Zeilen in der Präambel im Eckpunktepapier.
Noch ziemlich unverbindlich, wird doch zunächst nur der gute Vorsatz bekundet, dass man sich zusammenfinden müsse, weil man gemeinsam stark sein will. Mit einem Vorsatz zu beginnen, anders und menschlicher sein zu wollen als andere Parteien, ist nicht nur legitim, sondern notwen-

dig. Der Vorsatz, sich diesbezüglich zu verständigen, darüber zu kommunizieren, ist sogar erfreulich. Auch wenn der Vorsatz allein nicht ausreichend ist als Basis, so schnell als möglich eine neue Partei zu gründen. Schon im Vorfeld substanzieller Verständigung sollen wir uns vereinigen, auf der Grundlage von Sätzen, die so allgemein sind, dass sie in der Präambel auch eines SPD-Programms stehen könnten. Im Text heißt es ohne die Spur einer Verweigerungshaltung (wie man nicht sein will) wie folgt: "Uns eint der Kampf für eine friedliche, gerechte und demokratische Welt, in der jede und jeder (...) in Würde leben kann." – Es geht um "eine Welt ohne Kriege, ohne Armut und Hunger."

Nun sollte man meinen, dass die nächsten Zeilen konkreter werden, mehr als nur den guten Willen und die positive Versicherung bekunden, dass man sich der Spezies der *besseren Menschen* zugehörig fühlt. Natürlich, es muss einen konkreten Grund geben, der auf Praxis zielt, nicht auf den guten Vorsatz. *Wahrheit* ist – noch da, wo sie abstrakt formuliert – immer konkret, wusste schon Hegel. Abstraktionen müssen nicht Wischi-Waschi sein, ja sie dürfen es nicht sein. Das weiß leider nur instinktiv – immerhin – auch die Präambel. Und so zählt sie in den folgenden Absätzen auf, was alles in unserer Gesellschaft schief läuft, bzw. anders laufen muss, von der Massenarbeitslosigkeit bis zur Zerstörung der Natur, Abbau sozialer und demokratischer Rechte, Kriege, etc., um dann festzustellen, dass es dagegen einen Kampf geben müsse, um das alles zu ändern, "einen Richtungswechsel herbeizuführen" für eine bessere Welt.

Auch das ist recht formelhaft. So was könnte ebenso in einem SPD- oder Grünen-Programm stehen. Wir brauchen aber eine Präambel, in der steht, worin wir uns von anderen Parteien im politischen Verhalten, in der Praxis unterscheiden. Wir brauchen eine Definition in Bezug auf eine Handlungsorientierung im politischen Raum. Handeln zielt immer auf Konkretes, auf das, *was* man konkret tut, vorerst (deshalb Präambel) auf keinen Fall tun will, nicht nur darauf, dass man sich als der bessere Politiker *fühlt*. Nicht wie man sich fühlt, ist entscheidend, vielmehr Wille und Bewusstsein, sich an einem faktischen Konkretikon messen zu lassen, das anzeigt: so wie ich gerade politisch handle, so verhalte ich mich richtig oder falsch.

Der zweite Teil der Präambel, nachdem im ersten noch nichts Substanzielles in Bezug auf Handlungsorientierung steht, versucht sich denn auch an einer Definition, die, um es gleich zu sagen, ebenfalls über Formelerklärungen nicht hinauskommt. Diese lauten in etwa so: wir wollen dagegen kämpfen, gegen Unrecht, Ungerechtigkeit, etc...

Natürlich will man sich konkret anhören. Die Redefiguren sollen schon den Anschein von Praxisbezogenheit erwecken, dass die Autoren wissen, wovon sie reden, was sie machen wollen, und zwar konkret. An einer

Stelle im Präambeltext kommt sogar das Wort Handlungsorientierung vor. Doch auch in solchen Passagen will man de facto nur das Gute (wer will das nicht?): unverbindlich und formelhaft. Man will

1. die Unterordnung der Wirtschaft unter soziale Belange. Das sagt Müntefering auch, wenn man ihn fragt: die Wirtschaft ist für die Menschen da und nicht umgekehrt.
2. die Demokratisierung der Gesellschaft. Auch das könnte von Münte stammen.
3. die Schaffung einer internationalen Friedensordnung, dafür die EU das Vorbild abgeben soll. Auch dieser Satz ist in der SPD mehrheitsfähig.
4. Und last not least: es wird auch betont, dass wir das alles mit friedlichen Mitteln erreichen wollen. Das sagen sogar alle SPD-Mitglieder, wenn man sie fragte.

Nachdem dies gesagt, hat man schon gut zwei Drittel des Präambeltextes verbraten und hat immer noch nicht konkret formuliert, warum wir uns in einer neuen Partei zusammenschließen sollen. Anstatt sich um solche Formulierungen zu bemühen, stellt man weiterhin fest, dass "die Grundlagen für alte Spaltungen innerhalb der Linken" entfallen seien, "selbst wenn das noch nicht überall akzeptiert ist"; das ist der Fall bei unverbesserlichen Sektierern und Spaltern; die wollen immer nur diskutieren und nichts begreifen.

Zum Ende hin macht sich ein wenig Tradition ganz gut: demokratische, sozialistische Bewegungen. Man sieht die Geschichte auf seiner Seite. Die alten Bilder sind auch zu putzig. Nichtsdestotrotz: man will eine kritische Auseinandersetzung mit der eigenen Geschichte, insbesondere der DDR, weil es in der Linkspartei noch so viele alte Menschen gibt. Die jetzt durch Selbstkritik gereinigt, ganz anders als früher, nämlich aufgeklärt sind. Denn sie sind seit dem Mauerfall mit westlicher Zivilisation in Berührung gekommen. Man müsse begreifen, dass die PDS sich geändert habe, so sprach Oskar einst etwas unwirsch zu einem Reporter, der das immer noch nicht begriffen hatte. Etwas gebildeter formuliert: wir alle, auch im Osten, "stellen uns bewusst in die Tradition europäischer Aufklärung, des demokratischen Sozialismus, der großen Emanzipationsbewegungen der Arbeiterinnen und Arbeiter und der Frauen, der kolonial und rassistisch unterdrückten Völker." Kurz, wir haben aus der Geschichte gelernt. Na, bei so viel Vergangenheitsbewältigung kann ja nichts mehr passieren. Gut, dass es so etwas wie Aufklärung im Absolutismus gegeben hat. Trotzdem, die Präambel ist jetzt fertig, und es ist immer noch nicht die Rede davon, warum wir uns in einer neuen Partei zusammen finden sollen, anstatt allesamt feierlich z.B. in die SPD einzutreten, um dort Sonntagsreden von Münte zu beklatschen. Anstatt sich in den letzten Absätzen um Handlungsorientierung, die auf Konkretes zielen, zu bemü-

hen, nur Formulierungen, die zum Ausdruck bringen, dass man sich vom Saulus zum Paulus gemausert hat: "Wir lehnen jede Form von Diktatur ab und verurteilen den Stalinismus als verbrecherischen Missbrauch des Sozialismus." In der neuen Partei sollen "radikaldemokratische, linkssozialdemokratische und linke antikapitalistische Positionen ebenso wie Orientierungen auf die Rechte der Bürgerinnen und Bürger, Erkenntnissen aus gewerkschaftlichen und von Erwerbslosen getragenen Protestbewegungen gegen den Neoliberalismus" zum Zuge kommen. In diesem Zusammenhang erteilt man der *neuen Sozialdemokratie* und allen Sektierern (das sind die, die immer nur sinnlos Diskussionsbedarf anmelden) eine Absage, um gemeinsam "eine linke Partei zu bilden, wie es sie in Deutschland seit 1914 nicht gegeben hat (...), die offen alle gesellschaftlichen Herausforderungen debattiert und einen Richtungswechsel in der Gesellschaft durchsetzen will." Ende der Präambel. Mehr soll nicht sein im Hinblick darauf, was uns in einer neuen Partei zusammenführen soll. Nur gut gemeinte Absichtserklärungen, die, man verstehe mich nicht falsch, durchaus in einem Text stehen dürfen, uns aber prätentiös nur als bessere Menschen ausweisen, solche, wie sie die Geschichte noch nicht gesehen hat, wenn sie nicht ergänzt werden durch ein Handeln, das sich praktisch an einem Konkretikon messen lässt. Im Gründungsmanifest der WASG hatten wir ansatzweise einen handlungsorientierenden Satz, der da lautet: "Wir werden uns nicht an einer Regierung beteiligen oder sie tolerieren, die Sozialabbau betreibt."
Natürlich bedarf solch ein Satz einer Ergänzung in Bezug auf das, was Sozialabbau ist, wie sich Sozialabbau auslebt, wie, durch welche Strukturen und Verhältnisse, Sozialabbau zustande kommt – z.B. durch bürokratische Hürden. Ein solcher Satz analysiert nichts, er fordert aber zur Analyse heraus. Derartige, mehr analytische Konkretionen können im Haupttext eines Parteiprogramms formuliert werden. Sie sollten noch gar nicht in der Präambel stehen. In dieser allgemeinen Form stünde die eben formulierte Verweigerungshaltung gegenüber neoliberaler Praxis auch der Präambel eines Eckpunktepapiers gut zu Gesicht. Leider steht solch ein Satz nicht einmal im Hauptteil des Eckpunktepapiers.

PT2 (A2): Die Gesellschaft als Black Box?

Ein Ver- und Beharren auf dem Status quo braucht und will Analyse nicht. Analyse ist von vornherein auf die Notwendigkeit von Veränderungen bestehender Strukturen gefasst, um sie dann wirklich zu wollen. Eine auf Veränderung zielende Einstellung lassen die Autoren der programmatischen Eckpunkte (BIJ-PEP) nicht erkennen. Ihr Papier zielt in Anlehnung an das PDS-Steuerkonzept ("Einfach, sozial, gerecht", 3. Auflage Juni

2005) deskriptiv auf das, was ist: Man ist fixiert auf finanz- und steuerpolitische Verschiebebahnhöfe ohne einen Begriff von dem, wo und wie ggf. ein Wandel in der Gesellschaft im Hinblick sowohl auf ökonomische Strukturen und Abläufe als auch in den sozialen Beziehungen ansetzen kann.

Was die sozialen Beziehungen betrifft, so müsste man sich auch hier die Frage stellen: wollen wir substanzielle Beziehungen und Kommunikation, z.B. zu unseren Kindern, oder wollen wir sie nicht. Die Gewalt an den Schulen zeigt wieder einmal symptomatisch: Erwachsene und politisch Verantwortliche wollen sie nicht, denn Kommunikation kostet Geld und Zeit. Und überhaupt, hat Wolfgang Schäuble als Behinderter nicht schon genug zu tun? Billiger, v.a. stressabladend ist es, auf Gewalt mit Gewalt zu reagieren: hart durchgreifen, Recht muss wieder Recht sein, geltendes Recht konsequent anwenden, ggf. verschärfen; Stammtischsprüche ohne Ende; wozu Analyse mit etwas Tiefgang? Unmittelbar reagieren auf das, was ist, reicht. Auch was *soziale Beziehungen* betrifft gilt: der Ist-Zustand ist – bitsch-batsch – dem Grunde nach unproblematisch. Das erfahren Heranwachsende Tag für Tag von uns, womit sie nicht zurecht kommen. Sie wissen instinktiv: *nur da sein* wollen sie nicht. Philosophischer gesagt: Gesellschaft ist mehr als die Summe ihrer Individuen. Dagegen reagieren sie, wenn's sein muss, mit Gewalt nicht nur an Schulen; zurecht, denn die politisch Verantwortlichen haben friedliche Signale noch nie wahrgenommen. Sie merken immer erst was, wenn ihnen der Arsch auf Grundeis geht. Sie sind es, denen kulturelle Werte fehlen, daran ihre jährlichen Bayreuthbesuche nichts ändern. Dass das so ist, versuchen v.a. Politiker zu verhehlen – durch Härte. SPD und Grüne zieht immer nur den Kopf ein, so lang es irgend geht, um dann am Ende doch Härte zu zeigen; schließlich sind Haushaltsprobleme zu bewältigen.

Was die Ökonomie betrifft, so legt das Papier den Akzent zu wenig auf Analyse gesamtwirtschaftlicher Prozesse, auf ihre Dynamik unter kapitalverwertender Definitionshoheit, um Armut und Ausgrenzung insgesamt ins Visier zu bekommen, ungeachtet vieler gut gemeinter Forderungen gegen Armut und Ausgrenzung, die es wert sind, dass man sie formuliert; nur bezieht man sich diesbezüglich auf einzelne Gruppen, die – man will gerecht sein – alle Erwähnung finden: Arbeitnehmer hier, Rentner dort, Arbeitslose wieder woanders etc., um Forderungen in alle Richtungen zu formulieren, die, bei näherer Betrachtung, sich gegenseitig ausschließen, weil unberücksichtigt bleibt, dass das Bewegen von Verschiebebahnhöfen – linke Tasche, rechte Tasche – nicht ausreicht, nur Atempausen verschafft, Probleme also nur ausgesessen werden, um am Ende größer zu werden, während eine gleichzeitig anschwellende Stimmung für Gewaltlösungen immer weniger Raum für Analyse lässt. So was kann man an der mangelnden Debattenkultur auch innerhalb der WASG erkennen (ja, auch wir sind Kinder dieser Gesellschaft!), insbesondere von Seiten des WASG-Bundesvorstands; dort setzt man auf Ausgrenzung, selbstverständlich im Interesse übergeordneter Fusionsziele. Dort oben hat man den Durchblick, während die da unten immer dann Diskussionsbedarf anmelden, wenn's grad nicht passt.

Es könnte vielleicht ein ökonomietheoretisch fundierter Gesellschaftsbegriff vonnöten sein, der möglichst früh auf ein Gesamtinteresse zielt, der von vorn herein alle Menschen der Gesellschaft einbezieht in eine umfassende Analyse, um zu vermeiden, dass – wenn von Arbeitnehmern die Rede ist – Arbeitslose, Rentner, Kranke, etc. sich ausgeschlossen fühlen. So was wäre segregativ deskriptiv, liefe theorieschwach auf eine Politik des Stückwerks hinaus und hätte mit Analyse nichts zu tun.

Da, wo das Papier *Wirtschaft* insgesamt ins Auge nimmt, suggeriert es nur Analyse gesamtwirtschaftlicher Vorgänge. Global verwendete Begriffe nehmen das Ganze der Gesellschaft ins Auge, um dann doch nur verschwommen Nebel zu produzieren: Schnell ist von der Macht des Kapitals die Rede, die man brechen oder wenigstens zurückdrängen müsse durch schnelle Vereinigung anti-neoliberaler Kräfte, gut gemeinte Vorsätze. Das bloße Einkleiden unmittelbarer Faktizität in globale Begriffe greift zu kurz, mögen verwendete Kennziffern oder Aggregate auch gesamtwirtschaftlicher Natur sein, so wenn Armut global gegeißelt wird, eine zurückgehende Lohnquote global ausgemacht wird oder zu niedrige Steuersätze auf Gewinne und Vermögen global zu beklagen sind, woraus man kurzschlüssig politische Forderungen ableitet: Löhne hoch, Vermögenssteuern zu niedrig! Natürlich, eine Zeitlang mag so was gut gehen, doch für wie viele Menschen? Und ist so etwas nachhaltig? Könnte es nicht doch richtig sein, dass das bloße Umverteilen den Mangel nur verallgemeinert, wenn bestimmte gesellschaftliche Strukturen nicht grundlegend geändert werden? Die Neoliberalen also Recht haben, wenn auch auf eine Weise, wie es ihnen gar nicht in Kram passen würde?

Der Gesellschaftsbegriff des Papiers greift zu kurz, nicht zuletzt weil es ohne Systembegriff arbeitet; es sieht die Gesellschaft nicht als systemisches Ganzes, bestehend aus Komponenten mit bestimmten Funktionen und Beziehungen. Die Betrachtung schielt statisch auf Verteilungszustände, auf Summierungen volkswirtschaftlicher Größen, ohne dass die Dynamik interner Wirkmechanismen funktional aufeinander sich beziehender Komponenten zur Sprache kommt. Aus dem Rechenwerk der VGR, das summarisch das Ende einer Abrechnungsperiode fixiert, lässt sich zureichend keine Politik formulieren, die nachhaltig eine Ökonomie der sozialen Verträglichkeit beförderte. Sie begründet eine pseudosoziale Politik, die sich darin gefällt, das kleinere Übel zu sein; denn dass höhere Gewinn- und Vermögenssteuern kleineren Einkommen zugute kommen, liegt einfach zu augenfällig auf der Hand, um nicht gebetsmühlenhaft wiederholt zu werden, um es dann dabei zu belassen.

Systeme – auch unsere Gesellschaft als System betrachtet – sind per definitionem problematisch und fordern Systemanalyse und Systementwicklung heraus, ggf. strukturelle Änderungen und veränderte Abläufe. Weil die Autoren des Papiers ohne zureichenden Systembegriff arbeiten, haben sie keinen problematischen Begriff von unserem Gesellschaftssystem und bewegen sich in der Gesellschaft deshalb weitgehend unproblematisch. Wie gesagt, Vermögens- und Gewinnsteuern hoch. Das Problem scheint allein zu sein: Deutsche Bank-Chef Ackermann will von seinen Millionen und Milliardengewinnen nichts abgeben, sogar noch Leute zu Tausenden entlassen. So sehr man sich gegen Entlassungen wehren muss, so richtig könnte es darüber hinaus sein, dass es im Kapitalismus nur vordergründig um ein Verteilungsproblem geht. (Verteilungs-)Ungerechtigkeit existiert vielleicht deshalb, weil in unserer Gesellschaft der Wurm steckt: wir es mit einem grundlegenden Systemproblem zu tun haben.

Dass die Linken keine Ahnung von Systementwicklung und -theorie haben, sich dafür nicht interessieren, erkennt man daran, wie sie das Wort Dialektik verwenden. Sehr oft wird es verwendet, um nicht sagen zu müssen, wie *etwas genau funktioniert*. Wenn's hoch kommt, kennen unsere Linken das Wort *System*. Doch begnügen sie sich damit, das sozialökonomische System als *Black Box* zu sehen. Informationen gehen rein und raus. Man steht auf EVA (**E**ingabe-**V**erarbeitung-**A**usgabe): man sieht das Unmittelbare: ein- und ausgehende Ströme, ohne sich für **V** – das Verbindende – zu interessieren. Was im System intern wie und warum passiert, bleibt dunkel. Das macht sich ganz besonders nicht nur in geldtheoretischen Phrasen neoliberaler Monetaristen, sondern auch bei Wissenschaftlern bemerkbar, die sich – wie Hermannus Pfeiffer, Journalist und Volkswirt – zur Linken rechnen.(PFH-DZG) Wenn man Pfeiffer in einem der zentralen Organe der Linken liest, kann man sich nicht nur bei ihm des Eindrucks nicht erwehren, da möchte sich einer, noch dazu im Stil eines Sparkassenleiters, als Berater des Zentralbankpräsidenten empfehlen: "Die 'Härte' des Euro muss die vorrangige Aufgabe der EZB bleiben, denn Preiswertstabilität ist ein hohes wirtschaftliches Gut, (...) sie hilft dabei, die gesellschaftliche Hegemonie über ökonomische Gesetze zu sichern (...)", denn Geldwertstabilität biete "andererseits auch 'kleinen' Sparern, Handwerk und Gewerbe Sicherheit für ihre Sparanlagen, Konsum, Altersvorsorge und Investitionen."(ebd S.75) Kein Wort darüber, dass die Zentralbank die zentrale Gelenk- und Schnittstelle, der Transmissionsriemen der Kapitalverwertung ist, dass in ihrer Kreditpolitik die Mechanik der Kapitalverwertung grundsätzlich und zentral, zudem unmittelbar zum Vorschein kommt, und dass als notwendige Bedingung an dieser institutionellen Gelenkstelle sich grundsätzlich und strukturell etwas ändern muss und zwar um den Mechanismus der Kapitalverwertung auszuhebeln. Mit ein bisschen Zinsen rauf und runter ist es nicht getan. Zu viele Linke begreifen nicht, dass Kapitalverwertung notwendig fällt und steht mit der Institution der Zentralbank. Heute mehr denn je wird das sichtbar. Dort muss sich was ändern, damit überall woanders sich etwas ändern kann: Ein letzter Formenwandel des Geldes muss ermöglicht werden, der primär einen Rechtsanspruch auf Verzehr verbürgt und nicht mehr die kapitalverwertende Fähigkeit des Geldes absichert, sich zu vermehren; bindet der Vermehrungszwang die Verwendung des Geldes doch an den Mehrwert, der primär in der Produktion stattfindet. Geld allein schafft keinen Mehrwert; das macht nur menschliche Arbeitskraft, wiewohl es für den Kapitalbesitzer keinen Unterschied macht, ob er Geldvermögen oder Produktionsmittel besitzt; in beiden Fällen ist er interessiert an der Vermehrung des eingesetzten Kapitals.

Der Produktionsmittelbesitzer denkt, dass sich seine Produktionsmittel verzinsen, Einkommen generieren, mehr Wert als sie selbst an Wert besitzen schaffen (Mehrwert). Dass der Mehrwert allein durch lebendige Arbeit generiert wird, nicht durch Maschinen, wie Marx sagt, davon macht er sich keinen Begriff. Schließlich hat er die Produktionsmittel mit seinem Geld erworben, das er auch auf ein Sparbuch hätte legen können. Und so will er – gleiche Rechte für alle! – den in Geld ausdrückbaren Einsatz von Maschinen und Arbeitskraft am Ende eines Produktionszyklus' anständig verzinst sehen, wie der Vermögensbesitzer sein Sparbuch. Dass ihm seine Maschinen, bei Marx das konstante Kapital, einen Streich dabei spielen, merkt er nicht. Er übersieht, dass Maschinen als geronnene Arbeit sich nicht verzinsen können, weil sie auf die zu produzierende Ware nur ihren Wert übertragen. Bei der Produktion einer Maschine wird zwar – wiederum durch den Arbeiter – Mehrwert produziert; das ist aber etwas anderes als das, was ihre Anwendung in der Produktion bedeutet. Dort ist ihre Existenz als Mittel der Produktion Bedingung für die Erzeugung von Mehrwert. Sie selbst produzieren keinen Mehrwert. Der Unternehmer will von dieser differenzierenden Betrachtungsweise nichts wissen, obwohl es für den Wertübertrag in der Betriebswirtschaftslehre einen schönen Begriff gibt: Abschreibung.

In den Kategorien von Marx ausgedrückt: Maschinen übertragen ihren Wert auf das Produkt; sie erzeugen keinen Mehrwert wie der Arbeiter, so dass als Folge davon die Profitrate mit zunehmendem Maschinenpark tendenziell sinkt: Verschaffen die Arbeiter dem Unternehmer zu wenig Profit (Verzinsung des insgesamt eingesetzten Kapitals), weil im Verhältnis zur eingesetzten Arbeitskraft der Maschinenpark immer größer wird (organische Zusammensetzung des Kapitals), müssen halt über Jahrzehnte eingefrorene Rechtsansprüche auf Verzehr, z.B. Renten, dran glauben, um dem Profit auf die Sprünge zu helfen. Das heißt: Lohnsteigerungen früherer Zeiten werden nachträglich einkassiert. Das passiert heute immer mehr und ist ein Zeichen dafür, dass Kapitalverwertung schwächelt, nicht davon, dass das Kapital große Macht besitzt. Die besitzt es so oder so. Oder auch nicht, je nachdem was die Politik will.

Der Begriff der Profitrate wird im dritten Band des Kapitals entwickelt (Untertitel: Der Gesamtprozess der kapitalistischen Produktion); er ist notwendige Bedingung zu erkennen, dass Kapitalverwertung sich gesamtwirtschaftlich auslebt, in der Tendenz nur noch gesamtgesellschaftlich realisierbar ist, weniger dadurch, dass ein einzelner Unternehmer böse ist zu Arbeitnehmern. Ist er das, was vorkommt, so zeugt es eher von Schwäche, von wenig Macht, von Verzweiflung. Das Gegenteil mögen Arbeitnehmer denken, weil sie sich noch unmächtiger fühlen, die Zeche verzweifelter Bemühungen um mehr Profit zahlen müssen, v.a. wenn sie entlassen werden. Ja, Hartz-IV, längere Arbeitszeiten, Rentenkürzungen etc. sind verzweifelte, nutzlose, überdies zynische Anstrengungen von Politik und Wirtschaft, den Kapitalverwertungsprozess *gerecht* zu gestalten. Darüber vermag martialisches Getue in Politik und Wirtschaft – Forderungen nach mehr Eigenverantwortung, schlankem Staat, weniger Bürokratie, etc. – immer weniger hinwegzutäuschen.

Da Kapitalverwertung sich nur gesamtwirtschaftlich (mithilfe des Staates) zureichend auszuleben vermag, wird diese sich – umgekehrt – einzelwirtschaftlich nicht aushebeln lassen können, z.B. indem sich Arbeiter mit der *Roten Fahne* in der Hand in den Besitz ihres Betriebes bringen. Dann würden auch sie sich am Markt behaupten müssen, wie es vordem der Unternehmer musste. Sie müssten sich selbst ausbeuten. Und sie müssten andere ausbeuten, für sinkende Renten kämpfen, für Hartz-IV und das ganze übrige Programm eintreten. Nachhaltig ändern täte sich nichts. Das schließt Demokratisierungsprozesse in Betrieben und Gesellschaft keineswegs aus, z.B. um arbeitsplatzvernichtende Fusionen oder Auslagerungen zu verhindern. Aber selbst das löst den Antagonismus zwischen Kapital und Arbeit nicht auf. Das deutet sogar das Eckpunktepapier an: "Der Interessengegensatz zwischen den Bezieherinnen und Beziehern von Gewinn- und Vermögenseinkommen und den abhängig Beschäftigten wird durch die Wirtschaftsdemokratie nicht aufgehoben."(BIJ-PEP)

Die Frage muss allerdings erlaubt sein, ob die Autoren mit dem Satz das Richtige meinen. Das muss bezweifelt werden, denn ein Satz zuvor heißt es, dass Wirtschaftsdemokratie darauf ziele, "die abhängig Beschäftigten vor den Risiken des Marktes und der Willkür der Arbeitgeber zu schützen und auf allen wirtschaftlichen Ebenen Mitbestimmungsrechte zu verwirklichen." – Ja, was denn nun? Beide Sätze sind in ihrer Aussage missverständlich, wenn sie sich nicht gar widersprechen. Nun, vielleicht gibt es ja keinen wirklichen Interessengegensatz, sondern nur so ein bisschen Interessengegensatz, der nicht so ins Gewicht fällt. Wie dem auch sei, ich werde in PT3 darauf zu sprechen kommen, dass man die Beschäftigten weniger vor den Risiken des Marktes, ja nicht einmal vor den Arbeitgebern schützen muss. Denn sowohl Märkte als auch Arbeitgeber machen genau das, was Politik ihnen gewährt.

Es tauchen in den Eckpunkten immerhin zentrale und wichtige Worte auf wie *Kapital* oder *Kapitalverwertungsmechanismus*. Auch vor dem Namen Marx fürchtet man sich nicht; denn man ist links und fühlt sich linker Tradition verpflichtet. Auch Linke wollen wissen, woher sie kommen, um zu wissen, wohin es geht. Und überhaupt, wer wollte die Allgegenwärtigkeit der Macht des Kapitals in Abrede stellen? Dass Kapital irgendwie böse ist, hat jeder schon mal gehört, so oft, dass es eine ausgemachte Sache ist. Dennoch, auch Allgemeinplätze könnten ein Anfang sein. Nur hat jeder – trotz Marx – seine ganz besonderen, hypostasierenden Vorstellungen (Bilder) von der Macht (des Kapitals). Ähnlich wie die meisten Menschen in Gott das schlechthin Gute und Zukunftsverheißung vergegenständlicht sehen, ohne zu wissen, was in der Bibel steht. Viele begnügen sich damit, das Böse im großen Vorsitzenden eines großen Konzerns zu vergegenständlichen, ähnlich wie man das Böse im Teufel sieht, der um uns herum sein Unwesen treibt. Und so müssen wir uns vor dem Chef eines großen Konzerns fürchten, weil der mit uns ganz böse Sachen macht. Gegen so etwas braucht man eine gute, nämlich anti-neoliberale Gegenkraft, sozusagen einen mächtigen Engel: schnellstmögliche Vereinigung, um dann zu glauben: jetzt kann es losgehen mit dem Kampf des Guten gegen das Böse. Gut gegen Böse. Mal sehen, wer gewinnt. Wir sollten unserem Oskar alle ganz feste die Daumen drücken, anstatt ihm immer nur Knüppel zwischen die Beine zu werfen.

Die großen Konzerne, meinetwegen Ackermann, sie mögen noch so viel Macht haben. Aber es ist nur Macht, die ihnen die Politik zugesteht im Rahmen einer Gesellschaft mit ganz bestimmten Institutionen und daran gekoppelten Regeln, die z.B. darüber Auskunft geben, wie zusätzliche Rechtsansprüche auf Verzehr (an Produktions- und Kosumtionsmitteln) zur Generierung von Wachstum in die Gesellschaft Eingang finden und, umgekehrt, der Gesellschaft ggf. entzogen werden. Das wird wesentlich durch Geldschöpfung der Zentralbank zusammen mit Banken und Vermögensfonds begleitet, wenn auch anders als uns Neoliberale weismachen. Eben nicht sozialverträglich und vornehmlich restriktiv, weil ausschließlich über den Kredit gesteuert. Man vergisst, dass Kredite auch angenommen werden müssen. An den Institutionen des Finanzkapitals und den mit ihnen einhergehenden Regeln – die Wachstum voraussetzen, um sozialverträglich zu funktionieren (eine Absurdität) – müsste man ggf. etwas ändern. Wie? Etwas ändern wollen an internen Funktionen und Abläufen innerhalb der Black Box? Da kann ja jeder kommen.

2. Beiträge zur Marxrezeption (B)

PT3 (B1): Zum Verhältnis von Produktion und Zirkulation

Wenn bisher von den Mechanismen der Kapitalverwertung im wesentlichen negativ die Rede, davon, was Kapitalverwertung alles nicht ist, dann in dem Bemühen um Annäherung durch Markierung alt bewährter Vorstellungen. Wie alle gängigen Vorstellungen zielt auch das Eckpunktepapier (BIJ-PEP) etwas populistisch auf personifizierende Attributierung des Kapitals: etwas als *böse* zu kennzeichnen kommt gut an. Nicht nur dass Kapital *mächtig* ist; es hat auch Böses im Sinn. Zuweilen ist es aber auch gut, allerdings nur als sozialistisches, sozusagen antikapitalistisches Kapital, als Kapital, das sich selbst bekämpft. Warum lautet der Titel von Marx' Hauptwerk nicht *Der Kapitalist*? Weil Marx mit Personifizierungen nichts im Sinn hatte. Derweil hört man Linke, die sich auf ihn berufen, sagen: 32.000 Menschen zu entlassen sei böse. Der Konzern möge sie, zumal mit Milliardengewinnen, nicht entlassen. Wer wollte den ökonomischen Sinn solcher Sätze infrage stellen, ohne sich den Zorn aller, Geißler und Blüm eingeschlossen, auf sich zu ziehen? Ein Rechtsanspruch auf Arbeit bei der Telekom ist nicht begründbar, in der Gesellschaft dagegen jenseits einer Grenze, bis zu der die Regeln der Kapitalverwertung gelten, sehr wohl. Diese Grenze gibt es zur Zeit nicht. Es wäre unsinnig, eine solche in der Produktions- und Marktsphäre (gesamtwirtschaftlich) zu institutionalisieren, solange der Kapitalverwertungsmechanismus nicht abgeschafft worden ist; das Kapital herrscht entweder ganz (auch in die Zirkulation, resp. Marktsphäre hinein) oder gar nicht. Es duldet keine anderen Götter neben sich. Nicht Menschen üben Macht aus, sondern exekutieren das, was die Kapitalverwertung vorschreibt; so wenn große Vermögensfonds samt ihrem Management große Kapitalströme bewegen, diese in der Zirkulationssphäre – abgetrennt von der Produktion – um den Erdball jagen, um davon parasitär, also nicht wertbildend, zu profitieren.
Hier mag sehr viel Böses geschehen, wiewohl auch Kapitalisten in eine Welt hineingeboren werden, in der sich der Reichtum nun mal über Kapitalverwertung in der Produktion durch Mehrwertproduktion konstituiert, um, weil es *Kapitalverwertung als Prinzip* nun mal überall gibt, zugleich eine parasitäre Zirkulation auszubilden, um diese sowohl als Wert aufbewahrendes als auch Mehrwert beanspruchendes (nicht erzeugendes) Me-

dium über die Produktion zu stülpen. In dieser Zirkulation geht es nur vordergründig um Verteilung; ebenso um Plusmacherei, aber eben nur als abhängig-abgeleitete, parasitäre Plusmacherei – abhängig vom Mehrwert in der Produktion. Die eigentliche, alles tragende Plusmacherei, weil Mehrwert zeugend, findet in der Produktion statt, nicht in der Zirkulation, mögen in dieser böse Mächte sich noch so augenfällig präsentieren. Erst nachdem grundlegend Mehrwert in der Produktion erzeugt worden ist, kommen Finanzströme – zirkuläre Vorgänge – ins Spiel, in die hinein der lange Arm der Kapitalverwertung greift, aus der Produktion heraus, um zirkuläre Verteilung ad absurdum zu führen, Kapitalverwertung zu verstehen als Prinzip, das parasitär in die Zirkulation greift in dem Augenblick, wo Produziertes, Waren, sich am Markt realisieren. Im Moment der Realisierung verwandelt sich *Kapital in Geld* (Erlös am Markt), um als Geld die Zirkulationssphäre zu betreten, um dort nunmehr als Finanzkapital Zinsansprüche zu stellen, in der Lage, sich zu vermehren, wohl wahr, aber nur als abgeleitetes, abhängiges Kapital der Produktion. Das Kapital schnitzt sich seine Zirkulation, Zirkulation für das Kapital.

Die Produktion leidet unter dieser Anmaßung der Zirkulation, sich wertbildend zu dünken, ohne es tatsächlich zu sein, denn die zusätzlichen Werte in Form von Zinsen, die es nur zu augenfällig gibt (das Sparkonto wächst), gehen vom Mehrwert in der Produktion ab, dem Kapitalisten in der Produktion verloren, der seinerseits versucht, sich dafür am Arbeiter schadlos zu halten. An wem sonst? Nur er erzeugt Werte, über die er nicht verfügt, mehr-Wert als er selbst verbraucht, mehr-Wert als er selbst wert ist. Der Gebrauchswert der Arbeitskraft für das Kapital und ihr Tauschwert für den Arbeiter – Träger der Arbeitskraft – fallen auseinander und begründen den Mehrwert in der Produktion, gleichwohl Äquivalente am Arbeitsmarkt getauscht werden, sprich: die Gesetze der Warenzirkulation gelten.

Sogenannte zusätzlichen Werte aus Verzinsung, die in der Zirkulation aus dem Finanzkapital herauswachsen, sind Kostenfaktor (Begriff der Zirkulation), schmälern den Mehrwert in der Produktion – wie der Arbeiter durch höheren Lohn (Subsistenzmittel). Der Neoliberale würde dabei zwischen Produktion und Zirkulation als zwei Komponenten eines Ganzen nicht differenzieren; für ihn entspringt alles der Zirkulation, Mehrwert wie Zins.

In Gestalt von Finanzkapital fließen zinsheckende Werte als *fremdes* Kapital zurück in die Produktion, fremd im wahrsten Sinne des Wortes, denn de facto verbleiben sie als Wertpapier – als Unternehmensanleihe, Aktie, Sparguthaben, Pensionsfondpapier etc. – in der Zirkulation, sicher angelegt, glaubt der Wertpapierbesitzer, während sie sich in der Produktion in Kapital verwandeln (Arbeitskraft und Produktionsmittel), um dort den

Wertbildungsprozess anzutreiben.

Menschen erscheinen mächtig, weil es das Prinzip *Kapitalverwertung* gibt, zu verstehen als gesamtwirtschaftliches Phänomen, ein Prinzip, welches das Zusammenspiel von Zirkulation und Produktion regelt. Im Kontext dieses Prinzips gilt es, Produktion und Zirkulation zu analysieren, wiewohl das Prinzip *Kapitalverwertung* wesentlich im Wertbildungsprozess der Produktion gründet. Wertbildung, Mehrwert, Mehrwertrate (m/v), Profitrate $[m/(c+v)]$ sind produktionelle Kategorien. Dagegen ist das Kapitalverwertungsprinzip als Plusmacherei, auf die schon die Profitrate verweist, eine Kategorie des Gesamtprozesses der kapitalistischen Produktion, zu der die Zirkulation als Komponente gehört, wenn auch als abhängig-abgeleitetes Moment wertbildender Produktion, die es als solche zu analysieren gilt. Die Produktion als solche setzt sich zusammen aus:

1. **c:** konstantem Kapital, Wert der Produktionsmittel, fügt der Produktion keinen zusätzlichen Wert hinzu, überträgt nur seinen eigenen Wertverbrauch (Wertübertrag),
2. **v:** variablem Kapital, Wert der Arbeitskraft, als Wert der Reproduktionsmittel, resp. notwendigen Lebensmittel für den Arbeiter,
3. **m:** Mehrwert, durch Mehrarbeit erzeugt, über den Wert der Reproduktionsmittel hinaus.

Im ersten Band des Kapitals leitet Marx im 2. Abschnitt, über *die Verwandlung von Geld in Kapital* $(c+v)$, den darauf folgenden grundlegenden 3. Abschnitt ein, wo er über den Mehrwert (m) spricht. Dabei ist es ihm um die Notwendigkeit einer Trennung von Produktion und Zirkulation zu tun, um den Ausbeutungsprozess ins Visier zu nehmen, der sich aus der Tatsache ergibt, dass allein der Arbeiter zusätzlichen Wert, sprich Mehrwert schafft, über den sich Ausbeutung konstituiert: im Produktionszyklus, nicht in der Zirkulations-, Markt- oder Nachfragesphäre. In der Zirkulation kann sich dann nichts mehr ändern; dort gibt es nur noch parasitäre Verschiebebahnhöfe (eine Gruppe/Lobby prellt die andere) zum Vor- und Nachteil einzelner Gruppen und/oder Regionen, die an der Ausbeutung insgesamt nichts ändern. Selbst so etwas wie Tobinsteuer als Kind der Zirkulation ist parasitär; sie ändert an der Ausbeutung nichts. Lohnerhöhungen ändern auch nichts. Sie verschaffen Atempausen, ein geschichtliches Zeitfenster, in einem solchen der Sozialstaat entstehen konnte, aber, wie sich heute zeigt, nicht nachhaltig entstanden ist. Nach Marx "ist es augenscheinlich, daß eine Verminderung der unbezahlten Arbeit die Ausdehnung der Kapitalherrschaft keineswegs beeinträchtigt. – Oder, das ist die andre Seite der Alternative, die Akkumulation erschlafft infolge des steigenden Arbeitspreises, weil der Stachel des Gewinns abstumpft. Die Akkumulation nimmt ab. Aber mit ihrer Abnahme verschwindet die Ursache ihrer Abnahme, nämlich die Disproportion zwischen Kapital und exploitabler Arbeitskraft. Der Mechanismus des kapitalistischen Produktionsprozesses beseitigt also selbst die Hindernisse, die er vorübergehend schafft. Der Arbeitspreis fällt wieder auf ein den Verwertungsbedürfnissen des Kapitals entsprechendes Niveau, ob dieses nun unter, über oder gleich mit dem Niveau, welches vor Eintritt des Lohnzuwachses als normal galt." (MAK-W23,648)

Und eine Seite weiter heißt es: "Wächst die Menge der von der Arbeiterklasse gelieferten und von der Kapitalistenklasse akkumulierten, unbezahlten Arbeit rasch genug, um nur durch einen außergewöhnlichen Zuschuß bezahlter Arbeit sich in Kapital verwandeln zu können, so steigt der Lohn, und alles andre gleichgesetzt, nimmt die unbezahlte Arbeit im Verhältnis ab. Sobald aber diese Abnahme den Punkt berührt, wo die das Kapital ernährende Mehrarbeit nicht mehr in normaler Menge angeboten wird, so tritt eine Reaktion ein: ein geringerer Teil der Revenue wird kapitalisiert, die Akkumulation erlahmt, und die steigende Lohnbewegung empfängt einen Gegenschlag. Die Erhöhung des Arbeitspreises bleibt also eingebannt in Grenzen, die die Grundlagen des kapitalistischen Systems nicht nur unangetastet lassen, sondern auch seine Reproduktion auf wachsender Stufenleiter sichern." (MAK-W23,649)

Der Sozialstaat ist in einem Zeitfenster von weniger unbezahlter Arbeit, weniger Mehrwert entstanden. Dieses Fenster schließt sich seit 30 Jahren und geht heute ganz zu. Es steht zu befürchten, dass es sich nicht wieder öffnet, so dass der Sozialstaat als Ausdruck vorheriger Lohnsteigerungen immer mehr zurückgeführt wird (die "steigende Lohnbewegung empfängt einen Gegenschlag"). Dagegen entpuppen die heutigen Lohnforderungen der Gewerkschaften sich zunehmend als Klientelforderung gegen immer mehr Menschen, die aus der Tarifgemeinschaft herausgefallen sind, bzw. mit Lohnerhöhungen ohnehin nichts zu tun haben, zumal in der 3. und 4.Welt. Was nützt ein bisschen mehr Lohn, wenn für Kranke, Rentner, Pflegebedürftige, Arbeitslose, Alleinerziehende, Behinderte, Kinder und Jugendliche immer weniger bleibt.

Und so bleibt, wie Marx schon wusste, der Kampf um höhere Löhne nur Ausdruck des Antagonismus von Kapital und Arbeit, ohne diesen Antagonismus auflösen zu können – solange die Regeln der Kapitalverwertung durchgehend in Produktion und Zirkulation: im Gesamtprozess der kapitalistischen Produktion gelten.

Das eben Gesagte nur im Vorbeigehen. Wesentlich ist zunächst die Grenze zwischen Produktion und Zirkulation: der Austritt produzierter Waren aus der Produktion heraus in die Zirkulation hinein, dort sich produzierte Waren zu realisieren haben, unter Bedingungen, auf die Unternehmen keinen Einfluss haben, obwohl sie versuchen, als Monopolisten Einfluss zu nehmen. Aber auch dann prellt nur ein Kapitalist den andren. Was der Ar-

beiter mehr ausgibt für Öl, steht ihm für anderen Konsum nicht zur Verfügung. Kurz, mit Eintritt in die Zirkulation, durch *Verwandlung von Kapital in Geld*, ist der Wertbildungsprozess der Produktion abgeschlossen. Das Geld durchwandert in den unterschiedlichsten Ausprägungen – als Geld (M1, M2, M3) oder als mehr oder weniger geldnahe Wertpapierarten (Anleihe, Aktie etc.) – die zirkuläre Phase, bis der produktionelle Wertbildungsprozess am Ende der zirkulären Phase wieder von Neuem beginnen muss durch *Verwandlung von Geld in Kapital*. Dass in der zirkulären Phase nichts Wertbildendes passiert, stellt Marx als programmatisches Motto an den Anfang seiner Analyse des Kapitals: im Kapitel über *Die Verwandlung von Geld in Kapital* (Eintritt in die Produktionssphäre): "Es hat sich gezeigt, dass der Mehrwert nicht aus der Zirkulation entspringen kann, bei seiner Bildung also etwas hinter ihrem Rücken vorgehn muss, das in ihr selbst unsichtbar ist."(MAK-W23,179). Zehn Seiten weiter im Text heißt es: "Die Konsumtion der Arbeitskraft, gleich der Konsumtion jeder andren Ware, vollzieht sich außerhalb des Markts oder der Zirkulationssphäre. Diese geräuschvolle, auf der Oberfläche hausende und aller Augen zugängliche Sphäre verlassen wir daher, zusammen mit Geldbesitzer und Arbeitskraftbesitzer, um beiden nachzufolgen in die verborgne Stätte der Produktion (...) Das Geheimnis der Plusmacherei muss sich endlich enthüllen."(MAK-W23,189)
Das Geheimnis der Plusmacherei lässt sich ausgerechnet dort nicht ausmachen, wo es am augenfälligsten ist. Das Schlimme ist, dass sie dadurch auch vielen Linken, noch denen, die sich fleißig auf Marx berufen, nicht geheimnisvoll vorkommt. Das muss aber begriffen werden, bevor man sich daran macht, wohlfeile Forderungen in ein Programm zu schreiben. Man muss wissen, durch welchen gesellschaftlich-institutionellen Rahmen soziale Forderungen von vorn herein begrenzt sind, was im Abriss des Sozialstaats, im wieder Einkassieren früherer Lohnzuwächse, zum Ausdruck kommt. Das Eckpunktepapier (BIJ-PEP) lässt nicht erkennen, dass die meisten seiner Autoren das begriffen haben. Lohnerhöhungen, Steuererhöhungen bei Reichen – fertig. Keine Frage, das funktioniere, so der Tenor des Papiers. Vielleicht weil am Papier zu viele beteiligt waren, die sich für Begrenzungen nicht interessieren, weil sie regieren wollen? Und weil eine Regierung nicht der geeignete Ort ist, wo man über Veränderungen institutioneller Strukturen konfliktträchtig nachdenkt? Leute, die denken, Diskussionsbedarf an institutionellen Funktionen anmelden, gehören ausgegrenzt aus Institutionen, in die Ecke gestellt, denn sie gefährden Institutionen in ihrem Bestand. Parteien sind da ausdrücklich einzuschließen.
Ich möchte dem Ganzen eine These hinzufügen, wo, wie ich glaube, Veränderungen im institutionellen Gefüge ansetzen können, was eine Diskus-

sion über diesen Text hinaus verdeutlichen muss: Eine sozialverträgliche Gesellschaft wird dereinst das zirkuläre Moment zum definitionshoheitlichen Moment von Produktion machen müssen, zum Vernunftprinzip der Produktion im Zuge eines politischen Willensaktes, dadurch Produktion zu etwas Abgeleitetem wird, zur bedürfnisabhängigen Entität gerinnt, dadurch die Gesamtgesellschaft vom Kopf auf die Füße gestellt wird, um das Kapitalverwertungsprinzip als das alles dominierende Prinzip auszuhebeln. Bei Marx wird das ansatzweise deutlich im dritten Band des Kapitals, insbesondere im 5. Abschnitt: *Das zinstragende Kapital.*(MAK-W25)

Die These ergänzend, ist zu bedenken, dass die Abhängigkeit der Zirkulation vom Wertbildungsprozess der Produktion, der in der Erzeugung von Mehrwert durch lebendige Arbeit gründet, einhergehen muss mit der Produktion zusätzlichen Geldes. Anders ausgedrückt, Wachstum in der Produktion produziert Geldwachstum in der Zirkulation als *Zirkulationsprozess des Kapitals*, so der Untertitel des zweiten Bandes des Kapitals. In früheren Zeiten geschah dies durch die Produktion von Gold, das dem zirkulierenden Geld seinen Wert verbürgte. Heute wird der Wert des Geldes nicht verbürgt durch Gold, sondern durch seine Fähigkeit, sich zu vermehren zu in Abhängigkeit vom Wertbildungsprozess der Produktion, zu vermehren durch Kredit: Die Zentralbank entlässt zusätzliches Geld in die Zirkulation unter der Voraussetzung, dass es sich in Abhängigkeit zur Produktion vermehren wird. Ein Versprechen, das auch gebrochen werden kann. Geldschöpfung über Kreditgeld nenne ich Geldschöpfung gemäß den *Regeln der Kapitalverwertung*. Schon Marx sieht einen Zusammenhang zwischen Kapital und Kredit: "Sobald die Produktionsmittel aufgehört haben, sich in Kapital zu verwandeln (...), hat der Kredit als solcher keinen Sinn mehr."(MAKW25,621)

Abgesehen davon, dass der Kredit gesamtwirtschaftlich notwendig ist, gibt es im Einzelfall natürlich Kapitalverwertung auch ohne Kredit. Der Kredit ist allerdings sinnlos dann, wenn nachfragewirksam Produktion und Arbeit öffentlich definiert und finanziert würden. Man muss eine solche Ökonomie, losgelöst von den Regeln der Kapitalverwertung, politisch aber wollen. Das böte sich an, existiert heute die Aneignung des Mehrwerts zum größten Teil ohnehin nur noch als Plusmacherei in der Zirkulation (Dividenden, Zinsen), unter staatlicher Beteiligung, was die private Verfügungsgewalt über die Produktionsmittel also nicht einschließt. Andererseits machen Unternehmen nur dann sozialunverträglich, was sie wollen, wenn man sie walten lässt; sie zu steuern erforderte u.a. die politische Gestaltung außenwirtschaftlicher Beziehungen (z.B. Verbot von Rüstungsexporten).

Nicht der Kredit als solcher ist schlimm; fatal ist nur, die Geldschöpfung an die Regeln der Kapitalverwertung zu binden, wie das heute durch die

Zentralbank umfassend geschieht. Man muss Geldschöpfung vielmehr an den Kapazitäten der Produktion: ihrer Fähigkeit zu produzieren, orientieren, um auf diese Weise gezielt Arbeit zu finanzieren. Die Kapitalherrschaft wäre aufgehoben, bzw. würde nur noch abgeleitet existieren, de facto *tot* sein, nicht existieren als notwendige Bedingung der Produktion. Finanzierungsfragen würden sich dadurch unmittelbar an der Stärke der Volkswirtschaft orientieren und nicht daran, was über den Kapitalverwertungsmechanismus in die Haushaltskasse fließt; es fließt immer zu wenig hinein, weil immer zu viel Geld durch eben diesen Kapitalverwertungsmechanismus absorbiert wird (strukturelle Nachfrageschwäche); ohne diesen hinge die Finanzierung von Arbeit nicht davon ab, wie viel Steuern wir von den Reichen zur Haushaltssanierung erheben können. Das wäre grundsätzlich zu wenig; dafür würde der Kapitalverwertungsmechanismus schon sorgen. Steuerpolitik gegen Reiche stoppt die Verelendung nicht. Wäre dem so, hätten die Neoliberalen schon immer recht gehabt. Nun, Haushaltsprobleme existieren nicht so, wie es Neoliberale weismachen. Gewöhnlich verweisen sie, anstatt die Reichen auszunehmen, auf das institutionelle Gefüge (Rechte der Zentralbank) als immerwährende Tatsache, um den Sozialstaat auseinander zu nehmen.

PT4 (B3): Tausch, Vergesellschaftung, Moral
oder wie das private das politische Interesse zu infizieren beginnt

Scheidet man die Produktion nicht von der Zirkulation (Markt- oder Tauschsphäre), ist der Blick fixiert auf Zufälliges im Hinblick darauf, wie und wodurch der Wert einer Ware entsteht und sich ausbildet. Es gilt, unter der Oberfläche von Zufälligkeiten preisgestaltender Marktprozesse – unterhalb des Kräftespiels von Angebot und Nachfrage – ein wertbestimmendes Moment freizulegen, das dieses sogenannte preisgestaltende Kräftespiel in Bewegung bringt und hält, denn, so Marx, "decken sich Nachfrage und Angebot, so hört, unter sonst gleichbleibenden Umständen, die Preisoszillation auf. Aber dann hören auch Nachfrage und Angebot auf, irgend etwas zu erklären."(MAK-W23,560). Daraus ergibt sich eine Differenz zwischen Wert (qualitativer Aspekt) und Preis (quantitativer Aspekt), die uns beschäftigen muss. Mit Hilfe von Marx auf den Aspekt der Wertbestimmung, den Wertbegriff als solchen, einzugehen, schließt indes ein, den (Mehr-)Wert historisch einzuordnen in Bezug darauf, was er moralisch, also für den gesellschaftlichen Zusammenhalt: die soziale Integration, bedeutet. Er bringt mit seiner Entstehung eine neue Qualität in die menschlichen Beziehungen: er transformiert sie in solche gesellschaftlicher Natur; diese wiederum lässt die menschlichen Beziehungen nicht unberührt.

Eine neue Qualität kommt mit dem Wert insofern ins Spiel, als dieser einhergeht mit dem produktionsübergreifenden Akt des Tauschs, einem Handeln, das der sozialen Abstimmung bedarf im überfamiliären Kontext, darin erst der Gegenstand von Arbeit zur quantifizierbaren Entität, d.h. zur Ware wird; und das wird sie, weil in ihr das, worüber zu verhandeln ist – Arbeitszeitquanten, resp. die Verausgabung von Arbeitskraft – unmittelbar vergegenständlicht ist. Arbeit und Gesellschaft bekommen eine andere Qualität, die die innere Verfasstheit der Gesellschaft berührt: die den unmittelbar-familiären Beziehungen einmal mehr ein Stück Naturwüchsigkeit raubt, wie dies mit und über Sprache ohnehin schon geschehen sein mag.(Vgl. D02)

Doch wie gehen Tausch (Ware, Wert) und Sozialintegration zusammen? Durch den Akt des Tauschs ist Ware einerseits nicht mehr nur bloßer Gegenstand von Arbeit, nicht einfach unmittelbare Faktizität, vielmehr moralische Kategorie, die unmittelbar Familiäres transzendiert. Und dann erreichen wir andererseits durch Tausch eine menschliche Entwicklung, in der Familiäres sich vom Gesellschaftlichen trennt, ja, wo beide Seiten in Widerspruch zueinander geraten können. Nach Marx generiert die Ware ein gesellschaftlich-soziales Verhältnis: mit ihr und dem Wert kommen ein neues, ein überfamiliäres Verhältnis, eine andere, eine neue Qualität in die menschliche Welt. Marx bringt das mit Hilfe der Äquivalentform zum Ausdruck, die er aus der (relativen) Wertform ableitet, der zufolge im einfachen, nicht durch Geld vermittelten Tausch (Ware gegen Ware) die eine Ware gegenüber der anderen die Funktion des Äquivalents einnimmt. Die Äquivalentform besitzt nach Marx Eigentümlichkeiten, die dem gesellschaftlichen Zusammenhang eine neue Qualität verleihen, diesen aus dem privaten (familiären) Zusammenhang herauslösen: "Die erste Eigentümlichkeit, die bei Betrachtung der Äquivalentform auffällt, ist diese: Gebrauchswert wird zur Erscheinungsform seines Gegenteils, des Werts. Die Naturalform der Ware wird zur Wertform."(MAK-W23,70f) Durch die "zweite Eigentümlichkeit der Äquivalentform" wird "konkrete Arbeit zur Erscheinungsform ihres Gegenteils": zu "abstrakt menschlicher Arbeit", um schließlich in "eine dritte Eigentümlichkeit" zu münden, derzufolge "Privatarbeit (als naturwüchsig-familiäre Faktizität, F.W.) zur Form ihres Gegenteils wird, zu Arbeit in unmittelbar gesellschaftlicher Form." (MAK-W23,73)

Der Blick auf den gesellschaftlichen Kontext wird zwingender, wenn man bedenkt, dass es den Wert als unmittelbare Faktizität, als solchen, nicht gibt: Ware A besitzt nicht dadurch Wert, weil Arbeitskraft, bzw. Arbeitszeit in ihr vergegenständlicht ist, sondern dadurch, dass sie sich in Ware B ausdrücken kann, weil Waren im Tauschakt reflexiv in ein Beziehungsverhältnis zueinander gestellt werden. Dazu Marx: Erst "vermittelst des

Wertverhältnisses wird (...) die Naturalform der Ware B zur Wertform der Ware A oder der Körper der Ware B zum Wertspiegel der Ware A. Indem sich die Ware A auf die Ware B als Wertkörper bezieht, als Materiatur menschlicher Arbeit, macht sie den Gebrauchswert B zum Material ihres eignen Wertausdrucks."(MAK-W23,73) Neoliberale Korinthenzähler ignorieren diesen Zusammenhang: für sie besitzt Geld als solches, abgekoppelt von produktionellen Strömen, einen Wert, kraft seiner wertmäßigen Naturalhaut, die dem Geld angeblich als solche anhaftet; die Geld zu einem *Ding an sich* macht, um eine berühmte Formulierung von Kant zu verwenden.

Neoliberale gaffen in der Tat unentwegt in Haushaltskassen, um zu fragen, was man mit dem Geld alles kaufen: wirtschaftlich in Bewegung setzen kann. Ist nichts in der Kasse, kann nichts und niemand bewegt werden. Dann müssen sich Menschen halt bewegen, dabei ggf. hungern; oder darf das Geld nur von Besserverdienenden, den Reichen und Schönen kommen; muss es durch ihre Hände gegangen sein, damit es etwas bewirkt? Besitzt es durch sie magische Kräfte? Nur in diesem Sinne ist die Reichensteuer eine Chimäre, nicht weil das Geld der Reichen nichts bewirken würde. Für Neoliberale und viele aus PDS und WASG besitzt Geld nicht in seiner Eigenschaft als Funktion einen Wert, sondern an und für sich, wiewohl sie von Geld als Zirkulationsmittel sprechen. Warum also nicht drucken, wenn die Reichen ihr Geld verstecken? Sich auf Schnitzeljagd begeben? Auch die Autoren des Eckpunktepapiers (BIJ-PEP) lassen in ihren programmatischen Ausführungen an keiner Stelle erkennen, dass sie einem ideologisierenden Verständnis von Geld abgeneigt sind.

Menschen definieren sich also, wenn sie anfangen Waren zu tauschen, *gesellschaftlich* neu; und sie müssen Beziehungen neu und anders gestalten, sich sozial neu und anders integrieren. Beziehungen gestalten sich einmal mehr problematisch, mehr reflexiv und (re)konstruktiv, in ihrer unmittelbaren Form – von Mensch zu Mensch – einmal mehr ein Stück weniger naturwüchsig. Das heißt auch: weniger gewalttätig.

Probleme der Sozialintegration werden bewusst, wenn Beziehungen ihrer Naturwüchsigkeit als ausschließliches Moment sozialen Daseins entkleidet werden, wenn Menschen sich im Tauschakt interaktiv-reflexiv einbringen, darin einen gesellschaftlichen Zusammenhang konstituieren, der sich über familiär-naturwüchsige Strukturen, über naturwüchsige Faktizitäten, legt; letztlich auf Grund einer Kraft, bzw. eines Triebes, der auf Beziehungen, ihren Erhalt und Erneuerung, zyklische Rekonstruktionen, gerichtet ist, wie das schon bei Neugeborenen beobachtet werden kann, die durch Beziehungen hindurch lernen, weil sie diese unentwegt gemäß ihrer Entwicklung erneuern, rekonstruieren müssen. Sie entwickeln zudem ihr Gehirn, ihren Geist, wenn sie Bezüge und Beziehungen unentwegt herstellen.

Noch Gewalt in all ihren Ausprägungen erzählt uns von dieser triebhaften Kraft, wenn auch an sich selbst durch Gewalterfahrung, resp. Beziehungslosigkeit irre gewordenen Kraft. Normal ist freilich, sich über tätige Arbeit gewaltlos, bzw. sozialverträglich zu integrieren und integriert zu werden – in dem Maße, wie Naturwüchsigkeit von Reflexivität domestiziert wird. Dabei ist die Verausgabung von Arbeitskraft natürlich eingebunden in soziale und moralische Imperative, die der Mensch als gegeben vorfindet, in die er hinein geboren, hinein erzogen, die er verinnerlicht, und die sich nicht so ohne weiteres verändern lassen.

Arbeit und Tausch sind, zusammen genommen, zweierlei zu begreifen: qualitativ, resp. sozialintegrativ und moralisch zum einen und quantitativ, vom Wertbegriff her, zum anderen, wiewohl der Wertbegriff – *vermittelst des Wertverhältnisses* – in sich das qualitative Moment einschließt. Beides verweist aufeinander und fällt mit der kapitalistischen Produktion auseinander, in der Handeln und Denken zunehmend vom Tatsachenfetisch beherrscht werden, entmystifizierend (Gott stirbt), um durch Anbetung des Faktischen (Geld als solches) uneingestanden eine Reaktivierung von Mystik auf die erbärmlichste Weise zu erfahren.(Vgl. D03)

Nicht dass es den Tatsachenfetisch nicht schon in vorkapitalistischen Formationen gegeben hätte, nur war dieser immer eingerahmt und domestiziert durch Metaphysik. Freilich wurde die moralisch-metaphysische Seite im Laufe der Geschichte unentwegt bedrängt von der quantitativen Seite des Werts, um am Ende, im Kapitalismus, Wert und Preis identifizierend, (re-)mystifiziert zu werden. Dadurch werden Denken und Handeln tief amoralisch, von der Macht des Faktischen: dem Tatsachenfetisch, beherrscht, und zwar auf eine Weise, wie es Nietzsche sich nicht vorstellen konnte. Er dachte an eine Welt ohne Moral: grausam, majestätisch und schön wie ein Löwe. Moral war ihm grundsätzlich verlogen.(Vgl. NIF-GEM) Einer solchen Sichtweise möchte ich mich verweigern.

Es darf nicht unterschlagen werden, dass die quantitativ-rechnerische Seite des Arbeits- und Tauschbegriffs (Arbeitszeit) immer mitspielt, insofern, weil Arbeit im Kontext mit Warentausch als wertgenerierende Verausgabung von Arbeitskraft existiert. Beide Seiten, die quantitative von der qualitativen Seite, müssen allerdings zu analytischen Zwecken getrennt werden; das wird plausibel, wenn Überlegungen angestellt werden, auf welche Weise Arbeit und Tausch zusammen gehören: Ohne Tausch mag es keinen Begriff von Arbeit geben, auf jeden Fall keinen quantitativ verstehbaren im Sinne von Verausgabung von Arbeitskraft, auch wenn Menschen in dem, was sie tun, eine besondere Qualität entdecken mögen, die sie von anderen Naturwesen unterscheidet. Freilich gilt uneingeschränkt umgekehrt: ohne Arbeit gibt es keinen Tausch. Tausch als solcher, als reine Tätigkeit, existiert nicht, sieht man einmal von biologisch bedingten Tauschvorgängen wie Geschlechtsverkehr ab.

Kurz und gut: Arbeit und Produktion sind primär, der Tausch abgeleitet und sekundär. Er ist funktionales Moment: er besitzt im Hinblick auf etwas außer ihm Seiendes dienende Funktion, während es in der Produktion um das Eigentliche geht. Freilich gehören beide Seiten zusammen in dem Augenblick, wo historisch der Tausch in die Welt kommt. Am Ende kann auch Produktion abhängig werden vom Tausch, ja, sogar nicht mehr existieren wollen ohne Tausch. Und dann mag es – in Umkehrung der wirklichen Verhältnisse, die Welt auf den Kopf gestellt – scheinen, als sei der Tausch aparte Entität, die Grundlegendes tut. Die Neoliberalen gehen noch weiter: der Tausch, sprich: Markt, tut etwas, Gutes um so mehr, je freier und entfesselter man ihn agieren lässt.

Analog ließe sich vielleicht in systemtheoretischer Sicht formulieren: Informationssysteme besitzen Komponenten, die die eigentliche Arbeit machen und solche, die Arbeitsprozesse, z.B. Auftrags- und Bestellwesen, in dienender Funktion verbinden. Letzteres sind Schnittstellen-Komponenten; sie bestehen nicht allein nur aus Datenströmen, sondern tun auch etwas, nur eben nicht die eigentliche Arbeit, um die es im Gesamtsystem geht. Sogenannte prozessuale Systeme sind lange Zeit entwickelt worden unter Vernachlässigung der Trennung dieser beiden Komponententypen, was ihre große Störanfälligkeit, überdies ihre übergroße Komplexität ausmachte. Systementwicklung unter bewusst-reflexiver Trennung beider Typen hat es konsequent erst mit der *objektorientierten* Systementwicklung, konsequent in Praxi seit den 1980er Jahren, gegeben. Der objektorientierte Ansatz versucht nicht mehr, Schnittstellenarbeit prozessual abzubilden oder unmittelbar in Komponenten zu integrieren, die für die eigentliche Arbeit zuständig sind. Schnittstellen und die mit ihnen einhergehenden Aktivitäten verbinden, den Tauschakten verwandt, Arbeitsprozesse, ohne ihrerseits von diesen (prozessual) dominiert werden zu dürfen, was Gesamtstrukturen unübersichtlich, unnötig komplex machen würde.

Auf unser Wirtschaftssystem übertragen, könnte das heißen: dem integralen Moment *Zirkulationssphäre* (Tausch) eine (Verteilungs-)Autonomie geben, den Akzent auf das Bedürfnis legend, die durch Kapitalverwertung nicht gegeben ist.

Abgesehen vom qualitativen Aspekt, demzufolge sich Menschen erst im Tausch einen Begriff von Arbeit machen, um darüber die (moralische) Qualität ihrer Existenz zu reflektieren, kommt mit dem Tausch von Anfang an, natürlich, ein quantitativer Aspekt in die Welt. Tausch setzt zunächst voraus, dass Menschen in der Lage sind, über das hinaus zu produzieren, was sie selbst zum Leben brauchen: Mehrprodukt produzieren können. Denn Tausch erfordert Zeitaufwand, der von der Produktionszeit abgeht. Ein ergänzender quantitativer Aspekt käme hinzu: würde der

Tauschakt mehr Zeitaufwand erfordern, als in dieser Zeit produziert werden könnte, käme er ebenso wenig zustande. Ja, er käme auf Dauer nicht zustande, wenn in der verbleibenden, um den Tauschaufwand verkürzten Produktionszeit nicht wenigstens genauso viel produziert werden würde wie in der Zeit produziert werden könnte ohne Tausch. Das gilt umso mehr im Falle eines Produktionsniveaus, das nur ein geringes Mehrprodukt zu erzeugen in der Lage ist. Mehrprodukt ist also Voraussetzung, damit Tausch zustande kommt.

Doch warum und wie geht das quantitative mit dem qualitativen Moment zusammen? Zunächst ist wesentlich für dieses Verhältnis und zu erläutern, dass und warum Tausch als Akt der Vergesellschaftung, in dieser Eigenschaft als Funktion betrachtet, nichts zur Wertbildung beiträgt, obwohl er Zeit verschlingt, die den Arbeitsaufwand für die Produktion verkürzt. Der Wertbegriff ist sowohl qualitativ, weil er, wie oben dargestellt, nur vermittelst eines Wertverhältnisses existiert, als auch, was sich von selbst versteht, quantitativ zu verstehen, wobei quantitativ wertbildend allein lebendige Arbeitkraft ist, sofern sie nicht mit Tausch beschäftigt ist. Obwohl Tausch auch Zeitaufwand erheischt, das Wichtigste, worauf sich das Augenmerk der Tauschpartner richten mag, wenn sie ihre Waren gegenseitig auf ihren Wert abschätzen.

Was den Aufwand an (Arbeits-)Zeit betrifft, mögen sich Produzenten fragen: bekomme ich im Tausch für mein Produkt etwas zurück, das einen ähnlichen Aufwand an Arbeitszeit erfordert hat, in dem ungefähr die gleiche Arbeitszeit vergegenständlicht ist? Die erfolgreiche Abwicklung setzt Qualitatives voraus: die Bereitschaft zur Verständigung auf Augenhöhe; umso mehr, je geringer das Mehrprodukt ist, wiewohl Mehrprodukt Voraussetzung dafür ist, dass Tausch zustande kommt.

Im Augenblick, wo durch Tausch quantifizierende Momente der Wertbildung in die Produktion Eingang finden, löst sich aus der Produktion das qualitative Moment des Tauschs, gleichwohl er die Produktionsprozesse von Produzent A und B funktional integriert zu einem *Gesamtprozess der Produktion*, und zwar löst sich der Tausch als autonome Entität – gleichwohl er integriert – von der Produktion im wohlverstandenen Interesse der am Tausch beteiligten Produzenten. Das bedeutet, Aufwendungen der Vergesellschaftung durch Tausch verteilen sich im allseitigen Interesse gleichmäßig auf die Köpfe der Produzenten. Das setzt voraus, dass sich die beteiligten Produzenten bewusst einbringen in den Gesamtprozess der Produktion. Für seine Aufrecherhaltung werden sie sich verständigen, *gemeinsam* verantwortlich fühlen müssen. Es entstehen Erwartungsdispositionen und über diese können sich Menschen, außerhalb ihrer angestammten familiär bedingten Naturwüchsigkeit, als moralische Wesen begreifen. Was nicht heißt, dass in familiären Strukturen vor dem Tausch alles naturwüchsig zugegangen sein muss. Es kommt halt eine neue Qualität von signifikant weniger *Naturwüchsigkeit* ins Spiel durch das *überfamiliär Fremde*, das durch den Tausch in die Welt kommt, mit dem man sich auseinandersetzen muss bis in die familiären Strukturen hinein.

Reziproke Erwartungsdispositionen durch Tauschbeziehungen, die über interne Beziehungen der Familie oder Sippe hinausgehen, erzeugen ein Stück mehr Bewusstsein hinsichtlich der Naturwüchsigkeit in Bezug auf familieninterne Beziehungen, um sie ggf. in ein fragwürdiges, problematisches Licht zu stellen: An dieser Stelle werden Menschen sich ihrer moralischen Substanz bewusst; sie müssen, andernfalls keine Erwartungen unter Tauschpartnern zur reziproken Zufriedenheit erzeugt oder eingelöst werden könnten. Kurz, es entsteht über Tausch externer kommunikativer Aufwand, der nichts zur Wertbildung beiträgt, sondern Produktionen integriert zu einem Gesamtprozess, der wiederum Sozialintegratives: interne Beziehungsmomente, nicht unberührt lässt.

Es gibt einen weiteren Grund, der die Trennung von Tauschaufwand und Produktionsaufwand plausibel macht. Würde man den Tauschaufwand zum Wert einer Ware hinzuschlagen, so ließe sich der quantitative vom qualitativen Aspekt nicht mehr trennen: Qualitatives würde sich im Quantitativen auflösen und den Tatsachenfetisch begründen, dem sich das sozialintegrative Interesse zu beugen hätte (Macht des Faktischen). Eine ökonomische Analyse wäre im Interesse einer Ökonomie der sozialen Verträglichkeit, von Sozialintegration, nicht mehr möglich. Auch das Eckpunktepapier ist ökonomietheoretisch nicht so formuliert (nicht kritisierbar), dass Qualitatives vom Quantitativen getrennt analysierbar ist, um dem neoliberalen Mainstream eine wirkliche Alternative entgegenzustellen, einen wirklichen Politikwechsel zu begründen.

Was den nicht im Wert einzubeziehenden, aber durchaus quantifizierbaren Aufwand für Tausch (Vergesellschaftung, Kommunikation) betrifft, so sei diese konstruktive oder perspektivische Entscheidung, darauf es im Sinne von *Partei ergreifen* ankommt, an einem fiktiven Beispiel illustriert: Produzent A mag einen längeren Weg zum Tauschort O zurückgelegt haben als Produzent B. Das begründet aber nicht einmal einen Extravorteil für B, sondern nur einen Extraaufwand für A, der in der Zeit, die er für seinen Weg länger benötigt, nichts produzieren kann, was am Wert seiner Ware, die einen längeren Weg zurücklegt, nichts ändert. Die Partner müssten sich auf einen Tauschort O' einigen, zu dem sie mit ihren Tauschprodukten gleich lange unterwegs wären. Sie werden sich fair verhalten müssen, um den Tausch aufrecht zu erhalten. Der Austausch kann nur im wohlverstandenen gemeinsamen Interesse stattfinden. Das Wertgesetz, demzufolge gleiche Arbeitszeiten, vergegenständlicht in Waren, sich austauschen, setzt in dieser frühen Phase der Menschwerdung faires Verhalten der am Tausch beteiligten Produzenten voraus. Dies ist eine sehr wahrscheinliche Realität; denn würden sich die Waren unter Einbeziehung des Tauschaufwandes austauschen, könnte Produzent A seinen Partner B prellen, indem er einen längeren Weg zugrunde legt, was Partner B unmöglich kontrollieren könnte, aber kontrollieren können müsste. Der Tauschvorgang würde verbürokratisieren, unmöglich auf einem Produktionsniveau, das nur ein geringes Mehrprodukt hervorbringt. Hier bildet sich bei den Tauschpartnern eine soziale Sichtweise heraus, die auf die gleichmäßige Verteilung des Tauschaufwands auf die beteiligten Tauschpartner zielt, wenn auch nur hinter ihrem Rücken, also nicht bewusst, andernfalls Tauschbeziehungen sich auflösen würden.

Was die *entwickelte Warenzirkulation* betrifft, in der sich Geld als *allgemeines Äquivalent* durchgesetzt hat, so verteilt sich auch dort der Tausch-, resp. der Zirkulationsaufwand gleichmäßig über alle am Tausch beteiligten Produzenten, trägt also auch hier nichts zur Wertbildung bei. Der Tauschaufwand kommt zum Ausgleich durch den anonymen Marktmechanismus von Angebot und Nachfrage, also wiederum hinter dem Rücken der Beteiligten. So kann eine damit einhergehende Anonymisierung des Tauschaktes über das Zirkulationsmittel Geld wiederum ein naturwüchsiges Moment zurück in die (gesellschaftlichen) Beziehungen bringen, Naturwüchsigkeiten auf eine diesmal verlogen-zynische Weise in den sozialen Beziehungen wiederbeleben, etwas, von dem sich die Menschen zuvor, durch den einfachen Tausch, emanzipieren konnten.

Mit dem Geld: der entwickelten Warenzirkulation, kommt die spezialisierte Tätigkeit des Kaufmanns in die Welt; mit ihr der Wert als *rein* quantitative Kategorie, ein einseitiger Wertbegriff, und damit die Vorstellung, der Tausch, resp. der Kaufmann, füge der Ware Wert hinzu. Das Uneingestandene, die Heuchelei: der *gute Ton*, der das Brutale, *pures Bestrafungsbedürfnis*, verbirgt, kurz: das Zynische, kommen in die Welt: *Das private Interesse beginnt, das politische Interesse zu infizieren*. Denn mit dem Kaufmann werden die Produzenten von ihrer vergesellschaftenden Funktion, die zuvor im *einfachen Tausch* unmittelbar gründete, getrennt. Daran geknüpfte innerfamiliäre Lernprozesse kommen zum Erliegen: Die Familie, die zuvor dem Gesamtprozess: Produktion und Tausch, die Form vorgab, wird getrennt von dem, was die Gesellschaft über den Tausch zusammengehalten hat. Dies ist die Geburt von Mythos, Depression und Hochgefühl. Darunter wird der Blick auf alle Verhältnisse kleinkariert, rechnerisch, auf den eigenen Vorteil, individuellen Prestigegewinn bedacht, losgelöst von gesellschaftlichen Zusammenhängen, die den anderen nicht unmittelbar, sondern nur noch mittelbar einbezieht – über Gebet und Religion als sozialintegrative Substitute, zu denen abgehobene Herrscher und Machthaber eine besondere, von der wirklichen Arbeit getrennte Nähe für sich beanspruchen. Ein alles *gleichschaltender Universalismus* ward geboren. Das bedeutet, der Mensch wird getrennt von seiner moralischen Substanz, von dem, was ihn einst menschlicher gemacht hat. Er *verstummt* in reiner Tätigkeit, reduziert auf das, was ist, auf Arbeit als solche, der fortan, in Form der Naturalgestalt des Geldes, unmittelbar und nur *Wert* auf der Stirn geschrieben steht. Produktion und Zirkulation gehen in eins, der Analyse nunmehr nicht mehr zugänglich. Damit einher geht, um auf die Anfangsbemerkung dieses Kapitels zurückzukommen, dass der Wert der Ware, so auch der Arbeitskraft im augenfälligen (Markt-)Preis sich spiegeln. Der Sozius wird ökonomische Entität, unmittelbar und nur ökonomisch. Er duldet keine weiteren Voraussetzungen; davon getrennt entstehen universale Religion und die Disposition zum abhebenden Hochgefühl als Surrogat, zur Weltbeschwörungsformel, den modernen Gefühlsjunkie von heute vorwegnehmend. Das eine, irdisch Quantifizierbares, darf mit dem anderen, einem abgehoben Qualitativen als dem wahr- wie wahnhaft Menschlichen, nichts mehr zu tun haben.

Marx kleidet diesen Zusammenhang wie folgt unter Vernachlässigung des moralisch-sozialintegrativen Moments: *Gebrauchswert* und *Wert* – letzteres im Sinne von *Tauschwert* – fallen erstmals seit der spezialisierten Tätigkeit des Kaufmanns auseinander, aber nicht, weil der Kaufmann dem Produkt zusätzlichen Wert hinzufügte oder nicht hinzufügte, sondern ideologisch dadurch, dass er den Produzenten von seinem Produkt trennt, sich dieses Produkt aneignet, um es als Wert in die Zirkulation zu werfen, sich und allen Produzenten einredend: er würde in dieser seiner zirkulären Funktion Werte schaffen.

Marx zufolge verwechselt der Kaufmann da was wie auch, so steht zu befürchten, die Autoren des Eckpunktepapiers, sofern sie sich für Marx interessieren und sich auf ihn berufen: er trennt nicht zwischen Tauschwert (Qualität) und Wert (Quantität). Die Trennung impliziert: der Kaufmann schafft keine Werte. In diesem Sinne übervorteilt er den Produzenten nicht, auch wenn er ihn von seinem Produkt trennt und damit einer vergesellschaftenden Funktion beraubt, um sich mit dieser übergebührlich – heuchelnd und anmaßend – zu schmücken, während der Produzent auf die reine Tätigkeit reduziert ist, reduziert auf Quantität, geronnen zur ökonomischen Rechengröße, in der er sich als vergesellschaftetes Wesen erfährt, bzw. nicht als Wesen erfährt, das *aktiv* vergesellschaftet, bzw. vergesellschaftet lediglich über seine Fähigkeit (Hoch-)Gefühle auszubilden: Die Vergesellschaftungsfunktion ist somit vollständig, universal, alles gleichschaltend, auf die Religion und missionarische Religionsführer übertragen. Das ist *Entfremdung* auf den Punkt gebracht.

Im Kapitalismus fallen zum ersten mal, was alles richtig schlimm macht, Wert und Gebrauchswert nicht nur ideologisch, sondern auch faktisch:

unter rein quantitativem Aspekt, auseinander. In dem Augenblick nämlich, wo der Kapitalist den Arbeiter *gebraucht*, um aus ihm mehr rauszupressen als er selbst wert ist. Das ist etwas, was der Kaufmann (noch) nicht tut. Dazu musste er sich (historisch) erst in einen Kapitalisten verwandeln.

Der neue, qualitative Aspekt im menschlichen Dasein, wie er in die Welt einmal mehr durch Tausch gekommen sein mag, sei zusammenfassend wie folgt formuliert: Menschen verinnerlichen durch Tausch ein Verhalten, das auf reziproke Anerkennung zielt über den unmittelbaren familiären Zusammenhang hinaus. Menschen beginnen, sich die Sichtweise von *fremden* Menschen zu eigen zu machen, die nicht zur eigenen Sippe gehören, was auf einen abstrakten Begriff gegenseitiger Anerkennung und, weil abstrakt, auf wirkliche Gleichheit zielt. Erst durch diesen abstraktformalen Gesichtspunkt kann die Beziehung als solche ins Zentrum des Interesses rücken, um sich der (reflexiven) Bearbeitung zu öffnen. Die Perspektive eines *Fremden* sich zu eigen zu machen, überhaupt *perspektivisches* Denken, kann nunmehr zu einem festen Begriff werden, der nicht einfach haltmacht vor der Naturwüchsigkeit familiärer Beziehungen. Oder doch? Ja nun, Fremden gegenüber verhalten sich Menschen oft genug liebenswürdiger als eigenen Angehörigen gegenüber.

PT5 (B2): Anmerkungen zur Parteibildung

Es gibt Texte, die öffnen sich gegenüber sozialen Strukturen oder sie immunisieren sich gegen Kritik, so dass aus der Beschreibung von sozialökonomischer Realität politisch handlungsorientierend unmittelbar das folgt, was sich an eben dieser Realität ändern muss, auf dass alles besser werde. Die Analyse des Ist-Zustands verweist nicht auf ein Soll; sondern dieser löst sich im Ist-Zustand auf, ist unmittelbar am Ist orientiert: die Lohnquote ist niedrig und immer mehr Menschen geht's schlecht; daraus folgt, Löhne und Sozialeinkommen müssen steigen und es wird besser. Wir wollen aber gerecht sein und stellen fest: eine Strategie sinkender Sozialleistungen und Löhne ist genau so einfallslos.

Die Methode einer Annäherung an die sozial-ökonomische Realität, aus ihrer Beschreibung folge wie von selbst eine politisch handlungsorientierende Strategie, sei zunächst am Aufsatz *Neoliberalismus und Weltmarkt* von Hansgeorg Conert illustriert, der deshalb schön ist, weil er für sich in Anspruch nimmt, an Marx orientiert zu argumentieren, dazu in Abgrenzung zum Neoliberalismus wie er im "Monetarismus der Chicago-Schule (M. Friedman)" zum Ausdruck kommt (COH-NWM,8).

Den älteren Aufsatz *Neoliberales Zeitalter?* von J. Bischoff (BIJ-NZA), den ich im Anschluss behandeln werde zusammen mit einem aktuellen Text von ihm, der Stellung bezieht zum Gründungsmanifest von Oskar La-

fontaine, lässt zwar weniger eine ausdrückliche Orientierung an der Marxschen Analyse erkennen. Um so verwunderlicher scheint mir seine allzu
sorglose Inanspruchnahme einschlägiger Textstellen aus dem Kapital von
Marx zu sein, die im Zusammenhang mit wesentlichen Aussagen seines
heutigen Textes noch viel stärker wie ein Fremdkörper wirken.
Der Aufsatz von Conert beginnt mit einer sehr gerafften Marxrezeption,
die in ihrer Kürze zu Missverständnissen und erheblichen Ungenauigkei-
ten einlädt. Schon hier kann nur mit sehr viel gutem Willen unterstellt
werden, dass Conert vielleicht auch meint, bzw. richtig verstanden hat,
was er rezipiert. Weitere Ausführungen, wo er der Rezeption eigenes hin-
zufügt, bestätigen denn auch die üblichen Verdrehungen und Missverständnisse, wie sie schon in meiner obigen Eckpunktekritik beschrieben
sind. Seine Analyse (wir wollen sie mal so nennen) lässt nicht erkennen,
dass er es für notwendig erachtet, zwischen Produktion und Zirkulation
zu trennen, geschweige denn, von der analytisch-theoretischen Bedeutung
einer solchen Trennung auch nur die geringste Ahnung zu erkennen gibt.
Ich möchte ja nicht päpstlicher als der Papst sein, aber der folgende Satz
von ihm legt diesen Verdacht zumindest nahe: "Der Wert der Arbeitskraft
als Ware ist demnach bestimmt durch die Kosten ihrer Reproduktion."
(COH-NWM,5)
Der Begriff *Kosten* ist ein Begriff der Zirkulation. Mit dem Lohn, den der
Arbeiter bekommt (Kosten des Unternehmers), muss er erst noch auf
den Markt treten, um dort *notwendige Lebensmittel* zu kaufen, die seine
Reproduktion sichern. Zwischen Lohn (Kosten) und notwendigen Le-
bensmitteln (reale Ströme) zur Reproduktion existiert schlicht keine Identität. Das macht Marx an vielen Stellen deutlich, ausdrücklich, weil er das
für wichtig erachtet, auch vom erkenntnistheoretischen Standpunkt aus,
und weil er vielleicht weiß, dass zuweilen auch seine eigene Sprache und
Ausdrucksweisen Missverständnisse begünstigen können. Dazu ein kleiner Textausschnitt aus dem *Kapital*, wo es um Zusammenhänge in der
Produktion geht, die zum Teil mit Begriffen der Zirkulation (unbezahlte
Arbeit, Lohn) auf den Begriff gebracht werden: "Wächst die Menge der
von der Arbeiterklasse gelieferten und von der Kapitalistenklasse akkumulierten, unbezahlten Arbeit rasch genug, um nur durch einen außergewöhnlichen Zuschuß bezahlter Arbeit sich in Kapital verwandeln zu
können, so steigt der Lohn, und..."(MAK-W23,649)
An einer anderen Stelle spricht Marx von den Annahmen, die er der Analyse der Kapitalakkumulation vorausgehen lässt. Nachdem Geld in Kapital verwandelt, d.h. mit Eintritt in den produktionellen Wertbildungsprozess, sind "alle Bedingungen des Problems gelöst und die Gesetze des
Warenaustausches in keiner Weise verletzt. Äquivalent wurde gegen Äquivalent ausgetauscht. Der Kapitalist zahlte als Käufer jede Ware zu ihrem

Wert, Baumwolle, Spindelmasse, Arbeitskraft."(MAK-W23,209)
Im Abschnitt, wo er die *Akkumulation* explizit behandelt, heißt es ergänzend: "Wir unterstellen hier also einerseits, dass der Kapitalist, der die Ware produziert, sie zu ihrem Wert verkauft, und verweilen nicht weiter bei seiner Rückkehr zum Warenmarkt, weder bei den neuen Formen, die dem Kapital anschießen in der Zirkulationssphäre (u.a. auch in Form von Kosten der Fremdfinanzierung durch das sogenannte Finanzkapital, F.W.), noch den darin eingehüllten konkreten Bedingungen der Reproduktion", denn die "vermittelnde Bewegung der Zirkulation" würde die "einfache Grundform des Akkumulationsprozesses" verdunkeln: "Seine reine Analyse erheischt daher vorläufiges Wegsehn von allen Phänomenen, welche das innere Spiel seines Mechanismus verstecken."(MAK-W23,590) Um in Band zwei und drei des Kapitals, so ließe sich ergänzen, zu zeigen, dass diese zusätzlichen Phänomene an der Ausbeutung durch die Mechanismen der Kapitalverwertung nicht das geringste zu ändern vermögen; insofern ist der erste Band, der sich dem Produktionsprozess widmet, der maßgebliche Band.

Conert mag noch so traurig sein, dass Marx "von den Vertretern der vorherrschenden Wirtschaftslehre ignoriert oder aber die Bedeutung seiner Kapitalismusanalyse geleugnet" werde.(COH-NWM,2) Nur dass auch er Marx rezipiert, ohne ihn zu verstehen: er glaubt, mit ein paar Zeilen Wesentliches seiner Analyse zu entnehmen zur Herstellung einer gemeinsamen Verständigungsbasis. Eine ausführliche Rezeption ist jedoch angebracht, weil im heutigen wissenschaftlichen Diskurs, was Marx betrifft, nicht von ausgemachten Erkenntnissen, einem allgemein anerkannten gültigen Verständnis ausgegangen werden kann – in der Art: ist doch klar, worum es geht. Ein paar Striche und schon kann's losgehen. Man zitiert wild drauf los, aus zweiter, dritter Hand, und am Ende haben die Zitate mit dem, woher sie stammen, kaum mehr etwas zu tun.

Denkfiguren wie die folgende verdichten ganz besonders den Verdacht allgemeiner Orientierungslosigkeit, ich meine, zur sicheren Gewissheit; etwa wenn er von *Arbeitsaufwand* als "wenig konkretes und unhandliches Tauschmittel" spricht: "Er wurde deshalb als kompatibel mit den Löhnen erklärt und in deren Geldform ausgedrückt."(COH-NWM,5)
Grausam. Der Satz spricht Bände. Marx spricht nicht von Löhnen oder Geldeinheiten, um reale Wertströme wie Arbeitsaufwand oder Maschinen handlicher zum Ausdruck zu bringen. Natürlich, wenn man von Werten spricht, muss man sie auch irgendwie ausdrücken: in Recheneinheiten; wie sonst? Das meint nicht ihre Geldform. Wenn Marx von Werten, z.B. Wert der Arbeitskraft, spricht, meint er *Wert* und eben nicht seine Geldform (Preise). Hinzu kommt, Lohn ist der in Geld ausgedrückte Wert der Arbeitskraft und nicht seinerseits wiederum in eine Geldform trans-

formierbar, sozusagen Geld, das man noch mal in Geld transformieren könne, um es für den gemeinen Verstand konkreter, begreiflicher zu machen. Eine Transformation findet ja tatsächlich statt, was das Wort *kompatibel* nicht erkennen lässt, wenn Warenwerte sich am Markt realisieren, um in Geldform zu weiter zu existieren.

Das Problem ist, wenn Marx Recheneinheiten mit einem Währungssymbol versieht oder von unbezahlter und bezahlter Arbeit spricht, können Missverständnisse, wie bei Conert, entstehen, die ausgeräumt gehören, weil sie den weiteren Gang der Analyse bestimmen.

Conert sieht richtig, dass Marxens Analyse auf der Arbeitswerttheorie seiner klassischen Vorgänger gründet. Was er nicht sieht, bzw. nicht sagt, ist, dass die Arbeitswerttheorie von A. Smith und D. Ricardo anders verwendet wurde. Marx setzt in seiner Analyse das Wertgesetz voraus (es werden Äquivalente getauscht); er macht aber an keiner Stelle den Versuch, das Wertgesetz an der ökonomischen Wirklichkeit: entlang harter ökonomischer Markt-Faktizität zu verifizieren wie es Ricardo versuchte, um resigniert einzusehen, dass dies unmöglich ist: "Die 'Fleischwerdung' des Arbeitswertes in der Rechenwelt der Märkte muss scheitern."(HOWST1,57).

Marx sieht von vornherein eine Differenz von Preis (Zirkulation) und Wert (Produktion). In seiner Analyse spielt diese Differenz keine Rolle, aber nur weil Preisfaktizitäten keine Rolle spielen. Da erscheint Marx *wirklichkeitsfremd*, weil an (Markt-)Faktizitäten nicht orientiert. Conert verkennt diese Voraussetzung Marxscher Analyse. Wo ihm Marktprozesse ins Auge fallen, das Unmittelbare, glaubt er produktionelle Vorgänge vor sich. Seine Begrifflichkeit differenziert nicht grundlegend zwischen realen Produktionsströmen (Werten) einerseits und wie sie sich in der Zirkulation in Geldform (Preisen) ausdrücken andrerseits. Kosten (Löhne) sind für ihn Aufwendungen im Sinne von Verausgabung von Arbeitskraft wie sie Marx als variables Kapital in der Produktion annimmt.

Für den Kapitalisten oder Neoliberalen sind Maschinen wie Arbeitsaufwand Kosten. Beide Seiten, bei Marx das konstante und variable Kapital, produzieren nach neoliberalem Verständnis Werte und verdienen, dass man ihnen ein entsprechendes Einkommen zuordnet. Von dort ist es dann kein weiter Weg mehr zur Maschinensteuer. Marx zufolge schafft allein der Arbeitnehmer Werte, was in der Zirkulation, durch den Kostenbegriff, verhüllt wird. Maschinen übertragen nur ihren eigenen Wert auf das Produkt, einen Wert, der von den Arbeitern geschaffen worden ist, als sie diese Maschinen zuvor produzierten. Verlässt die Maschine, nachdem produziert, die Produktion, tut sie nichts Wertbildendes mehr. Sie wird am Markt gekauft, um in der Produktion als Gebrauchswert konsumiert zu werden. Dann überträgt sie nur ihren eigenen Wert auf das Produkt, also etwas, was schon da ist, was in einem vorherigen Wertbildungsprozess entstanden und zum Abschluss gebracht worden ist. Dieser Sachverhalt verschwimmt in der Welt preislicher Faktizität. Dort verwandelt Abschreibung sich unter dem Blick des Neoliberalen in Einkommen, das dann natürlich dem Besitzer der Maschine gehört wie der Lohn dem Arbeiter. Genau deshalb sind Wertschöpfungsabgaben auf Maschinen oder Zinsen zur Entlastung des Faktors Arbeit (weil es immer weniger Arbeitnehmer gibt) barer Unsinn, weil sie ohnehin vom Arbeiter aufgebracht werden. Das, was man Maschinensteuer nennt, könnte auch den Löhnen zugeschlagen werden, um von dort als Abgaben in die Staats- oder Sozialkassen zu gehen. Nichts als Verschiebebahnhöfe. Steuern, welcher Art auch immer, ändern nichts an kapitalverwertender Ausbeutung, daran, dass es Menschen immer schlechter geht. Dies wird verhüllt dadurch, dass es nie allen Menschen gleich schlecht geht, bzw. gleichmäßig und zur gleichen Zeit betroffen sind. Aus einer daraus resultierenden Ungleichheit ergeben sich Gerechtigkeitsfragen, die zu keinem Ende diskutiert werden können, weil sie den Kapitalismus nicht insgesamt ins Auge nehmen. Aber es gibt unentwegt etwas entlang unmittelbarer (Markt)Faktizität, woran sich Gemüter erhitzen können, was sich als Gerechtigkeitsproblem endlos ohne Sinn und Verstand hoch und runter deklinieren lässt.

Steuern mögen gesamtwirtschaftliche Ausbeutung glätten, der einen oder anderen Gruppe Vor- und/oder Nachteile verschaffen (Lohnerhöhungen, Lohnsenkungen, Steuererhöhung, Steuersenkung, Subventionen aller Art), ohne an kapitalverwertender Ausbeutung insgesamt etwas zu ändern. Die nimmt in der Produktion ihren Anfang – nicht im Marktgeschehen, und findet in der Produktion ihren Abschluss, noch bevor die dort produzierten Waren ihren Weg in die Zirkulation finden, um dann bei selbsternannten Marxexperten (bei Neoliberalen ohnehin) Nebel zu produzieren, weil im Marktgeschehen ja tatsächlich etwas passiert, was der einen oder anderen Gruppe Vor- oder Nachteile verschafft: Modifikationen in der Aufteilung der Beute. Nur dass der Ausbeutungsvorgang vorher – in der Produktion – schon abgeschlossen, an dem in der Marktsphäre nur unwesentlich herumgebastelt werden kann. Dies der Kern der Marxschen Analyse. Dass Conert Ausbeutung: die Mechanismen der Kapitalverwertung aushebeln will, nehme ich an. Denn er beruft sich ja auf Marx – ausdrücklich. Nun, der Wille mag da sein, allein der Geist ist schwach.

Ähnlicher Unsinn ist natürlich auch die Annahme, der Markt sei schuld, ggf. *Marktradikalität.* Er ist nicht schuld. Folgende Stelle in Conerts Aufsatz ist hier aufschlussreich: "Der Welthandel, der heute auch immer mehr Dienstleistungen umfasst, sowie die an Umfang und Bedeutung stark gewachsenen Finanztransaktionen funktionieren nach Regeln und erzeugen direkt und indirekt Wirkungen, die die weniger entwickelten Volks-

Volkswirtschaften benachteiligen und sie zwingen, ...".(COH-NWM,7) Mit mehr Text will ich den Leser nicht belasten. Es folgt das übliche Geschwafel. Richtig ist schon mal: nicht der Markt zwingt, sondern die Länder werden gezwungen durch eine entsprechende Politik zur Gestaltung außenwirtschaftlicher Beziehungen. Zuweilen ergänzt durch militärische Gewalt. Ansonsten kann man sich Zwängen entziehen, vorausgesetzt eine Wirtschaft ist so umfangreich wie der europäische Währungsraum, um ggf. auf eigenen Füssen zu stehen, wenn außenwirtschaftliche Beziehungen sich nur zum Nachteil der Menschen gestalten lassen. Das ist z.B. der Fall, wenn Länder wie Brasilien Monokulturen, z.B. Soja, nach Europa exportieren, damit unsere Schweine satt werden, während Menschen in Brasilien hungern. Die Verweigerung außenwirtschaftlicher Beziehungen, wenn sie denn sozial unverträglich sind, setzt eine Ökonomie voraus, die sich vom Expansionszwang emanzipiert hat, der in den Mechanismen der Kapitalverwertung gründet. Allein die falsche Annahme, der Markt richte für alle Wirtschaftsteilnehmer alles zum Besten, darf nicht im geringsten dazu verführen anzunehmen, der Markt sei schuld, was beschreibende Ergänzungen zum Marktbegriff nahe legen, z.B. das Wort *Marktradikalität*. Der Zusatz *Radikalität* verschleiert an dieser Stelle mehr als er zum Ausdruck bringt. Er legt die Annahme nahe: weniger Radikalität und es würde besser. Natürlich, ohne Markt und Marktkonkurrenz gibt es keine Kapitalverwertung. Wie sollte ohne Markt(konkurrenz) auch überhaupt etwas funktionieren? Die Existenz von Marktkonkurrenz setzt aber Kapitalverwertung nicht voraus; d.h. dass beides nicht in einen Topf geworfen werden darf. Es gibt keine Identität zwischen Markt(konkurrenz) und Kapitalverwertung.

Das Problem, um das es geht, ist auch erkenntnistheoretischer Natur. In der Filmbesprechung *Lemming* (F6) habe ich mich bemüht zu zeigen, wie Theoriefeindlichkeit, resp. der Mangel an analytisch-theoretischem Gehalt, schon in der alltäglichen Sprache seinen Anfang nimmt, in den alltäglichen Beziehungen, um in eine unkritische Auffassung von Realität zu münden – noch dort, wo man sich als Teilnehmer im wissenschaftlichen Diskurs ungemein analytisch dünkt, nicht merkt, wenn Sätze auf nichts zielen, außer auf sich selbst: auf das, was sie unmittelbar beschreiben, und zwar durch die Logik: die auf unreflektiert-sakrosankten Konnotationen, resp. unmittelbar als wahr vorausgesetzten Annahmen basieren, die Sätze in sich mitführen, durch die sie sich führen lassen, um Sprecher und Hörer buchstäblich um den Verstand zu bringen. So wird z.B. Folter denknotwendig, wenn dadurch ein unschuldiges Kind gerettet werden kann oder ein Terroranschlag verhindert werden könnte. Auch der Begriff Marktradikalität legt aus sich selbst heraus nahe, dass mit weniger Markt Dinge besser laufen – unkritisch auch deshalb, weil der Blick auf Marktprozesse gelenkt wird, auf das, was unmittelbar ins Auge fällt (Preise), und nicht, was in der Produktion – jenseits der Zirkulation – sich abspielt. Die Sätze suggerieren Handlungsorientierung; denn sie enthalten unmittelbar das, was in Bezug auf eine außer ihr seiende Realität zu machen. Sie suggerieren umfassende Beschreibung in Bezug auf das, was sie selbst sind: ein kleiner Teil des Ganzen, nicht das Ganze. Fragen sind dann überflüssig, wenn sie mehr sein wollen als nur Verständnisfragen.

Der Lemming-Text zeigt wie gesagt, dass Theoriegehalt nicht eine Sache ist, die man nur in großen theoretischen Abhandlungen findet, sondern man findet sie – oder eben nicht – schon im profanen Alltagsleben, in alltäglichen Unterhaltungen: "Zumindest ihr Minenspiel und ihre gelassenen Bewegungen machen den Eindruck, als (...) wären sie wieder eins mit" ihrer Realität. Ausgehend vom profanen Alltagsleben geraten Sätze in sogenannte große Werke, um dort Theorielosigkeit hinter Vielwisserei, Kompetenzgetue, allerlei schönen Sprachfiguren, durch die eine oder andere geniale Wortschöpfung zu verhehlen. Das sei ein weiteres mal illustriert anhand eines Textes von J. Bischoff. Er trägt den Titel *Neoliberales Zeitalter? Abend oder Morgendämmerung des Laissez-faire-Kapitalismus?* (BIJ-NZA) Er erweckt durch seinen Jargon nur den Anschein eines differenzierten Verhältnisses zur sozialen Realität. In Wirklichkeit schüchtert er wie Conerts Aufsatz nur ein durch allerlei Wortklingelei. Es ist schwierig, zu solchen Texten innerlich ein Verhältnis aufzubauen, um am Ende zu behalten, was man da eigentlich gelesen hat.

Schon Titel und Untertitel täuschen, weil als Frage formuliert, Nachdenklichkeit vor. In ihrem begrifflichen Aufbau lassen sie das Problem erahnen, das sich dann durch den ganzen Aufsatz zieht: Der Begriff *Kapital(ismus)* wurde von Marx in drei Bänden entwickelt. In seiner Analyse setzt er einen ausgebildeten Kapitalismus voraus, einen in vollendeter Gestalt wie wir ihn heute vor uns haben; in dem die Regeln der Kapitalverwertung nicht mehr oder weniger, sondern uneingeschränkt und umfassend gelten. Das macht seine Analyse brandaktuell. Weil das so ist, arbeitet Marx nicht mit zusätzlichen Attributen, die den Kapitalbegriff aussagekräftiger machen sollen wie z.B. *Raubtier*-Kapitalismus oder *Laissez-faire*-Kapitalismus. Solche Attributierungen sind ohne analytischen Wert. Schlimmer: sie vernebeln die Sache, um die es geht. Sie führen etwas mit sich, Konnotationen, die dem Begriff etwas hinzufügen, um ihn handlungsführend für sich selbst sprechen lassen. Einem Raubtier lassen sich vielleicht die Zähne ziehen, um es in ein gehorsames Tier zu verwandeln, das sich dem Gemeinwohl verpflichtet fühlt, wie Oskar in seinem Gründungsmanifest (als kritische Ergänzung zum Eckpunktepapier) anmerkt. Darüber können auch martialische Forderungen, wie gegen jede Privatisierung zu sein, nicht hinwegtäuschen, auch wenn sie linke Herzen höher schlagen lassen. Doch wie erklären, dass in der DDR so gut wie alles verstaatlicht war, und trotzdem ist sie pleite gegangen. Gemeineigentum ist also nicht alles. Es ist wichtig, vielleicht sehr wichtig, aber es muss etwas hinzukommen. Um zu wissen was, braucht es zunächst und vor allem eine Analyse des Kapitalismus, die den Namen Analyse verdient.

Was für *Raubtier* gilt, gilt ebenso für den Zusatz *Laissez-faire*. Er suggeriert – im Umkehrschluss – einen Kapitalismus, der sich regulieren lässt, wie Michel Aglietta in einem Aufsatz so schön ausführt (AGM-WKR), einen Kapitalismus, den Bischoff in diverse Entwicklungspfade ausdifferenziert sieht; er macht Entwicklungspotentiale aus, die noch nicht ausgeschöpft seien. Denn noch, und hier bin ich mit ihm einverstanden, ist die Welt schlecht, sagt er in einem kritisch gemeinten Text und reagiert damit auf Lafontaines kürzlich verfasstes *Gründungsmanifest für eine Neue Linke*. (LAO-AGL) Er kritisiert Lafontaines *Raubtier*-Rhetorik: "*Die Linke* sollte erstens bei ihrer Kritik jeglicher 'Sachzwang-' und 'Natur-Rhetorik' bleiben, und sie sollte zweitens die Erkenntnis für sich zunutze machen, dass es auch im 21. Jh. – wahrscheinlich noch mehr als zuvor – unterschiedliche Entwicklungspfade kapitalistisch verfasster Gesellschaften geben wird – richtiger: zu erkämpfen sein werden. Das Projekt der Zivilisierung des Kapitalismus – durch eine Erneuerung sozialstaatlichwirtschaftsdemokratischer Entwicklung wie durch die Weiterentwicklung des Völkerrechts – ist ebenso wenig abgeschlossen wie die Umwälzung der Rohstoffbasis und der Übergang zu nichtfossilen Energieträgern."

Der Text verfährt nach dem Motto: jedem seine eigenen Attribute, resp. Wortklingeleien. Nur hören sich eigene Wortschöpfungen immer schöner an, während es an fremden Federn immer etwas zu mäkeln gibt. Der Ausschnitt gebärdet sich denn auch nur kritisch, ohne es tatsächlich zu sein. Denn er ist wie Oskar der Meinung, der Kapitalismus ließe sich *zivilisieren* oder sei zivilisiert in Gestalt des einen oder anderen Entwicklungspfades, den es, um genau zu sein, zu erkämpfen gelte. Das Wort Kampf ist wichtig; andernfalls bräuchte man keine neue Partei, eine Westausdehnung der PDS, in der sich ansonsten unverkäufliche VSA-Lektüre verkaufen ließe; um nicht zu sagen: zu viel Text um nichts. Bischoff hätte das Manifest von Oskar auch gleich abschreiben können, anstatt sich der Mühe eines eigenen Textes zu unterziehen.

Nicht anders verhält es sich mit dem Zusatz *Finanzkapital*-Kapitalismus oder *Heuschrecken*-Kapitalismus, einen personalisierten, nicht weniger naturrhetorischen Kapitalismus, in dem sich böse Finanzhaie einnisten, eine neue Qualität von Kapitalismus erzeugen, in dem die Finanzhaie mit ihrer Finanzierungsmacht die Herrschaft übernommen haben, die es mit Arbeitmacht zu brechen gelte, die es natürlich nur mit einer *geeinten Linken* geben kann; erst dann bekommen wir eine – ja was eigentlich? Natürlich, eine viel bessere Gesellschaft, die man dann ganz human-pluralistische *sozialistischen Kapitalismus* oder *kapitalistischen Sozialismus* nennen könnte. Natürlich sind solche Attributierungen zum Begriff *Kapitalismus* dem Werk von Marx fremd; sie wecken den Verdacht, ihre Wortschöpfer wissen nicht, was sie gelesen haben, wenn sie denn das Kapital von Marx überhaupt gelesen haben. Zumindest zitieren sie einschlägige Stellen, in die sie bedeutungsschwanger hinein interpretieren, man möchte sagen, Stellen, die jeder zitiert, der etwas auf sich hält, vereinigt in einem Zitierkartell, Zitate aus zweiter, dritter Hand. Man vereinigt sich auf der Basis von Zitaten, die, aus dem Zusammenhang gerissen, sich wunderbar pluralistisch in alle Richtungen interpretieren lassen.

Nehmen wir einen weiteren Satz aus dem Aufsatz *Neoliberales Zeitalter?*, in dem es, trotz seriösen Anscheins (es wird richtig zitiert), nicht weniger wortklingelt. Man kommt auch hier aus dem Staunen nicht heraus, bleibt förmlich erschlagen zurück. Dort heißt es: "Der Druck zur Steigerung der Unternehmensrenditen verschärft die Verteilungskonflikte... Der Graben zwischen Arbeits- und Kapitaleinkommen wird breiter, die Spreizung der Arbeitseinkommen nimmt zu und der Druck zur Verringerung der Sozialeinkommen wächst. Zugleich wächst die Kluft zwischen den kapitalistischen Metropolen und der Peripherie. Die Politik der Restrukturierung der Kapitalakkumulation hinterlässt also deutliche Spuren."(BIJ-NZA, 14f) Wie gesagt, hart an Marktfakten orientiert. Neben Arbeits- gibt es Kapitaleinkommen (Begriffe der Zirkulation). Wie anders sollte sonst die Gerechtigkeit obsiegen? Hier was weg, dort was hin. Das geht schon so lange wie der Kapitalismus existiert, ohne dass nicht alles schlimmer geworden wäre, nur heute immer weniger regional eingrenzbar, bzw. kontrollierbar. Im Text können wir uns wieder alle vereinigen, denn wer wollte Fakten bestreiten, die im letzten Satz des Zitats noch mal als Schlussfolgerung bekräftigt werden – in der Art: es gibt sie, also gibt es sie: Randständige Menschen mit Sozialeinkommen, Arbeitnehmer mit niedrigen bis hohen Einkommen, Arbeitslose, Menschen aus Entwicklungsländern. An anderen Stellen bezieht Bischoff ausgebeutete Manager eines zugrunde gehenden Manager-Kapitalismus ein, die er in einem *natürlichen* Gegensatz zu Heuschrecken, Finanzhaien und Aktionären in einem nunmehr herrschenden Aktionärs-Kapitalismus sieht. Nicht dass ein Gegensatz zwischen Manager und Heuschrecken ausgeprägt sichtbar wäre; nein, die Manager merken vielleicht nur nicht, wie sie ausgebeutet werden. Wie auch bei so viel *Shareholder value*-Orientierung"(BIJ-NZA,21f), die jeden Manager, der verantwortungsvoll wirtschaften will, um seinen Verstand bringen muss. Da könnte vielleicht eine vereinigte Linke helfen, für eine Erweiterung des Bewusstseins sorgen, um den Widerstand gegen den Finanzkapital-Kapitalismus auf eine möglichst breite Basis zu stellen, um einen kapitalistischen Entwicklungspfad zu erkämpfen, wie wir ihn in den 50er hatten, in dem Unternehmen noch verantwortlich handeln konnten und auch handelten.

Hier sollte Bischoff sich mit dem Nobelpreisträger Günter Grass zusammen tun, der sich als Citoyen am liebsten in Dinge einmischt, von denen er nichts versteht. Er grub in der *Zeit* vom 5. Mai 2005 ganz tief in seinen Erinnerungen und schürfte von dort Bemerkenswertes zutage. Früher war alles besser; selbst die Unternehmer gingen angesichts noch frischer Erfahrungen einer zugrunde gerichteten Weimarer Republik in sich und investierten, nachdem der gröbste Schutt der Nachkriegszeit beiseite geräumt, jede Mark Gewinn immer wieder in neue Arbeitsplätze. Heute gebe es eine derartige Ethik nicht mehr; heute, so Grass nicht weniger hart an Fakten entlang, reagieren Neoliberalismus und Shareholder Value, gilt das Gesetz der Börse über die Politik. Die kann nur noch machtlos zuschauen. Schließlich sei da auch noch die Globalisierung. Banken und Industrieverbände diktieren Parlamenten und Regierungen die Wirtschafts- und Sozialgesetze in die Gesetzesblätter. Politiker können nicht anders als nur folgen. Auf langen anderthalb Seiten Text kein Wort zur Agenda 2010 und Hartz-IV-Gesetzen, gleichwohl sie für eine verfehlte, Armut und Bürgerängste generierende Wirtschafts- und Sozialpolitik stehen.

Kurzum, Politik wird aus der Verantwortung schwadroniert. Und dazu möchte auch Bischoff neben Professor Conert seinen Beitrag leisten, Vertrauen in die Gesellschaft ausstrahlen. Das gelingt vielleicht mit einer weiß gewaschenen PDS besser, aus der er ausgetreten war, um sich heute an sie ran zu schmeißen, eine PDS, die heute, seitdem sie in Regierungsverantwortung unsoziale Politik betreibt, noch unangenehmeren Geruch ausstrahlt als früher. Ganz abgesehen davon, dass sie sich nicht dazu durchringen kann zu der Aussage, dass die DDR ein undemokratisch-autoritärer Unrechtsstaat übelster Art war und mit Sozialismus gar nichts, aber auch gar nichts zu tun hatte.

Weiter im Text: Natürlich bringen Conerts und Bischoffs Sätze Symptome einer schmerzlichen Realität zum Ausdruck. Sätze, in denen sich kaum einer nicht irgend wie wiederfindet; und Schmerzliches gibt es tatsächlich nicht zu knapp. Schmerzliches kommt auch nicht nur an einzelnen Stellen des Aufsatzes zum Ausdruck. Es schwingt in so gut wie jedem Satz mit, aber immer nur in der Art wie eine Fieberkurve eine Krankheit *symptomatisch* anzeigt, ohne über die Krankheit selbst etwas zu sagen. Man sieht die Realität, ja sogar wie sie zugrunde geht, und schaut doch immer nur zu oder weg. Man mag noch so viel demonstrieren – man verurteilt sich dennoch zum Zuschauen, weil man nichts analysiert oder erklärt, und sich deshalb mit dem *Prinzip Hoffnung* zufrieden geben muss; im wahrsten Sinne des Wortes. Denn natürlich zeugen fiebersenkende Wadenwickel, die man dem Patienten angedeihen lässt, nur von einem Aktivismus, der *nichts kostet*, insbesondere denen, die es sich in irgendeiner Ecke dieser Gesellschaft, sie mag noch so klein sein, gemütlich eingerichtet haben, so im VSA-Verlag, der mit ganz bestimmten Autoren und Leserschichten zu leben versteht. An ihrem *sonnigen* Gemüt möchte man nicht rühren, auf keinen Fall einen Strukturwandel riskieren, wo einer den anderen kennt und man sich darauf verlassen kann, dass einer immer schön lieb zum anderen ist. Die Autoren stehen nebeneinander, ohne aufeinander kritisch zu reagieren. Sie tun sich nicht allzu weh. So wie Bischoff zwar eine fulminante Rede auf dem Ludwigshafener WASG-Parteitag gegen Lafontaine, für mehr innerparteiliche Pluralität, gehalten hat, um hernach sein Gründungsmanifest in einer Stellungnahme zu umarmen, die nicht mal eine ist, geschweige denn kritisch sein will. Will sagen: Oskar, ich bin in Wirklichkeit ein ganz anderer. Du kannst mir vertrauen. Fragt sich nur, wie man unter diesen Voraussetzungen scheuklappenfrei an einer neuen linken Partei mitarbeiten will, die für sich in Anspruch nimmt, breit in die Gesellschaft hinein wirken, sich der Gesellschaft in einem breit angelegten Diskurs öffnen zu wollen, der nicht *wischiwaschi* sein muss, um breit angelegt zu sein; *breit angelegt* heißt nämlich nur: Sätze immunisieren sich nicht gegen Kritik, sie öffnen sich ihr, den Menschen, die Kritik üben. Sie haben keine Angst vor Kritik. Konzepte, die sich aus kritikfähigen Sätzen zusammen setzen, sind offen für alle Menschen, die sich Gedanken machen wollen und Spaß daran haben. *Breit* heißt nicht, dass man die neue Partei für alle möglichen Gruppen und Grüppchen öffnet, für Gewerkschaften oder solche, die sich außerparlamentarisch nennen, um sie innerhalb der Partei unter Artenschutz zu stellen, in diese oder jene Ecke stellt, wo sie spielen dürfen, ohne zu laut zu streiten.

Um auf den Aufsatz von Bischoff weiter einzugehen: "Der Kern der politischen Philosophie des Neoliberalismus", wie er sich marktradikal in Verlautbarungen des Sachverständigenrates manifestiere, "ist die Anerkennung des Primats der Ökonomie, d.h. der Marktsteuerung. Zurückgewiesen", so Bischoff weiter, "wird die Vorstellung, dass die verknöcherten Formen der spezifischen Form gesellschaftlicher Arbeit (Ware, Geld, Kapitalformen) unter die Kontrolle einer demokratischen Gesellschaft genommen werden können. Es geht in der Tat um die Mach- und Gestaltbarkeit von gesellschaftlichen Formen, wie von Marx proklamiert."

Bevor wir ihn Marx zitieren lassen, nur so viel: Es ist völlig abwegig, Marx dafür in Anspruch zu nehmen, dass man "Ware, Geld, Kapitalformen unter die Kontrolle einer demokratischen Gesellschaft" nehmen müsse. Ihm zufolge geht es um die Aufhebung des Kapitalverhältnisses, nicht um seine Kontrolle. Für diesen Unsinn nimmt Bischoff Marx aus dem Kapital Bd.I wie folgt in Anspruch: "Ihre eigene gesellschaftliche Bewegung

besitzt für sie die Form einer Bewegung von Sachen, unter deren Kontrolle sie stehen, statt sie zu kontrollieren. Es bedarf vollständig entwickelter Warenproduktion, bevor aus der Erfahrung selbst die wissenschaftliche Einsicht herauswächst, daß die unabhängig voneinander betriebenen, aber als naturwüchsige Glieder der gesellschaftlichen Teilung der Arbeit allseitig voneinander abhängigen Privatarbeiten fortwährend auf ihr gesellschaftlich proportionelles Maß reduziert werden, weil sich in den zufälligen und stets schwankenden Austauschverhältnissen ihrer Produkte die zu deren Produktion gesellschaftlich notwendige Arbeitszeit als regelndes Naturgesetz gewaltsam durchsetzt, wie etwa das Gesetz der Schwere, wenn einem das Haus über dem Kopf zusammenpurzelt."(nach BIJ-NZA,27)
Marx proklamiert in diesem Zitat keineswegs die Mach- und Gestaltbarkeit von gesellschaftlichen Formen. Nicht einmal um die Mach- und Gestaltbarkeit feudaler Formen ist es ihm zu tun. Wenn Marx hier überhaupt etwas proklamiert. Vielmehr bereitet er in diesem berühmten Kapitel vom *Fetischcharakter der Ware und sein Geheimnis* den Leser auf eine Analyse frei vom (Tat)Sachenfetisch vor.
Wie hier eine Proklamation heraus gelesen werden kann, zumal wenn man den gesamten Text des Fetischkapitels gelesen hat, ist schleierhaft. Marx zeigt hier, aus einem philosophisch-erkenntnistheoretischen Interesse heraus, dass und warum sich Menschen in der Warenproduktion falsche Vorstellungen machen über ihre eigene Existenz; v.a. weil sie ihre Existenz an Sachen orientieren. Mit *Kontrolle* meint Marx gewiss nicht Kontrolle gesellschaftlicher Formen. Wesentlich ist vielmehr: die Warenbesitzer wähnen den Wert einer Ware abhängig von natürlichen (zufälligen) Eigenschaften und merken nicht, dass sich im Wertbegriff ein gesellschaftliches Verhältnis verbirgt, also etwas, was ganz und gar nicht natürlich ist, sondern von Menschen gemacht, also sachlich erklärbar ist. Bischoff hätte nur einen Satz mehr zitieren müssen, um zu sehen, worum es geht: u.a. um seinen eigenen tatsachenfixierten Blick auf gesellschaftliche Realität: "Die Bestimmung der Wertgröße durch die Arbeitszeit ist daher ein unter den erscheinenden Bewegungen der relativen Warenwerte verstecktes Geheimnis. Seine Entdeckung hebt den Schein der bloß zufälligen Bestimmung der Wertgrößen der Arbeitsprodukte auf, aber keineswegs ihre sachliche Form."(MAK-W23,89)
Ich möchte zu einem vorläufigen Ende kommen: Analysen und Theorien, die ihren Gehalt unmittelbar und nur aus marktfaktischer Realität ziehen, zielen nicht auf Problematisierung und Veränderung bestehender Strukturen. Sie sind, genau genommen, weder analytisch noch theoriehaltig. Hier tut sich ein Theoriebegriff auf, der noch hinter dem der Antike eines Aristoteles zurück fällt.

3. Psyche und programmatischer Diskurs (C)

PT6 (C1): Programmatik als mentales Problem

Probleme sind so einfach nicht aufzulösen noch da, wo man locker über sie spricht. Das zeigen die Bemerkungen des Berliner WASG-Landesvorstandes zum Ausgang der Berliner Landtagswahlen am 17.09.06: "Das Haupthindernis für die Erreichung dieses Ziels (die 5%-Hürde zu überspringen, F.W.) war der Vertrauensverlust der Berlinerinnen und Berliner in politische Parteien insgesamt. Viele Menschen stellten uns an den zahlreichen WASG-Infotischen die Frage, warum sie uns glauben sollten, dass wir anders sind, nachdem sie negative Erfahrung mit den Grünen, der SPD und der Linkspartei.PDS gemacht haben." Doch haben wir "unser Möglichstes getan, um deutlich zu machen, dass wir anders als die etablierten Parteien und mehr als eine 'Wahlalternative' sind. Das begann schon bei der Aufstellung unserer Landesliste, auf der viele bekannte AktivistInnen aus der gewerkschaftlichen, sozialen und antifaschistischen Bewegung kandidiert haben."
Und so weiter. Die Bemerkungen sind naiv und substanzlos. Noch einmal und immer wieder: warum sollte der Bürger glauben, dass wir besser sind als die anderen? Weil wir die besseren Menschen sind, so der Tenor der Antwort. Sieht man das uns etwa nicht an? Wir arbeiten doch mit allen möglichen Menschen solidarisch zusammen, mit solchen aus Gewerkschaften, antifaschistischen Gruppen, Feministinnen. Ja, aber warum sollten Menschen aus all diesen Gruppen bessere Menschen sein? Weil sie, wie der Name ja schon sagt, Antifaschisten sind. Ende der Ansage. Es wäre ja zum Lachen, wenn solche Bemerkungen nicht so dämlich wären. Gutmenschen, wohin man blickt. Solche Leute nehmen tatsächlich für sich in Anspruch aufzuklären.
Natürlich geht es nicht um inhaltlich-politische Positionen bis hin zu revolutionären Wortgesängen. Bevor Inhalte zur Sprache kommen, geht es zunächst und zuallererst um das Problem der Glaubwürdigkeit. Wozu Inhalte auf den Lippen führen, wenn man sie mir nicht abnimmt? Ein Problem der Form, mehr formales, bzw. moralisches Problem; das haben unsere Sektierer nicht begriffen, und sie wollen es nicht begreifen, vermutlich weil es die eigene Person, die Psyche, auf peinliche Weise in den politischen Prozess einbeziehen würde.
Wie also Glaubwürdigkeit in die Gesellschaft hineintragen? Um es gleich zu sagen: dadurch dass wir, wie in den vorherigen Kapiteln angesprochen, in der Lage sind, Moral als solche, sprich: uns selbst zu diskutieren: wie gehen wir miteinander um, getrennt von außermoralischen, insbesondere ökonomischen Sachverhalten; Sachverhalte der Produktion; darin sich

die eigene Person gut verstecken lässt, um sie, getrennt von der Moral, auf ein Sockel zu stellen, zu der man, z.B. Lafontaine, dann brav und *zivilisiert* aufschauen kann. Und überhaupt, warum sich selbst einbeziehen, wo Oskar doch ein Guter und überhaupt man selbst so gar nicht problematisch ist? Anders gesagt: Menschen sind nicht glaubwürdig, weil sie Leistungsträger sind, politische Inhalte, z.B. die 15€-Mindestlohnforderung hoch und runter aufsagen können, Antifaschisten oder Gewerkschafter sind, Christ oder Muslim, arm oder reich, arbeitslos oder in Arbeit, Mann oder Frau sind. Auch Opfer sind keine besseren Menschen. Moral ist von all dem unabhängig zu diskutieren. Dazu sind wir bisher nicht in der Lage. Ein mentales Problem, eines des Innenlebens. Wir glauben tatsächlich, dass wir glaubwürdig sind, weil bei uns die Frauenquote gilt. Wieso gibt's eigentlich keine Arbeitslosenquote? Weil Arbeitslose in der Öffentlichkeit keinen guten Eindruck machen. Die eigene Arbeitslosigkeit wähnt man als Missverständnis, sozusagen nicht wirklich verdient. Man rechnet sich selbst nicht wirklich zu den Ausgestoßenen der Gesellschaft. Dann lieber Frauenquote. Und wenn es in der Partei kaum Frauen gibt, dann irgend eine von der Strasse greifen und ab mit ihr in den Landesvorstand. Wir sind ja gar nicht so, vielmehr ganz anders – ehrlich.

Kurz, wir haben keine Antworten und merken es nicht, weil wir nicht merken, dass wir uns nicht wirklich einbringen; der Bürger merkt es schon, instinktiv. Deshalb stellt er immer wieder die Frage nach der Glaubwürdigkeit. Doch ist der fragende Bürger gutmütig, engelsgeduldig. Immer wieder verliert er sich an unsere Infostände, um zu fragen und – bleibt bei Wahlen doch zu Hause, weil – ja weil wir schlichtweg unglaubwürdig bleiben; wir kommen an den Bürger nicht wirklich ran, trotz Oskar.

Bei so viel Bürgergeduld frage ich mich zuweilen, wer müsste hier eigentlich wen aufklären, wenn wir nicht in der Lage sind, eine zureichende Antwort auf immer wieder die gleiche Frage zu geben. Und wie, bitte schön, sollen wir uns glaubwürdig für den Bürger interessieren, wenn wir es nicht schaffen, uns füreinander zu interessieren. Die Leute verwechseln Schleimscheißerei mit Interesse, das sich wortgewaltig gebärdet, sich im Gestus des Unbestechlichen gefällt. Aktivist E. Scheunemann müllt mich zwar mit E-Mails zu, und ich lasse es mir auch gefallen. Doch wenn ich ihn anrufe, hat er keine Zeit; anders als U. Caberta, die mit einem Fulltimejob ausgelastet ist. Auch wenn ich Scheunemann eine E-Mail schicke, weil ich mich gern mit ihm treffen möchte, antwortet er nicht einmal. Selbst in der AG *Programm*, dessen Sprecher er seinerzeit war, vermittelte er den Eindruck, als müsste ich ihn nötigen, sich mit Texten von mir auseinander zu setzen. Und dann kündigte er an, ich konnte es kaum fassen, dass er sich schriftlich äußern wolle. Und dann kam aber doch immer wieder etwas dazwischen.

Allzu leicht werden Sätze so hingesagt, die zu analytischen Zwecken die Notwendigkeit einer Trennung von Moral und Ökonomie (außermoralischen Sachverhalten) postulieren. Hört sich gut an, ist aber in Wirklichkeit gar nicht einfach zu begründen. Kommt nicht immer zuerst das Fressen und dann die Moral? Nun, es gibt eine Verbindung zwischen Moral und Ökonomie, so dass der Satz mit dem Fressenmüssen, darin man Moral eingebunden sieht, so falsch nicht ist. Wieso also einer Moraltheorie das Wort reden unabhängig von außermoralischen Sachverhalten, insbesondere unabhängig von ökonomischer Eingebundenheit?

Zunächst einmal können Sätze wie *erst das Fressen und dann die Moral* noch so richtig sein. Das heißt nicht, dass sie auch hinreichend sind. Kapitalverwertende Ökonomie mag Soziales und damit Moralisches beschweren, insgesamt begrenzen, was nicht heißt, dass das Soziale: wie gehen wir miteinander um, nicht für sich genommen gelöst werden muss und zwar im Vorfeld einer zu entwickelnden Ökonomie ohne Kapitalverwertung. Gesellschaft besteht nicht nur aus Ökonomie, sondern innerhalb derselben geht es um *soziale Integration*, um etwas, was Menschen jeden Tag machen, wenn sie (sprachlich) verkehren oder kommunizieren. Probleme der sozialen Integration, das sind moralische Probleme, müssen wir unabhängig davon lösen, in welcher Ökonomie wir leben, ob nun mit oder ohne Kapitalverwertung, auch wenn in unserer Gesellschaft die Kapitalverwertung universell präsent ist, im Sinne von begrenzend und eingrenzend, das Kapital die ganze Gesellschaft beherrscht bis in ihre letzten Winkel hinein, global-übernational, als repräsentiere sie das Allgemeininteresse.

Nicht so die Ware. Die Existenz der Ware ist sozial im Sinne von *sozialverträglich* beherrschbar; schließlich ist nicht alles käuflich: neben der Warenproduktion sind Produktionsformen denkbar, die nicht auf der Ware gründen, so wie es Gesellschaften gibt, die auf Selbstversorgung gründen und neben Gesellschaften existieren können, die für den Markt produzieren. Die Existenz der Kapitalverwertung dagegen ist universal sowie sozial nicht beherrschbar. Regeln der Kapitalverwertung gelten umfassend und uneingeschränkt, oder es gibt keine Kapitalverwertung. Anders als die Ware duldet das Kapital keine anderen Götter neben sich, wie Marx sich ausdrückte. In diesem Sinne sind seine Bemerkungen zur *ursprünglichen Akkumulation* in England ab der frühen Neuzeit zu verstehen, wo es darum ging, die Landbevölkerung von ihren Produktionsmitteln, v.a. ihrem Grund und Boden zu trennen, um sie brutalstmöglich, mit Gewalt, ihrer ökonomischen Autonomie zu berauben.(MAK-W23,741ff) Es gibt nicht mehr oder weniger Kapitalverwertung. Es gibt sie nur ganz oder gar nicht. Insofern ist sie auch nicht böse oder gut oder mehr oder weniger böse, gar im Interesse des Gemeinwohls regulierbar, wie Oskar sagt. Das schließt nicht ein, dass eine sozialverträgliche Politik nur global (weltweit) oder gar nicht durchgesetzt werden kann, eine beliebte Denkfigur denkfauler Politaffen, um unsoziale Politik im Gewande des Gutmenschen zu betreiben. Diesen Schuh muss sich die WASG Berlin so lange anziehen, wie sie die Frage nach der Glaubwürdigkeit nicht zufriedenstellend beantwortet, resp. nicht zum Gegenstand programmatischer Theorie macht.

Die technisch-ökonomische Seite des Kapitalbegriffs impliziert wie der Warenbegriff eine moralisch-soziale Seite (vgl. PT4): *wie gehen wir miteinander um, wie bringe ich mich ein, wie werde ich eingebracht?* Beide Seiten – die unmittelbar gegenständliche wie die moralische, die quantitativ-technische wie die qualitative Seite – gilt es zu *analytischen* Zwecken unabhängig voneinander zu diskutieren, obwohl sie zusammen gehören. Ferner sind *Ware* und *Kapital* zweierlei zu begreifen: Zum einen gibt es kreislauftechnisch die Zyklen kapitalistischer Produktion: die Verwandlung von *Kapital in Geld* wie die Rückverwandlung von *Geld in Kapital* (vgl. PT3); zum anderen zielt das Kapital, ein (Klassen-)Verhältnis begründend, auf Ausgrenzung. Die technische Seite der Kapitalverwertung reproduziert zugleich den Klassencharakter, das Grundverhältnis der Gesellschaft, die Lohnabhängigkeit, impliziert also ein soziales Verhältnis, wenn auch nicht im sozialintegrativen Sinne, weil nur negativ formulierbar im Sinne von Ausgrenzung; der Klassencharakter ist solange präsent wie das Kapitalverhältnis *Produktion für das Kapital* nicht aufgehoben ist, sprich: solange die Regeln der Kapitalverwertung gelten.

Das Problem *wie bringe ich mich ein, wie werde ich eingebracht?* ist also im Kontext des Kapitalverhältnisses nur negativ lösbar; es wird ausgegrenzt, nicht integriert. Auch Linke müssen in Regierungsverantwortung, solange die Regeln der Kapitalverwertung gelten, eine Politik der Ausgrenzung betreiben; das tun sie im Gestus des Gutmenschen: mit uns wird alles besser, weil wir die Guten sind. Wie Kapitalverwertung technisch-ökonomisch, mit Blick auf die Gesamtökonomie, ausgehebelt werden kann, habe ich oben in Ansätzen beschrieben.(Vgl. PT1 bis PT3) Wesentlich ist, dass, auch wenn die sozialintegrative Seite gesellschaftsumfassend nicht realisierbar ist, solange es Kapitalverwertung, resp. Produktion für das Kapital gibt, Sozialintegration unabhängig von ökonomischen Sachverhalten diskutiert werden muss. Wir dürfen nicht so tun, als wäre die Sozialintegration ohne Kapitalverwertung gelöst. Mit dieser Einstellung können wir nicht begreiflich machen, was wir wollen. Wir blieben unglaubwürdig. Der Bürger spürt, ohne es auszuformulieren zu können, dass die Aufhebung des Kapitalverhältnisses nicht zwangsläufig eine bessere Gesellschaft zur Folge hat. Und er hat Recht mit diesem Gespür.

Jean Piaget setzt auch nur intuitiv in seiner (Moral-)Forschung (er spricht von moralischen oder sozialen Fähigkeiten) zum *Assimilation-Akkommodations-Mechanismus* eine *ideale* Kommunikationssituation voraus.(PUM-PIA)

Und es ist nicht deshalb falsch, weil er es aus dem Gefühl heraus tut. Er erforscht die menschliche Entwicklung unter idealen Umweltverhältnissen, um zu bestimmten Gesetzesmäßigkeiten der Entwicklung von der Neugeburt an zu kommen. Bezöge man soziale, von Ausgrenzung geprägte Umwelteinflüsse, also das Kapitalverhältnis, ein, wäre man nicht in der Lage, etwas über menschliche Entwicklung von Substanz auszusagen. Das ist etwas, was unsere Marxisten nicht begreifen: dass die Analyse zu einem positiv formulierbaren und formulierten Menschenbild nur gelangt, wenn sie sich absetzt von der Gut-Böse-Litanei eines Gutmenschen.

Kurzum: Kapital- und Warenbegriff sind technischökonomisch und sozial (moralisch) in einem und dennoch getrennt voneinander zu diskutieren; sie enthalten eine moralisch-soziale Seite ein, die unabhängig von technisch-ökonomischen Reproduktionserfordernissen des Kapitals oder der Ware zu diskutieren sind. Wir müssen das Sozialintegrative diskutieren, als gäbe es Kapitalverwertung nicht, als gäbe es keine Probleme ökonomischer Reproduktion, als gäbe es eine *ideale Kommunikationssituation* (Habermas). Nur so gelangen wir zu einem positiv formulierten Gesellschaftsentwurf.(Vgl. Kap.4) Das ist die Voraussetzung, um Politik glaubwürdig in die Gesellschaft hineintragen zu können. Das nicht zu können, ist der tiefere Grund für um sich greifende Politikverdrossenheit. Die Leute müssen wenigstens spüren, dass wir *wahrhaftig* für sie da sein, für sie etwas tun wollen, Politik nicht begreifen als Jobmaschine für eigene Privatinteressen. Dazu scheinen wir psychisch oder mental nicht in der Lage zu sein.

PT7 (C2) Keine Glaubwürdigkeit ohne Transparenz

Dass der Fusionsprozess von WASG und PDS gescheitert sein könnte, pfeifen inzwischen nicht nur die Spatzen von den Dächern, nein, auch der WASG-Bundesvorstand scheint aufgewacht, wenn auch eher im Sinne von aufgeschreckt. Am 01.10.06 meldete er sich in einem offenen Brief zu Wort, um – als Reaktion auf die katastrophalen Ergebnisse der Landtagswahlen v.a. in Berlin – rote Haltelinien in der Regierungsverantwortung anzumahnen. Die Kritik kommt zu spät und ist deswegen unglaubwürdig. Der Außenstehende kann sich des fatalen Eindrucks nicht erwehren, dass man Kritik aus Opportunitätsgründen formuliert, zu einer Zeit, wo einem – vielleicht erst einmal unumkehrbar – die Felle wegschwimmen. Allein der Bundesvorstand merkt immer noch nicht, was die Uhr geschlagen hat. Er glaubt, mit dem Brief so etwas wie eine Reißleine gezogen zu haben. Dabei lässt er nur schlechtes Gewissen erkennen. Überdies haftet dem Schreiben der Geruch von Unterwürfigkeit und Bittstellerei an, wie zumindest öffentlich vom WASG-Bundesvorstand gegenüber der PDS nicht mehr anders zu erwarten, während er nach unten schon mal tritt. Man kann den Brief jedenfalls nicht erleichtert zur Kenntnis nehmen. Dem Bundesvorstand geht der Arsch nur auf Grundeis. Eine selbstbewusste Politik wird man von ihm auch in Zukunft nicht erwarten können. Man würde der PDS am liebsten beitreten, wenn's anders nicht ginge. Auf jeden Fall möchte man auf dem falschen Fuß nicht erwischt werden, sich am Ende möglichst in der ersten Reihe wiederfinden, da wo man gesehen wird; wo man, man mag noch so langweilig sein, mit Gewalt nicht übersehen werden kann; wo Kameras lächeln. Kuscheln mit Oskar. Es geht um öffentliche Teilhabe und gewiss um mögliche Posten, abhängig davon um's liebe Geld; die Chance, mit der Politik seinen Lebensunterhalt zu bestreiten, sich Hartz-IV nicht aussetzen zu müssen, nicht zu den Ausgestoßenen zu gehören.

Und so verfährt der Brief nach der Devise *bloß nichts Falsches sagen*. Nach allen Seiten sich absichern. Wirkliche Kritik an der bisherigen Politik des Bundesvorstands kann man diesem Brief nicht entnehmen. Das würde die selbstkritische Einsicht einschließen, dass man selbst durch politische Leisetreterei die Fusion an die Wand fährt, weil man erst fusionieren will und dann diskutieren. Soziale Strukturen, in die man hinein fusioniert, interessieren nicht. Wieso treten wir eigentlich nicht in die SPD ein, wenn man vom Diskutieren Wunderdinge erwartet? Man sieht nicht, dass Strukturen unbarmherzig auf abweichende Meinungen reagieren, wo sie Pfründe gefährden. Da hört der Spaß nämlich auf.

Trotzdem gibt es massive Probleme, wenn in der Öffentlichkeit der Eindruck einer weißgewaschenen PDS entsteht. Für solche Probleme braucht es unverdächtige Zeugen, die man als Schuldige missbrauchen kann, frei nach dem Motto, man selbst hat immer Recht noch da, wo man nicht im Recht ist. Gleich im ersten Absatz gibt der Brief diese Politbüromentalität zu erkennen: Die Abweichler in der WASG Berlin hätten mit ihrem eigenständigen Wahlkampf die Einheit der Linken gefährdet, den Hauptgrund für das miese Abschneiden geliefert. Sonst hätte der Bürger vielleicht gar nichts gemerkt. Offenkundig haben nun zu viele Bürger zu viel gemerkt, mit der Folge, dass es nun vielleicht angebracht ist, weit vor der Fusion Haltelinien zu diskutieren. Und wem haben wir das zu verdanken? Dem Landesvorstand der WASG Berlin. Der soll doch mal darlegen, wie er nun "in den Prozeß der Bildung einer gemeinsamen linken Partei zurückzukehren gedenkt," so der fatale Satz, alles andere als ein Zeichen von Lernwilligkeit, diskursiver Transparenz, uneingeschränktem Diskurs. Schuld ist wieder einmal der berühmte Andere. Der Schwarze Peter wird weitergereicht ausgerechnet an solche, die man zuvor noch schlimmer als den politischen Gegner behandelt hatte. Man wollte sie administrativ vernichten.

Die Wahrheit ist: Wenn die Fusion an die Wand gefahren worden ist, und einiges spricht dafür, dann hat die WASG Berlin dies am wenigsten zu verantworten. Der Fisch stinkt diesmal gewaltig vom Kopf her. Glaubwürdigkeit im politischen Diskurs hängt zu aller erst davon ab, dass Probleme zeitnah und uneingeschränkt diskutiert werden. Im Brainstorming: alles kann wichtig sein. Nichts darf zurückgehalten werden. Auch Emotionen nicht. Gefühle gehören dazu, auch wenn sie nicht alles sein dürfen. Der Landesvorstand von Hamburg ist auch nicht besser; er besitzt tatsächlich die Frechheit zu behaupten, genau dies, nämlich Probleme zeitnah angegangen zu sein, immer praktiziert zu haben. Natürlich hat er manches gemacht, nur eben keine Politik. Das hieße, WASG-Beschlüsse offensiv in die Öffentlichkeit zu tragen. Stattdessen mahnt der geschäftsführende Landesvorstand Wolf von Matzenau wichtigtuerisch das juristische Gutachten zur Fusion an, in Gegenwart von Bundesvorstandsmitglied Felicitas Weck, damit sie weiß, was sie zu tun hat. Ja, juristische Probleme bereiten Sorgen, nicht so sehr, wie man sich politisch präsentiert, man sich z.B. offensiv einsetzt für den Beschluss des WASG-Bundesparteitages, wonach beide Parteien in einer neu zu gründenden Partei sich vereinigen sollen, der Beitritt von einer Partei zur anderen Partei also auszuschließen sei. Brisante Themen schweigt man lieber tot, oder man redet sie klein. Ein Beitritt dürfe nicht ausgeschlossen werden, so Gemütsmensch Berno Schuckart, Landessprecher der WASG-Hamburg, zum Hamburger Abendblatt. Warum lassen wir Parteitagsbeschlüsse nicht gleich von Juristen absegnen?
Auch der geschäftsführende Hamburger WASG-Landesvorstand sieht Fusionsfelle wegschwimmen, und so lud er am 14.10.06 in die Hamburger WASG-Geschäftsstelle zu einer zwanglosen Diskussion. Dabei gibt es ihm zufolge in Hamburg mit der PDS keine Probleme. Dann sollten wir vielleicht, wenn es woanders nicht klappt, wenigstens hier in Hamburg mit gutem Beispiel voranschreiten; doch nicht mit Blick auf die Bürgerschaftswahlen? Wo man den Bären schon erlegt glaubt und es etwas zu verteilen gibt? Die Dinge (informell) vielleicht schon verteilt sind? Jetzt bloß nicht dumm auffallen, möglichst wenig Ecken und Kanten zeigen, schon gar nicht vor wichtiger Prominenz (Oskar). Sollen andere doch vorpreschen und Kritik üben, das Fußvolk, nicht meine Aufgabe, so die Strategie von Dora Heyenn vom geschäftsführenden Hamburger Landesvorstand auf der Landesversammlung der WASG-Hamburg vom 23.09.06. Man weiß vielleicht nicht, wohin das Schiff geht. Doch vorn dabei sein möchte man auf *jeden* Fall.
Man glaubt in Hamburg den Fusionsprozess deshalb auf gutem Wege, weil es gemeinsame Mitgliederversammlungen von PDS und WASG gibt. Man verdrängt, dass das WASG-Engagement massiv zurückgegangen ist,

z.B. in Altona, wo wir eine besonders gut funktionierende PDS-Sekte haben. Sekten erkennt man immer daran, dass Probleme nicht uneingeschränkt und transparent diskutiert werden, so das Gewaltproblem, weil man andernfalls den PKK-Genossen einiges sagen müsste, was man aber nicht will, um keine unzivilisierten Töne herauf zu beschwören.

Um davon abzulenken, treibt man sich in Bürgerinitiativen rum, inkognito, um Bürgernähe zu demonstrieren. Gegen die Schließung einer Schwimmhalle. Schön und gut. Nur interessiert das den Bürger nicht, wenn ihm immer weniger Rente bleibt, er nicht mehr zum Arzt gehen kann, weil er Angst vor Arbeitsplatzverlust hat oder dafür kein Geld hat, oder weil er schlicht Arbeit nicht hat. Der Bürger gibt seine Unterschrift trotzdem, weil sie nichts kostet, und weil er vielfach, trotz aller Sorgen, die ihn quälen, sich seine Gutmütigkeit bewahrt hat. Derweil wird, viel gravierender, in der PDS Altona, wahrscheinlich nicht nur dort, das Gewaltproblem nicht uneingeschränkt diskutiert.

Uneingeschränkt bedeutet: wenn Gewalt aus dem Ruder läuft, wird die Wahrscheinlichkeit größer, dass es auch einen selbst trifft; nicht nur rechte Gewalt, sondern auch politisch motivierte Terroranschläge. So was brennt dem Bürger auf den Nägeln. Doch das interessiert nicht. Nun, im Nahen Osten werden Terroranschläge schon mal (als Kriegshandlung) legitimiert, wenn sie sich gegen militärische Einrichtungen richten, die fremdes Territorium besetzt halten, z.B. die Golanhöhen, oder wenn im Gazastreifen Panzer rollen, um auf Verdacht alles kurz und klein zu schießen; so äußerte sich jedenfalls kürzlich unser Bundestagsabgeordneter für Hamburg, Norman Paech, auf einer Altonaer Veranstaltung. Er entblödete sich nicht, das Völkerrecht in Anspruch zu nehmen. Als könne man sich mit dem Schicksal der Palästinenser nicht solidarisieren, ohne ihren Terror zu legitimieren. Man vergisst, auf Terror gegen Zivilisten läuft es zwangsläufig hinaus, weil militärische Einrichtungen in der Regel gut abgeschirmt werden, am Ende für Selbstmordfanatiker nur noch zivile Ziele übrig bleiben, die sich angreifen lassen. Und überhaupt, als sei der israelische Staatsterror automatisch legitimiert, wenn man palästinensischen Terror verurteilt.

Ich meine, Terror darf niemals Mittel von Politik sein! Man kann sich mit der PDS auch nicht darüber unterhalten, dass die Gründung der Sowjetunion auf Gewalt und Terror gegründet war, Gewaltherrschaft zur Folge hatte, und mit *Sozialismus* nicht das geringste zu tun hat. Die historischen Gründe dafür mögen vielfältig sein. Nur ändert das am verbrecherischen Charakter des Sowjetsystems nicht das geringste. Auch Lenin und Trotzki waren Gewaltmenschen. Sie ließen, politisch motiviert, Menschen an die Wand stellen. Die gesamte Zarenfamilie wurde, mitsamt den Kindern und mit Billigung Lenins, im Sommer 1918 ermordet. Eine Ungeheuerlichkeit.

Man kann sich ferner mit der PDS nicht darüber unterhalten, dass Stalin nicht nur ein Betriebsunfall war; genauso wenig, dass die Zerschlagung des Ungarischen Aufstandes im Nov. 1956 und die Todesurteile im Anschluss daran (u.a. gegen den ehemaligen ungarischen Präsidenten Imre Nagy) abscheuliche Verbrechen waren, die in der Logik des Sowjetsystems gründen, das heute unter Putin immer noch nicht überwunden ist. Das heißt nicht, dass bei uns alles gut ist, dass z.B. die parlamentarische Zustimmung für die Hartz-IV-Gesetze kein Verbrechen ist. Dieses Verbrechen haben alle mitzuverantworten, die nicht ausdrücklich gegen diese Gesetze gestimmt haben. Unabhängig davon hat die PDS so ihre Probleme mit der Gewaltfrage. Schlimm ist nicht so sehr das Verbrechen als solches, das Fehlverhalten, kurz, dass Probleme existieren, sondern dass sie tot oder klein geredet werden, auch von unseren Leuten aus dem Hamburger WASG-Landesvorstand. Die PDS könnte verärgert sein. Arbeiten wir mit ihnen hier in Hamburg nicht gerade so vertrauensvoll zusammen? Dazu ein abschreckendes Beispiel, wie kürzlich eine vom Landesvorstand verabschiedete Verlautbarung (vom 20.9.06) die Gewaltfrage zur Nebensache schwadroniert:

"Liebe Parteimitglieder, unter der Überschrift 'Neue Linkspartei. Fusion mit Hindernissen' zitiert das Hamburger Abendblatt das WASG Mitglied Ursula Caberta. Der Landesvorstand der WASG distanziert sich von der Aussage von Ursula Caberta: 'Ich wollte mich um soziale Gerechtigkeit kümmern und nicht mit Leuten fusionieren, die mit Terror sympathisieren.' Der Landesvorstand der WASG befindet sich gemeinsam mit der Linkspartei.PDS in einem vertrauensvollen Prozess der Parteibildung. Die Linkspartei.PDS ist eine demokratische Partei, die mit der WASG hier in Hamburg an machbaren Alternativen für ein soziales und solidarisches Hamburg arbeitet. Für den Landesvorstand: Wolf v. Matzenau"

Da kann man Caberta ja dankbar sein. Der Feind ist ausgemacht, Diskussion nicht mehr angesagt. Das wurde während der zwanglosen Aussprache am 14.10.06 noch einmal bekräftigt: Uschi habe sich parteischädigend verhalten. Schließlich sei die PDS eine demokratische Partei. Noch Fragen? Die Aussprache war auch sonst alles andere als ergiebig. Heyenn fiel, obwohl sie sich bessern wollte, dadurch auf, dass sie ihre Schleimscheißerei auf der letzten Hamburger WASG-Landesversammlung vom 23.09.06 rechtfertigte, indem sie sagte: sie habe auf eben dieser Landesversammlung kritische Fragen an den geschäftsführenden Landesvorstand durch einfache Mitglieder schmerzlich vermisst. Da kommen einem aber die Tränen. Als sei sie als Mitglied des geschäftsführenden Landesvorstandes dazu verurteilt zu schweigen. Schuld haben immer die anderen, man selbst muss Schleim scheißen. Schließlich warten zukünftige Aufgaben. Ein Relikt leninistisch-stalinistischer Parteidoktrin: Diskussionen im Führungsgremium einer Partei dürfen nicht an die Öffentlichkeit dringen. Die das machen, sind Parteischädlinge.

So auch Uschi Caberta. Sie ist einfaches Parteimitglied. Trotzdem wurde sie auf dieser zwanglosen Diskussion als Parteischädling ausgemacht, sogar von denen, die ihre Meinung teilten. Norbert Hackbusch kam erst später dazu; so musste er sich zu seinem Glück nicht mehr äußern. Dabei bestand Uschis Vergehen nur darin, dass sich das Hamburger Abendblatt für ihre Meinung interessierte und Öffentlichkeit entstand. Kurz, eine Meinung ist erlaubt, wenn sie geheim bleibt. Vor allem darf der *blöde* Bürger, das unbekannte Wesen, von der einen und anderen Unbequemlichkeit nichts mitkriegen.

Der Bürger merkt indes schon lange, dass man ihn für blöd hält. Schon gemerkt? Bürger, die merken, dass man sie für blöd hält, bleiben bei Wahlen zu Hause. Die Linken erreichen ausgerechnet den Nichtwähler immer weniger. Dabei war es früher eine Stärke linker Parteien, nicht nur Stammwähler zu haben, sondern den kritischeren Nichtwähler ansprechen zu erreichen. Beides ist heute nicht mehr der Fall. Immer mehr Bürger lassen sich immer weniger verarschen, eingeschlossen der wenig gebildete oder in Armut abgerutschte Bürger. Wir brauchen Glaubwürdigkeit – gerade um Nichtwähler zu erreichen. Und das tun wir nur, wenn wir Probleme lebensnah und transparent in die Gesellschaft hinein tragen und diskutieren. Gewiss ein eher formaler Gesichtpunkt, weil wir Glaubwürdigkeit und damit Profil nicht durch Inhalte allein gewinnen, z.B. durch Mindestlohnforderungen. Vielmehr benötigen wir politische Transparenz, einen Diskurs, der Probleme zeit- und lebensnah diskutiert. Andernfalls wird sich der Bürger nicht einbezogen fühlen.

PX2 (C3) Obersektierer in Nadelstreifen

Die Menschen sind heute unumkehrbar von den materiellen Bedingungen ihrer Existenz, der Produktion, getrennt – eigentumslos; angewiesen darauf, dass Ökonomie als Gesamtsystem sozialverträglich funktioniert. Anhänger des dogmatisch-orthodoxen Marxismus nehmen das nicht zur Kenntnis. Sie sprechen von einer Veränderung der Eigentumsverhältnisse. Die Produktion müsse der Verfügungsgewalt der Kapitalisten entrissen und in die Hände der Arbeitnehmer gegeben werden. In Ergänzung dazu, in der Absicht zu konkretisieren, spricht man in den Reihen der PDS, aber auch der WASG, die meinen, der PDS in den Arsch kriechen zu müssen, einer diffusen Demokratisierung in Wirtschaft und Gesellschaft das Wort, ohne dass klar wird, was das mit einer Veränderung der Eigentumsverhältnissen zu tun haben soll. Wo es keine personellen Eigentumsrechte an Produktionsmitteln – im Sinne unmittelbarer Verfügung – mehr gibt, lassen sich schlecht Eigentumsrechte von einer Person, resp. Gruppe auf eine andere Gruppe, resp. Arbeitnehmer übertragen. Das heißt nicht, dass es Kapitalverwertung nicht mehr gebe. Sie gibt es gnadenloser und umfassender denn je. Gnadenloser als es in Zeiten der Fall war, wo man noch zu Recht von einem personalisierbaren Kapitalismus sprechen konnte: von Produktionsmitteln in der Hand einzelner Kapitalisten. Doch wen wollen wir heute noch enteignen und auf wen das Enteignete übertragen? Die großen Unternehmen agieren als Aktiengesellschaften. Sollen wir sie repersonalisieren, sei es, dass wir sie in die Hände der Arbeitnehmer geben, weil sie dort beschäftigt sind? Und wenn es nicht genau die Arbeitnehmer sind, die jene Unternehmen besitzen sollen, weil sie dort beschäftigt sind – auf wen sollen die Besitzrechte sonst übertragen werden. Und wenn die Arbeitnehmer ihr Unternehmen denn endlich besitzen, wie soll es möglich sein zu produzieren an den Regeln der Kapitalverwertung vorbei? Ja, ja, Gewinn ist gut und notwendig, sagen die Eckpunkte (BIJ-NZA), aber zuviel darf es nicht sein, sonst wäre es Kapitalverwertung, böse Kapitalverwertung, um genau zu sein.

Eine hoffnungslose Begriffsverwirrung tut sich hier auf, die sich nur auflösen lässt, wenn man die Begriffe Gewinn und Kapitalverwertung voneinander trennt. Gewinn ist betriebswirtschaftlich orientiert noch dort, wo ihn Volkswirte in den Mund nehmen (zur volkswirtschaftlichen Größe aggregieren), d.h. er ist technisch-ökonomisch der Zirkulationssphäre verhaftet. Dagegen impliziert der Kapitalbegriff ein soziales Verhältnis, also moralischen Gehalt, und ist in erster Linie der Produktion zuzuordnen. Wenn alles so einfach wäre, sich auf aggregierte Größen reduzieren ließe, hätte Marx nicht Tausende von Seiten für sein Hauptwerk *Das Kapital* schreiben müssen.

Das alles haben, um es kurz zu machen, unsere orthodoxen Marxisten, der Leninistischen Tradition verpflichtet, nicht begriffen. Sie sind versackt in Gutmenschenmentalität. Wir brauchen den guten Menschen, auf den Verlass ist, einen Oskar, der jetzt nicht mehr zum Verräter mutiert, weil er dazugelernt hat. Er ist in Wandlung begriffen, auf gutem Wege, nimmt das Wort *Kapitalismus* in den Mund. Gott sei Dank. Dann kann ja nichts mehr passieren.

Wenn richtig ist, dass die Menschen von den materiellen Reproduktionsbedingungen ihrer Existenz unumkehrbar getrennt sind, gnadenlos lohnabhängig, abhängig von Geld, das fließt, in welche Taschen auch immer, ist Glücksache, dann ist klar, dass moralische, also soziale Fragen nicht mehr nur abhängig analysiert werden können mit den materiellen Reproduktions- und Eigentumsverhältnissen. Um es genauer zu sagen: sie dürfen nicht mehr in Anlehnung an etwas diskutiert werden, was es nicht mehr gibt: Produktion unter unmittelbarer Kontrolle. Anders gesagt: technisch-ökonomische Funktionszusammenhängen sind zu trennen von moralischen Fragen: *wie bringe ich mich ein? Wie werde ich eingebracht?* Das sind Fragen nach der Sozialintegration – in einer Zeit, wo sich der gesamtgesellschaftliche Kontext, was die Ökonomie betrifft, nur noch als Rechtsanspruch auf Produktionsergebnisse definieren lässt und nicht mehr danach, was einem am Produktionsergebnis *zufällig* zukommt. Auch Menschen ohne Bildung haben einen Recht auf Teilhabe, zumal auf soziale Integration in dem Sinne, dass sie ein Vetorecht geltend machen dürfen, in welcher Weise sie sich einbringen. Lässt man Integrationszwang zu, ist nicht auszumachen, bis wohin Zwang gehen darf im Interesse sogenannter ökonomischer Reproduktionserfordernisse, zumal wenn diese Verelendung verursachen unabhängig davon, wie Menschen sich einbringen; das legt eine technisch-ökonomische Analyse unabhängig von moralischen Erfordernissen nahe – zu analytischen Zwecken.

Ferner steht am Anfang, ohne das technisch-ökonomische Probleme ins Spiel kämen, immer die Frage *wie bringe ich mich ein, bzw. werde ich eingebracht?* Das ist die (sozialintegrative) Metaebene, wo es um die Beziehung als solche geht und zwar unabhängig von materiellen oder ökonomischen Voraussetzungen. Das heißt nicht, dass Beziehungen weltlos sind oder sein müssen, bzw. unabhängig von einem ökonomisch zusammengesetzten Raum existieren; sprich: wo *materielle Sachen* im Vordergrund stehen, spielen Fragen nach der Beziehung immer notwendig hinein, oftmals uneingestanden: hinter dem Rücken interagierender Teilnehmer. Das wird deutlich, wenn Auseinandersetzungen *um eine Sache* ins Stocken geraten, weil sich Interaktionsteilnehmer schlicht nicht ausstehen können. Dann muss für eine Zeitlang die Sache zurücktreten, um zu fragen, wie ist es um unsere Beziehung (als solche) bestellt. Selbst die fällt nicht einfach so vom Himmel und gehört daher wie eine *Sache* analysiert, ohne sich an einer Sache außerhalb des moralischen Kontextes zu orientieren.

Auf den Punkt gebracht: *Sich nicht ausstehen können,* der berühmte *falsche Ton,* begründet daher nicht so etwas wie kommunikative Verweigerung. Im Gegenteil, kommunikative Verweigerung (sich abkapseln) ist schlicht und einfach Sektierertum. Es ist *mental* (innerlich) motiviert (krank) und ist nicht abhängig von der Größe einer Gruppe. Auch in großen Gruppen wie der PDS oder SPD blühen (psychisch kranke oder krankmachende) Ausgrenzungsbedürfnisse: *Haltungen* von Kommunikationsverweigerung der erbärmlichsten Art.

Dazu zwei kleine Beispiele wie ich sie auf der letzten Hamburger WASG-Landesversammlung vom 23.09.06 erlebt habe. Leute, die meine Texte kennen, werden vielleicht bemerkt haben, dass Veranstaltungen der WASG und/oder der PDS für mich auch Forschungsobjekte für Verhalten oder menschliches Verhalten sind, die immer mit der Frage beginnen: *wie ge-*

hen wir miteinander um? Und warum? Denn Verhalten und (mentale) Haltungen (auch) in einer Partei sind zugleich Beziehungsverhalten, facettenreich und grundsätzlich problematisch. Ich z.B. bin nicht nur dafür bekannt, dass ich politische Texte schreibe, sondern überdies den Leuten hinterher laufe, um sie zu befragen; das ist problematisch v.a. für mich, denn Leuten hinterher zu laufen kommt nicht gut an. Dennoch versuche ich Stellungnahmen zu erheischen; selbst von denen ich Antworten eher nicht erwarten kann, z.B. WASG-Parteifreund Bernhard Müller, der meine Texte *scheiße* findet. Wenn man so etwas hört, will man natürlich mehr wissen: warum alles Scheiße ist. Funkstille bei Bernhard.

Auch von Joachim Bischoff will ich mehr wissen. Schließlich ist auch er mein Parteifreund. Auf der WASG-Landesversammlung tummelte er sich herum, eine schöne Gelegenheit, hinter ihm herzukötern, möglichst unauffällig, um nicht dümmer als nötig aufzufallen. Natürlich habe ich mir von ihm eine Abfuhr abgeholt, allerdings von der feineren Art: Auf die Frage, was er vom fünften Teil meiner Eckpunktekritik (PT5) halte, in dem ich explizit auf Texte von ihm eingehe, antwortete er mir, ich hätte eine zu unzivilisierte Art an mir. Pech gehabt. Stellungnahme nicht möglich. Joachim lieferte den Grund dafür, dass er sich verpisst, gleich mit: zu unzivilisiert. Er hätte weniger problematisch sagen können: hab' ich nicht gelesen, gerade nicht präsent, d.h. irgendeine Floskel vorschieben können. Aber nein, er liefert eine Begründung, wie man sie von Spießern erwartet: mein Ton gefalle ihm nicht. Da meint er wahrscheinlich auch Redebeiträge von mir auf Versammlungen und Veranstaltungen. Die kommen bei ihm gar nicht gut an. Nun, fehlt der gute Ton, kann man nichts machen; dann muss man schweigen, allenfalls hinter vorgehaltener zischeln mit Leuten, die von der Materie nichts verstehen, bzw. den fraglichen Text nicht kennen. Andernfalls könnte es passieren, dass man sich als jemand zu erkennen gibt, der nicht gründlich genug nachgedacht hat, also von der Materie her überfordert ist, zugeben muss, dass man etwas nicht kann und dazulernen könnte.

Zum zweiten Beispiel, der Rede von Oskar Lafontaine auf der WASG-Landesversammlung von Hamburg. Er wirkte wie eine Droge selbst auf die, die wie ich im sogenannten *Poppenbüttler Kreis* martialische Sprüche klopfen gegen die Pulverisierung der WASG zu einem Kaninchenzüchterverein. Sie klatschten sich die Finger wund vor einem Menschen, der unermüdlich daran arbeit, die WASG in ihre Einzelteile zu zerlegen, noch bevor absehbar ist, ob eine substanzielle Fusion auf Augenhöhe möglich ist. Dabei erzählte er Dinge, wie man sie bei Sabine Christiansen schon hundertmal gehört hat, u.a. von ihm selbst. Aber es kann ja nicht schaden, wenn man alles auf einer Landesversammlung noch einmal wiederholt, damit einfache Mitglieder wie ich nicht vergessen, worum es geht. *Ganz* besonders dann, wenn Kameras lächeln. Dann bringt es wenigstens etwas, wenn emotionale Reflexe hoch kochen.

Aber es kommt noch besser. Bei der anschließenden Aussprache gab es ungefähr sieben Wortbeiträge von fünf Minuten. Selbst die Kritiker einer Turbofusion hatten nichts anderes zu tun, als vor Oskar erst einen braven, um nicht zu sagen zivilisierten Knicks zu machen, um dann ganz vorsichtig Kritik anzumelden; u.a. Egbert Scheunemann: zunächst lobte er seine Rede, um dann zu fragen, ob er, Oskar, denn nicht sehe, dass die neue Partei so werden könnte wie die Grünen. Bezeichnend war Oskars Antwort; insofern war die Frage gut: ob das so komme, wisse er nicht; schließlich sei er kein Hellseher. Als müsse man Hellseher sein, um zu sehen, dass eine Entwicklung der neuen alten Partei wie bei den Grünen schon jetzt absehbar ist. Für Oskar ist sie aus naheliegenden sehr persönlichen Gründen: purer Machtgeilheit, nicht absehbar. Doch ging er zivilisiert auf jeden einzelnen Wortbeitrag ein. Bis auf den meinigen; den strafte er mit Verachtung, vollständiger Ignoranz; aus guten Gründen; er sei deshalb an dieser Stelle wiedergegeben:

Meine Name ist Franz Witsch, Bezirksvorstand von Altona; vielen bin ich bekannt als Kritiker einer zu schnellen Fusion. Dass ich auch ein Gegner eines Zusammengehens von PDS und WASG wäre, behaupten nur die, die *Kritik* für ein böses Wort halten. Für mich steht es für Lebendigkeit und Transparenz. In der PDS gibt es allerdings zu viele, die Kritik nur hinter vorgehaltner Hand an der unsozialen Regierungsbeteiligung in Berlin üben. Dass das nicht gut ist, versteht sich von selbst. Kritik muss offen und transparent in die Gesellschaft hineingetragen werden, andernfalls ist sie nicht authentisch und glaubwürdig, mithin keine Kritik.

Hinzu kommt, mit einem *bloßen* Beitritt der WASG zur PDS würde die neue Partei unmittelbar zu einem toten Wahlverein, das Schlimmste, was uns passieren kann; weil wir keine politische Alternative wären mit der Fähigkeit, die Gesellschaft und damit auch uns selbst zu verändern; als wären wir kein Teil der Gesellschaft; als stünden wir abgehoben über ihr jenseits der Kritik. Der Bürger sieht uns anders; er hält uns deshalb für nicht glaubwürdig.

Auch die Programmatischen Eckpunkte, auf die sich WASG und PDS geeinigt haben, sind nicht glaubwürdig, weil sie so verfasst sind, dass sie gegen Kritik immun sind. Sie befürworten strukturaffirmativ – in Anlehnung an die PDS-Programmatik – eine konventionelle Finanz- und Steuerpolitik im Rahmen dessen, was ist; eine Regierungsbeteiligung im Rahmen herkömmlicher Strukturen; man will sie nicht verändern, sondern *oben* einfach nur mitmischen. Entsprechend sind die Eckpunkte formuliert: strukturkonservativ; nicht anders sind ihre Autoren gestrickt: sie begreifen sich nicht als Teil veränderungswürdiger Strukturen, in die sie hineinwirken wollen. Sie würden ihre Regierungsfähigkeit aufs Spiel setzen. Das spürt der Bürger; deshalb fühlt er sich *außen vor*, in eine Friss-oder-Stirb-Situation versetzt, nach dem Motto: Hau doch ab; du musst uns ja nicht wählen. Genauso, liebe Freundinnen und Freunde, fühle ich mich gegenüber dem WASG-Bundesvorstand.

Ein kleines Beispiel, was ich unter *nicht kritisierbar* verstehe. Der Satz, wir brauchen *Wachstum*, um eine sozial verträgliche Politik durchzusetzen, ist immer richtig im derzeit geltenden Wirtschaftssystem, dem Kapitalismus. Deshalb ist er nicht kritisierbar oder doch nur kritisierbar im Kontext einer Kritik am herrschenden Wirtschaftssystem mit dem Ziel seiner Überwindung. Genau das will man aber nicht: den Kapitalismus abschaffen. Also muss man im derzeit geltenden Wirtschaftssystem auf *genügend* Wachstum setzen. Derweil dürfen Ausgegrenzte immer nur hoffen, hoffen, dass es einmal besser werde. Erwarten dürfen sie nichts. Im Zweifel ist das Wachstum eben ungenügend. Diese schwammige Formulierung macht den Satz unglaubwürdig, noch dazu wenn man ihn zu einem *zentralen* Satz eigener Politik macht.

Ich denke, politikfähig – weil kritisierbar – sind Sätze, die auf eine Veränderung gesellschaftlicher Strukturen zielen. Das eben formulierte Wachstumspostulat leistet das nicht. Es setzt nicht darauf, dass gesellschaftliche Strukturen geändert werden müssen, um eine Ökonomie der *sozialen Verträglichkeit* durchzusetzen.

Für Politiker, die auf Wachstum setzen, heißt Gesellschaftsveränderung lediglich: den Reichen nehmen, um den Armen zu geben. Das allein reicht nicht. Für einen solchen Ansatz können wir auch ebenso gut in die katholische Kirche eintreten. Wir brauchen eine Partei, die die Strukturen unserer Gesellschaft ändern will, eine Partei, die davon ausgeht, dass *Gesellschaft* anders als bisher funktionieren muss. Das geht über bloßes Umverteilen hinaus. Das wiederum läuft nicht ohne einen lebendigen programmatischen Diskurs, der sich kritikfähig von unten nach oben in die Gremien der Partei fortpflanzen muss. Lebendigkeit ist in der WASG im Fusionsfetisch untergegangen, insbesondere durch den WASG-Bundesvorstand. Hinzu kommt, ein bloßer Beitritt – von oben nach unten durchgereicht – würde eine kritikunfähige Wahlvereinsmentalität unerträglich befestigen. Für eine Mentalität der Lebendigkeit. Gegen einen bloßen Beitritt! Danke für eure Aufmerksamkeit.

Kriechermentalität ist so überflüssig wie ein Kropf. Die besitzen auch Fusionskritiker: Wozu beteiligt sich Dora Heyenn wortmächtig an Sitzungen des fusionskritischen Poppenbüttler Kreises, als Mitglied des geschäftsführenden Landesvorstandes von Hamburg, wenn sie auf der Hamburger WASG-Landesversammlung nur Schleimspuren hinter sich herzieht, damit andere, die hinter ihr herkötern, auf ihnen ausrutschen. Ich nehme es ihr nicht ab, dazu ist sie mir zu klug, dass sie es noch nicht mitbekommen hat, dass es für die Fusionisten mittlerweile um die Durchsetzung des bloßen Beitritts geht. Das sagen sie nicht offen aus einem einzigen Grund: weil Oskar sonst hinschmeißt. Er will die Fusion, egal wie, weil er sich stark fühlt und glaubt, sich politisch durchzusetzen – gegen alle Strukturwiderstände in der PDS. Dass er sogar einen Beitritt unter allen Umständen will, spricht auch er nicht offen aus, um unsere Hamburger Turbo-Fusionisten nicht zu kompromittieren.

Man sollte aber bedenken, dass Oskar für einsame (Rücktritts-)Entscheidungen bekannt ist. Ich habe nichts gegen Befindlichkeiten. Damit läuft jeder herum. Nur, eine Partei, die sich auf Befindlichkeiten einzelner Personen verlassen muss, weil Inhalte sonst den Bach runtergehen, ist nicht ganz bei Trost. Dafür sollte man Oskar nicht auch noch applaudieren.

PT8 (C4) Besitz und Kommunikation

Am 23.10.06 kam der Poppenbüttler Kreis zusammen. Es ging wieder um den Parteibildungsprozess. Es scheint keine ausgemachte Sache, dass die Fusion zwischen WASG und PDS sich politisch konstruktiv entwickelt in dem Sinne, dass in und durch sie hindurch zugleich ein alternativer gesellschaftlicher Entwurf, der über gutmeinende Absichtserklärungen hinaus geht, kommunikativ transportierbar wäre, wahrnehmbar nach außen, so dass mit der (neuen) Partei Probleme glaubwürdig in real existierende Strukturen hinein kommuniziert werden könnten. Diesbezügliche Defizite werden in derzeit existierenden Strukturen politischen Handelns genauso asozial reproduziert wie in anderen Institutionen auch, nur dass wir für uns in Anspruch nehmen, real Existierendes zu transzendieren, als Heuchelei sichtbar vor allem in der PDS, weil sie die Hypothek von Parlamentarisierung und Regierungsverantwortung mit sich herumschleppt; das als Erklärung und nicht als Entschuldigung zu verstehen.

Als Kinder dieser Gesellschaft erziehen wir in die Gesellschaft hinein, als Struktur (Innenleben) wie auch innerhalb einer Struktur (Außen); im Kontext von Strukturen, die sich selbst erziehen, wie der frühe Marx in einer Feuerbachthese anmerkte: *Auch Erzieher müssen erzogen werden.* Wiewohl Menschen unter ganz bestimmten strukturellen Voraussetzungen erziehen, die von außen wirken, so dass Erziehung glaubt – im verinnerlichten Ursache-Wirkungs-Prinzip tickend – vorhersehbar in ganz bestimmte Bahnen lenken zu können, fragwürdig, dazu vergeblich, deshalb veränderungsträchtig; so wie (das Innenleben von) Personen selbst; beide Seiten gehören zusammen: Personen wie Strukturen, in die sie gestellt sind; d.h. wollen wir Politik machen, dürfen wir uns selbst nicht ausklammern. Als Politiker bringen wir uns fragwürdig und daher kritikwürdig ein; wiewohl fast alle versuchen, sich als Person zu immunisieren. Als wären Personen fix, nur das, was sie sind. Wie Strukturen sind wir auch als Person kritisierbar, weil wir jene Strukturen repräsentieren (in uns), die, und hier sind wir uns alle einig, der Kritik zugänglich sein müssen. Wenn Bischoff sagt, dein Ton gefällt mir nicht, will er mir damit auch sagen: Geh' weg, rühr mich bloß nicht an.(Vgl. PX2)

Strukturwandel wird erschwert, wenn existierende Strukturen – wie sie die PDS besonders sichtbar repräsentiert – materielle wie ideologische Besitzansprüche in sich erzeugen, die fixiert werden wollen; sie sichern den *persönlichen* Lebensunterhalt; so dass *Privates* in gesellschaftliche Strukturen projiziert wird; und umgekehrt: Privates das Gesellschaftliche beeinträchtigt. Obwohl klar ist, dass Privates und Gesellschaftliches zusammengehören, auch wenn wir nicht umhin kommen, es zu analytischen Zwecken zu trennen; um zu sehen, wie etwas (für sich genommen) funktioniert, um dann, nachdem getrennt, zu denken, beides existiere unabhängig voneinander, als gäbe es keine privaten Interessen, die den politischen Prozess unerträglich begrenzen; so zu ticken, macht unglaubwürdig (Politiker denken nur an sich). Das bedeutet, wir müssen das Seelische (private) wie Materielle einbeziehen, ein Druck, mit dem wir zurechtkommen müssen.

Privates und Gesellschaftliches zu analytischen Zwecken zu trennen bedeutet, obwohl zusammengehörend, das Private vom Gesellschaftlichen zu isolieren, so dass Privates, nunmehr der Analyse zugänglich, sich nackt vor unseren Augen präsentiert; damit überfordert zu sein, scheint mir uneingestanden der eigentliche Grund zu sein, warum wir im Poppenbüttler Kreis Möglichkeit und Notwendigkeit einer Sammlungsbewegung ohne Linkspartei diskutieren. Uneingestanden, weil zu oft vergessen wird, dass auch wir durch organisatorische Strukturen – die wir uns irgendwann werden geben müssen, um effektiv zu arbeiten – gefährdet sein können; wie z.B. Bischoff, der sich von uns nur insofern unterscheidet, als er seine Entwicklung womöglich schon hinter sich hat, etwas, was wir vielleicht vor uns haben. Das zu reflektieren und diese Reflektionen *programmatisch* zu fixieren, verleiht Profil, das uns substanziell von anderen Parteien unterschiede. Wozu eine neue Partei gründen, die unter diesem *formalen* Gesichtspunkt ist wie jede andere?

WASG und PDS passen nicht deshalb zusammen, weil sich ihre inhaltlichen Forderungen zu 90% decken, wie Egbert Scheunemann uns seinerzeit in einer unleserlichen Fleißarbeit zeigen wollte – WASG- und PDS-Programmatik synoptisch zusammenfassend; gegen wesentliche Forderungen dürfe man in Regierungsverantwortung nur nicht verstoßen. Die Konflikte, die bislang – das Private ausklammernd – leider mehr naturwüchsig-gewalttätig ausgetragen werden, liegen indes tiefer; v.a. sind sie nicht inhaltlicher, sondern, das Private einbeziehend, formaler Natur: auch Erzieher müssen erzogen werden (Marx). Das ist durchaus überindividuell verstehbar. Wir brauchen eine *wahrhaft* selbstreferenzielle politische Struktur, eine solche, die sich selbst zum Thema macht, als problematisch versteht, zu Selbstkritik fähig ist, auch, nicht nur, aufgrund äußeren Drucks; von außen dadurch, indem sie durch inneren Druck sich selbst auferlegt, sich der Kritik von außen auszusetzen, um derart *normale* Bürger einzubeziehen. Nur so kann der unorganisierte Bürger, sozusagen virtuell, einer von uns sein. Das schaffen nur Strukturen, die sich als selbstreferenziell verstehen. Oder der ganze Dreck beginnt immer wieder von vorn.

Die Strategie, den Bürger virtuell zu einem von uns zu machen, ist im Ansatz institutionalisiert z.B. durch Mitgliederversammlungen, die für jeden Bürger offen sind, auch wenn sie der WASG nicht angehören. Der Vorsatz ist da. Allein es hapert an der Ausführung. In der WASG Altona sahen wir dieses Problem und organisierten deshalb Klönschnacks, um auf den Bürger erst einmal weniger abschreckend zu wirken. Allein unsere Politprofis sorgten dafür, dass man sich in diesen zwanglosen Runden so fühlte wie in jeder Mitgliederversammlung. Von mehr Nähe keine Spur. Mit Erklärungen ist man schnell bei der Hand. Der Zeitgeist,... Man selbst kann nichts dafür. Die anderen, vielleicht sogar der Bürger selbst, sind schuld, pardon, die Gesellschaft ist schuld; sie hat den Bürger versaut. Wir, im Kausalitätsprinzip tickend, müssen erst die Gesellschaft ändern, am besten so, dass der Bürger nichts merkt, heimlich an ihm vorbei, denn der ist versaut und suhlt sich in seiner Versautheit auch noch, mit BILD, Nacktfotos und sonstigem Schund. Der kann gar nicht mehr anders. Die Klönschnacks schliefen schnell wieder ein. Kurzum, man sieht Probleme, schließlich kommen immer weniger zu unseren ätzenden Mitgliederversammlungen; entwickelt gutmeinende Vorsätze: springt als Löwe, gar in Aufbruchstimmung, nur um immer wieder als Bettvorleger zu enden. Von nachhaltiger Analyse keine Spur. Man weiß gar nicht, was das ist. Die finge bei einem selbst an, überhaupt dort, wo man unmittelbar etwas beeinflussen kann. Aber ehe man an sich selbst arbeitet, es könnte weh tun, schnitzt man sich als Kopfgeburt lieber seinen Bürger.

Es ist fatal, dass wir uns immer wieder, seit es die Arbeiterbewegung gibt, als die besseren Menschen fühlen. Warum sollte das sich gerade neu bildende NLO, dafür Egbert Scheunemann wieder einmal *arbeitet wie ein Berserker*, besser sein als unser Bundestagsabgeordneter Axel Troost, wie aus Scheunemanns offenen Brief an Troost vom 17.10.06 hervorgeht? Kann man das voraussetzen? Ja, es nervt. Immer wieder die gleiche Frage. Nur hat sie bisher niemand überzeugend beantwortet. Man stellt die Frage nicht einmal ernsthaft. Warum auch? Scheunemann musste bisher in Parlamenten und Regierungen politisch nicht agieren, zu seinem Leidwesen, fühlt er sich doch berufen dazu. Nur bringen Kraftausdrücke, die sagen wollen, man würde es besser machen, nicht weiter. Es reicht auch nicht, sich *authentisch* herauszuputzen: Anti-neoliberale Kraftmeierei kommt über den Status von Behauptungen, bloßer Benennungen, nicht hinaus, auch wenn sie ein berechtigtes Anliegen markieren können, das sich durchaus gegen den PDS-Bundestagsabgeordneten und WASG-Mitglied Troost richten darf, dem es – wie jedem Arbeitnehmer – um persönliche Besitzstandswahrung zu tun ist, wiewohl er Besitzstände anderer durchaus misstrauisch beäugen, bzw. Leuten gegenüber misstrauisch sein mag, die mit ihrer Politik seinen Besitzstand gefährden. Das schließt ein, dass wir, die wir Politik anders formulieren wollen, als Abgeordnete oder in Regierungen nicht besser sein müssen als die, die wir kritisieren.

Nachhaltige Verblödung lauert überall dort, wo Probleme nicht zu Ende diskutiert, bzw. Bereiche ausgeblendet werden, insbesondere solche, welche die Person berühren, resp. Bedürftigkeiten zum Gegenstand haben. Merkwürdig, dass so etwas in Foren wie *linkspartei-Debatte.de* oder *linkezeitung.de* nicht diskutiert wird. Dort ist man spezialisiert auf linken Skandalisierungs-Journalismus, der einen solchen Diskurs zwangsläufig ausblendet. Eine politische Alternative oder ein Politikwechsel lässt sich aus dem Skandal heraus nicht formulieren? Skandalisierung ist für das herrschende System völlig ungefährlich. Schlimmer: sie stabilisiert herrschende Strukturen.(Vgl. F04) Das weiß auch BILD und schaltet schon mal Überschriften gegen Heuschrecken oder lässt auch schon mal Lafontaine zu Wort kommen. Ja, Oskar und BILD wollen rückhaltlose Aufklärung, wobei ich nicht unterschlagen möchte, dass der Anstoß zur Alternative zunächst immer aus Verneinung und Verweigerung heraus kommt: der skandalträchtiger Negation, aus dem Gegenteil von dem, was (schlimm) ist. Wie auch anders? Aus dem Skandal um sich greifender Armut ergibt sich die Notwendigkeit höherer Einkommen. Ende der Ansage? Natürlich nicht. Politik darf nicht in Verweigerungshaltung enden, nicht darin, dass man sich mit brutalstmöglichen Forderungen für den besseren Menschen hält.

Die nicht über Verweigerung hinaus denken, enden zweifellos dort, wo heute unser Bundestagsabgeordneter Troost ist. Doch arbeiten sich Kritiker wie Scheunemann an solchen Figuren leider nur ab, ohne nachhaltig zu kritisieren, womöglich als Einübung in eben genau diese Strukturen, strukturaffirmativ, in klammheimlicher Affinität zu Leuten, die da oben *fest* sitzen und sich über *ihren gehobenen Status freuen* wie Bundestagsabgeordneter Norman Peach (er sei ihm gegönnt) bei der Einweihung der Hamburger WASG-Geschäftsstelle; sie gefallen sich im Gestus der Verantwortlichkeit gegenüber fragwürdigen Strukturen, von denen sie sich gern ernähren lassen. Nicht dass sie ernährt werden, nervt; sondern dass sie sich damit begnügen, zu gefallen. Bisweilen jammern sie, wie tretmühlenhaft sie in Strukturen involviert sind, z.B. Bundestagsabgeordneter Herbert Schui auf einer Altonaer Veranstaltung, der auch prächtig dazuverdient. Insofern wird es so schlimm schon nicht sein.

Oder nehmen wir Otmar Schreiner. Standhaft jammert der linke SPDler innerhalb der SPD-Trümmertruppe über das Schicksal von Menschen in Hartz-IV. Auch Wolfgang Joithe von der PDS, Sprecher der AG Armut, übt sich im Jammern – für spätere verantwortliche Aufgaben: "Immer mehr Kinder sind von Hartz-IV betroffen – Dunkelziffer hoch. Zahl der Hamburger Hartz-IV-Empfänger stieg im letzten Jahr um 5432 Personen (+2,8%)", so eine E-Mail von ihm (vom 25.10.06).

Nichts gegen Joithes E-Mails. Aber ich möchte als Hartz-IV-Gefährdeter nicht nur bejammert, um nicht zu sagen: instrumentalisiert werden. Was nützt mir ein Arzt, der sich damit begnügt, mir das Fieberthermometer in den Arsch zu schieben, um mir zu sagen, dass ich krank bin. Das weiß der Bürger selbst. Eigensinnig will er mehr, erst einmal nur aus dem Gefühl heraus, nichtsdestotrotz will er mehr: einen therapeutischen Ansatz, eine Programmatik, die, nachvollziehbar und operationalisierbar, sich in Regierungsverantwortung umsetzen lässt, so dass sie für den Bürger einklagbar ist – unmittelbar, nicht als Vision in ferner Zeit. Er hat von Berufsjammerei, Verlautbarungen, Parolen die Schnauze voll. Gutmenschen verstehen solche Einwände nicht. Sie sehen in sich das edle Motiv. Das muss reichen. Menschen, die politisch (innerlich) spüren, dass *unter uns* etwas faul (nicht zu Ende gedacht) ist, stehen schnell unter Generalverdacht. Dass vieles nicht zu Ende gedacht ist, arbeitet Scheunemanns offener Brief (vom 17.10.06) *an die Herren Hüseyin Aydin und Troost* heraus; dort heißt es u.a.: "Und warum schließlich meckert ihr dagegen an, dass das NLO sich als Organisation konstituiert und sich entsprechende Strukturen gibt? Warum meckert ihr nicht gegen andere innerparteiliche Strömungen, die sich ganz offiziell konstituierten, organisierten und entsprechende Strukturen gaben – die *Sozialistische Linke* etwa? Ach so! Weil die euch zufällig politisch näher steht?" Nur dass auch für Scheunemann immer nur die anderen problematisch sind, er selbst ist *echt anti-neoliberal*. Er denkt also auch nicht viel weiter. Anstatt eine grundsätzliche moralische Analyse zu fordern, unabhängig von außermoralischen Sachverhalten (vgl. PT6), fordert er gleich im ersten Satz seines Pamphlets seine Diskurspartner Troost und Aydin auf zu mehr Moral: "ich habe euch schon geistig reger und moralisch integrer erlebt"; um sich auch gleich in ein moralisch besseres Licht zu setzen. Hier bin ich, authentisch, und da sind die anderen, die gegen neoliberale Lügen oder neoliberale Politik nicht energisch kämpfen; kurz, ich bin unproblematisch, echt, so *echt*, dass im Forum *linkspartei-debatte.de*, in dem er als Radaktionsmitglied verantwortlich zeichnet, meine Texte seit über einem halben Jahr nicht mehr erscheinen; vermutlich weil sie sich nicht richtig einordnen, nicht instrumentalisieren lassen gegen etwas, nicht gegen Troost, nicht gegen die WASG Berlin oder wen auch immer; denn ich bin nicht *moralischer*, sondern möchte Moral diskutieren, nicht mehr und nicht weniger. Ja, wo stehst du eigentlich?, werde ich immer gefragt? Warum nicht gleich: wo ist dein Feind? Wie Feind? Unser gemeinsamer Feind, alle Unechten dieser Welt! Die Verräter, auf die wir *authentisch* raufhauen können mit Großschreibung und Gebrüll. Nun, das mit der Großschreibung hat bei Scheunemann merklich nachgelassen.

Tatsächlich habe ich keine Feinde, gegen die ich anrennen muss, die ich (symbolisch) bestrafen oder ausgrenzen muss. Ich kritisiere, mehr nicht. Das reicht. Ich kenne viele unter uns, die wollen mehr: ausgrenzen, wiewohl sie sich unentwegt darüber beklagen, ausgegrenzt zu werden. Nur weil Bischoff sich über meinen Ton beklagt oder Aufsätze schreibt, die ich nicht verstehe, oder ausgrenzt, ist er noch lange nicht mein Feind. Ich erreiche ihn und seinen Bettvorleger Bernhard Müller nur nicht. Das ist alles. Sektierer verkennen, dass es darauf ankommt, *Moral als solche* zu diskutieren, und nicht darum, andere aufzufordern, doch bitte moralischer zu sein. Das kann man machen, ja, man macht es ständig. Nur ändern wird man so nichts. Moralisten verkennen, dass erst der Diskurs über Moral denjenigen, der spricht, unmittelbar der Kritik öffnet; nur so wäre er einbezogen, nicht immer nur der Hörer, um ihm zu sagen wie unmoralisch er und wie moralisch man selbst ist. Das schließt ein, das Private zu analytischen Zwecken vom Gesellschaftlichen zu trennen: das Subjekt vom Objekt, um das Subjekt als solches, sein Innenleben, in seiner intimen Existenz zu sehen, zu analysieren. Es geht darum, die Bedeutung von Intimität zu ermessen im gesellschaftlichen Kontext, die Frage zu stellen: warum und in welcher Weise ist das Subjekt, seine innere Existenz, seine Gefühlswelt, mit der Gesellschaft verbunden? Hat Intimität eine gesellschaftliche Funktion? Oder gibt es sie einfach nur, weil's so schön ist? Dass etwas schön ist, bedeutet noch lange nicht, dass es keine überindividuell-gesellschaftliche Funktion hat – zwecklos, einfach nur da ist, wie Kant meinte.

Sauberleute, die die Moral für sich gepachtet haben, glauben bisweilen, natürlich schweren Herzens, dass sie zensieren müssen. Was zu weit geht, geht zu weit. Also muss es hin und wieder ein wenig Unmoral geben im Interesse der Moral. Wo die Grenze ist, bedarf immer wieder einer echt *authentischen* Abschätzung. Da kann ja jeder kommen. Die *linkezeitung.de* ist da nicht besser als *linkspartei-debatte.de*. Die ersten sechs Aufsätze (PT1 bis PT6) wurden problemlos gedruckt, zwar nicht zusammenhängend, eher verstreut über alle möglichen Bereiche, doch immerhin. Auch zwei

Filmbesprechungen wurden genommen (F4, F6). Lemming (F6) wurde alsbald im Archiv versenkt. Allein beim Text PT7 hörte der Spaß wohl auf. Nicht ein Redakteur meldete sich bei mir, nachdem ich drei mal per E-Mail nachgefragt habe. Man druckt nach Gutsherrenart. Lenin und Trotzki eine Killermentalität zu bescheinigen, darf nicht ungestraft bleiben. Schließlich gehören beide zum heiligen Gral der Russischen Oktoberrevolution: *Alle Macht den Sowjets* war anfangs ihre Devise. Damit wollten die Kronstädter Matrosen ernst machen und gleichzeitig gegen den Alleinvertretungsanspruch der Kommunistischen Partei demonstrieren. Das war im Frühjahr 1921, als der Sieg der Bolschewisten sicher war. Also gehörten die demonstrierenden Matrosen zusammengeschossen, an die Wand gestellt. Keine Killermentalität? Natürlich nicht, Geschichte ist geduldig.

Anstatt dass man (meine) Texte, die unproblematisch zu sein nicht für sich in Anspruch nehmen, zum Anlass nimmt, einen Diskurs zu führen, blendet man aus. So sind Sektierer. Ungeachtet dessen halte ich beide Foren, *linkezeitung.de* und *linkspartei-debatte.de*, für wichtig. Schließlich brauchen Sektierer Spielwiesen, auf denen sie sich austoben können, damit ideologische Besitzstände und Verkrustungen sich vielleicht doch noch auflösen. Man sollte die Hoffnung nie aufgeben. Doch brauchen wir einen uneingeschränkt geführten Diskurs, in der Lage, alle Bürger einzubeziehen. Allein aus der Verweigerung, der bloßen Negation heraus, ist das nicht möglich, mit der PDS unter einem Dach solange nicht möglich, wie sie Politik aus dem Skandal heraus entwickeln und damit Verweigerungshaltungen zelebrieren. Aus dieser heraus formuliert man vornehmlich Klientelpolitik, nicht eine solche, die die gesamte Gesellschaft in den Blick nimmt, also alle Bürger einbezieht.

Vielleicht muss die PDS außen vor bleiben, weil sie sich von Klientelpolitik nicht lösen will. Sie außen vor zu lassen, um sie von außen zu kritisieren, hätte also mit Spaltung nichts zu tun. Richtig ist, wir brauchen keine Klientelpartei. Mit ihr wird sich nichts ändern. Ein alternatives Profil bekommen wir auch nicht dadurch, dass wir die Partei zur Holding für alle möglichen *linken* Klientelinteressen machen. Die PDS will womöglich eine solche Holding sein, aber nur, um zu verhehlen, dass sie Klientelinteressen vertritt. Wie die FDP. Die vertritt Ärzte, Apotheker, Pharmakonzerne und Steuerhinterzieher. Langsam gewöhnt sie sich an den Gedanken einer Aufhebung des Bankgeheimnisses, um die Bezieher kleiner Zinseinkommen besser abzocken zu können. Man ist ja doch nicht so beratungsresistent. Auch Scheunemann träumt von einer Holding, in der alle möglichen Gruppen Platz finden, nur *echt* links müssen sie sein.

Kurz, auch in einem Verbund von Lobbyisten lässt sich keine Programmatik formulieren, die der Kritik zugänglich ist, sich dem Bürger öffnet, damit er sich ernst genommen fühlt.

Ich sage bewusst Bürger, nicht Gewerkschafter. Denn Gewerkschafter vertreten als institutionalisierte Charaktermasken Besitzstände, haben in der Regel kaum mehr als Klientelpolitik im Auge, gerade Gewerkschafter stehen nur in Negation zu herrschenden Verhältnissen, während sie als Bittsteller auf der politischen Bühne – dort, wo gestaltet werden muss – nicht gerade selbstbewusst nur rumquengeln, von Hartz-IV betroffene Bürger bejammern. Das gleiche gilt für Attac-Leute, die latzhosenbewaffnet auf Lidle-Dächer klettern, um für teure Lebensmittel zu demonstrieren. Ein Affront gegen Obdachlose und Hartz-IV-Abhängige.

Die Liste ließe sich erweitern. Mit Lobbyisten, die immer nur wissen, was auf keinen Fall geht, lassen sich Probleme nicht so diskutieren, dass alle Menschen: die gesamte Gesellschaft, einbezogen ist. Nichts gegen *Negation*, um Probleme überhaupt erst mal zu benennen (Armut, Waldsterben, ungesunde Lebensmittel etc.). Aber die Notwendigkeit der Existenz einer neuen Partei geht weiter: ist nur legitimierbar, wenn man die gesamte Gesellschaft analytisch in den Blick nimmt, es tatsächlich macht und nicht nur behauptet, dass man es macht.

Ich spreche ferner vom Bürger, nicht weil ich etwas gegen Gewerkschafter, Attac-Leute etc. hätte. Warum sollte ich was gegen Benennungen, gegen das Lernen von Vokabeln haben? Problematisch ist, dass institutionalisiertes Handeln *hinter dem Rücken des Protestes*, also unbewusst, das Problematische im Zusammenhang mit der Sozialintegration ausblendet; das sollte eine zureichende Analyse vermeiden; sie sollte die Möglichkeit eines idealen Kommunikationsraums ermöglichen, der sich im Diskurs in dem Maße bildet, wie in diesem Raum sich Strukturen herausbilden, die in der Lage sind, sich selbst zu kritisieren: (selbstreferenzielle) Strukturen, die sich selbst zum Thema machen. Ein kollektiver Vorgang. Das zu leisten würde den einzelnen, auch einen Arbeiterführer wie Lafontaine, überfordern. Genau das zu diskutieren und programmatisch zu fixieren, muss eine neue Partei leisten, noch bevor die erste Forderung niedergeschrieben wird. Die sind immer nur wohlfeil. Papier ist geduldig. Das begreifen Sektierer nicht, schon gar nicht unsere Obersektierer oder solche, die es werden wollen. Sie denken, ein Plakat im Fernsehen ist alles. Sehen und gesehen werden. Einmal ins Fernsehen kommen und alles wird gut; nichts wird gut: Die sozialintegrative Frage *wie bringe ich mich ein, wie werde ich eingebracht?* ist in dem Augenblick, wo man einer Institution beitritt, um politisch zu handeln, unmittelbar entschärft. Einer Struktur, die eine lange Vergangenheit hat, kommt eine entproblematisierende Funktion zu, weil sie und daran klebender Besitzstand überleben will. Menschen in Strukturen wähnen sich selbst als Lösung, sind aber in Wirklichkeit das Problem, weil sie immer auch Besitzstände verteidigen, die sich nicht zuletzt in öffentlicher Präsenz manifestieren.

Was nicht heißt, dass Strukturen gering zu achten sind. Eine Gesellschaft – und das Lernen in ihr – wäre ohne begrenzende Momente gar nicht überlebensfähig, ohne Strukturen, die es von Geburt an bis zum Erwachsenenalter zu verinnerlichen gilt, um Menschen Halt, Geborgenheit und Identität zu geben. Zugleich ist die Strukturproblematik, der Hang zu problematisieren, dem Leben inhärent, nicht zuletzt durch Intimität (Gefühle) und Leidenschaft, die Menschen z.B. in Zweierbeziehungen suchen und brauchen, dadurch Festgefügtes erodiert, uneingestanden, hinter ihrem Rücken; sie merken es nicht, spüren nur, dass etwas vielleicht nicht (mehr) stimmt, aus unmittelbarer Erfahrung heraus, die Intimität mit sich bringt. Sie wissen nicht um die Bedeutung dieses gefühlsmäßigen Eigensinns, der sich auch in eine soziale Realität vollständiger Verblödung ergießen kann, wie man das z.B. bei mental (rechts-)national gestrickten Menschen erleben kann. Eigensinn wächst aus Intimität und wird sich nicht wegerziehen lassen. Auch werden herrschende Strukturen intime Bedürfnisse nicht aus der Welt schaffen, auch nicht die Schnüffelpraxis von Hartz-IV. Intimität produziert einen vielfach naturwüchsigen Gegensatz zu institutionalisiertem Verhalten: zu Parteien, Gewerkschaften, zu allem, was unmittelbar auf Entproblematisierung zielt, durch handelnde Menschen, die ihre Besitzstände im Kontext von Strukturen (Seilschaften) absichern, um – absurd, aber wahr – intim zu überleben.

Der (politisch) unorganisierte Bürger hat zu dieser strukturellen Absurdität ein ambivalentes, mithin weitaus unbefangeneres Verhältnis als der betriebsblinde, arbeitslose Politaktivist, der mit seiner Partei symbiotisch verheiratet ist, um sie als in seinem Besitz zu wähnen. Besitzer reden schon mal das eine oder andere platt, denken Dinge nicht zu Ende, leugnen unbequeme Dinge. Dann wird mal eben schnell etwas zur Lüge erklärt, was dem Bürger als Tatsache ins Auge springt, ihm aus dem Tatsachenfetisch heraus unmittelbar gewahr wird, z.B. dass es ein Schuldenproblem gibt. Alles Lügen, "die uns seit Jahren aufgetischt werden", so Scheunemann im eben zitierten Pamphlet. Im Kontext herrschender ökonomischer Strukturen ist das Schuldenproblem aber real. Es sei denn, man weiß mit dem Strukturbegriff nichts anzufangen. Entscheidend ist das Ansammeln von Besitzstand, den man sich fleißig erarbeitet glaubt. Und so schleichen sich zuweilen fatale Sätze in Scheunemanns Texte hinein: Er habe mehr als zwei Jahre zu hart gearbeitet, wörtlich: "wie ein Berserker", um sich das Projekt WASG jetzt noch "aus der Hand nehmen zu lassen." Eine fatale, vordemokratische Platzhirschmentalität. Gar nicht so unähnlich wie die von Axel Troost. Sie passen zusammen; wie Oskar und Gerdi. Die Nachricht ist nur noch nicht zu ihnen vorgedrungen. Und dass Nachrichten lange unterwegs, Jahrhunderte, gar Jahrtausende, ja vielleicht niemals ankommen, davon wusste schon Franz Kafka ein Lied zu singen.

Der Bürger arbeitet zwar auch in Strukturen, aber viel mehr außerhalb seiner selbst, weil er sich bei seiner Arbeit viel weniger zu Hause fühlt als unsere Politaktivisten in der Politik. Das verschafft (analytische) Distanz zu Strukturen, in die man involviert, und damit einen anderen Zugang zur Realität. Der Bürger ist weniger betriebsblind; er ahnt (leider nur), *fühlt* nur, dass Politik kein Job ist wie jeder andere. Unsere arbeitslosen Politaffen oder solche, die mit Politik Geld verdienen, wollen aber, dass wir das als Bürger so sehen: Politik ist ein Job wie jeder andere; schließlich wollen Politiker dazu gehören, sich dem Bürger nah fühlen, zeigen, dass sie für Bürger da sind. Und überhaupt: sind Politiker nicht auch nur Menschen?

Strukturen, die sich, wie der Poppenbüttler Kreis, hier in Hamburg gerade konstituieren, Besitzstände also erst im Entstehen und dadurch noch nicht so verfestigt sind, kommunizieren eben genau deshalb unbefangener, weniger ideologisch, offener; so wie die Sprache von T. Manns erstem Roman, die Buddenbrooks, unbefangener und der Realität näher ist als seine späteren, mehr auf Kunstsinnigkeit stilisierten Romane. Das ist es, was wir wollen müssen: Unbefangenheit in der Politik bewahren, um Probleme weniger betriebsblind auch in Zukunft zu diskutieren und bürgernäher in die Gesellschaft tragen zu können. Das, was wir sind, setzen wir nicht am Anfang, sozusagen ein für alle Mal, sondern müssen es über die Zeit bewahren und immer wieder erneuern. Das ist das Gegenteil von dem, was Scheunemann unter Politik versteht. In seinem Pamphlet heißt es, "die WASG ist selbst ernannt. Und die Linkspartei.PDS auch. Und das ist gut so. Das Gegenteil wäre nämlich Fremdernennung." Eine fatale Sprache. Menschen, die sich selbst ernennen, halten v.a. sich selbst für nicht problematisch. Schuld haben immer die anderen, die Unechten. So entsteht keine neue Partei, die sich nachhaltig von anderen Parteien unterscheidet, um Nähe zum Bürger beanspruchen zu können.

Zuweilen schleichen sich merkwürdig klingende Sätze in Texte hinein und die Leute merken nicht, wie fatal sie sich anhören. Dazu sei noch einmal an die Erklärung des Hamburger WASG-Landesvorstands (von Matzenau) erinnert, in der Uschi als Parteischädling entlarvt wird; diese Erklärung (S. 57) hat nicht einmal die PDS verdient: dass man sie auf diese Weise in Schutz nimmt. Das Problem fängt aber früher an, nicht erst bei Matzenau, sondern bei uns im Poppenbüttler Kreis. Auch wir sind problematisch: Besitzstandsinteressen sind nicht dadurch aus der Welt, indem man sich – wie Dora Heyenn vom geschäftsführenden Landesvorstand der WASG Hamburg – aufregt über die DKP Hamburg, weil sie sich für *die Linken* nur unter der Bedingung im Hamburger Bürgerschafts-Wahlkampf engagieren will, wenn man ihr eine bestimmte Anzahl von Mandaten zusichert. Um dann auf die Frage, ob sie, Dora, denn selbst

Ambitionen habe, zu antworten: "Ich habe keine Ambitionen!" Wie beruhigend. Dann ist ja alles in Ordnung. Als sei das Problem aus der Welt, indem man Ansprüche von sich weist. Das sind Politpossenspiele: Ansprüche werden erst verhehlt, um sie später um so verbissener zu verteidigen. Und dass Dora solche Spiele beherrscht, beweist sie nicht zuletzt auch im Poppenbüttler Kreis. Damit hätte sie eigentlich schon in der SPD was werden müssen.

Exkurse

Ex1 (PX1) Zwischentöne zu (A und B)

Während einer geselligen WASG-Veranstaltung habe ich eine Auseinandersetzung mit einem Parteifreund um meine programmatischen Texte geführt, mit jemandem, den ich von seinem politischen Engagement her schätze; und er mich wohl auch. Obwohl – in vielen politischen Fragen ist er mit mir nicht einer Meinung, insbesondere wo es um eine möglichst schnelle Vereinigung von WASG und PDS geht. Ich sei ein Einzelkämpfer, so eine Bemerkung von ihm. Er wähnt, generell gesprochen, die Problematik einer top-down organisierten Vereinigung viel zu unproblematisch. Für mich ist dieses Verfahren Ausdruck einer politischen Praxis, in der viel zu sehr von Fraktion und Regierungsexekutive aus in die Partei hinein regiert wird, was zwangsläufig eine Wahlvereinsmentalität zur Folge hat, wie wir sie in allen Parteien vorfinden und wie sie in der PDS, insbesondere in den neuen Ländern, sehr tief sitzt. Die alten Länder sind weiß Gott nicht frei von einer solchen Mentalität. Dort werden solche Probleme nur offener und selbstbewusster diskutiert: man lässt sich nicht alles gefallen, weil im Westen der Staat nicht so dominant in das Leben der Bürger hinein regierte, das Denken nicht so umfassend reglementierte wie damals im Osten vor der Vereinigung. Vor allem wird im Westen das Problem der Intransparenz, die Tendenz zu informellen Strukturen, viel gravierender als Problem der politischen Praxis begriffen. Informelle Strukturen sind aber eine wesentliche Voraussetzung für die Entwicklung hin zu einem Wahlverein. Das politische Engagement wird zwar goutiert, geht aber ins Leere; es wird in seinen Ergebnissen von oben immer wieder konterkariert. Das spürt auch der sogenannte unpolitische Bürger, wodurch Politikverdrossenheit befördert wird. Das wird schnell mit politischem Desinteresse verwechselt gerade von erfahrenen Politaktivisten. Die glauben dann, man sei auf den Strassen zu wenig präsent, müsse noch mehr informieren, und verkennen, dass der Bürger den Aktivisten immer weniger erträgt, in der Art des schon geflügelten Spruchs: *sind sie einmal dran, machen sie doch nur, was sie wollen.*

74

Jeder mag um die Problematik zunehmender Politikverdrossenheit wissen (schließlich ist unübersehbar, dass es immer mehr Karteileichen gibt), ohne dass ein Interesse ausgeprägt ist, diese Verdrossenheit tiefergehend zu diskutieren, um zu programmatischen und satzungstechnischen (formalen) Strategien zu kommen, um Ergebnisse des politischen Engagements abzusichern, damit es nicht ins Leere läuft, eine wesentliche Voraussetzung für nachhaltig lebendiges Parteileben.

Die eben beschriebene Problematik kommt nicht zuletzt in der Auseinandersetzung mit dem Parteifreund zum Ausdruck. Sie fing harmlos an und steigerte sich alsbald in eine Heftigkeit hinein, die mich überraschte: Ich sei paranoid – das meinte er bitter ernst –, weil ich J. Bischoff in meiner Kritik des Eckpunktepapiers als Idioten hinstellen würde (vgl.PT5), der sich schließlich jahrzehntelang mit der Materie beschäftigt habe.

Ich halte heftige Angriffe für legitim, selbst wenn sich am Ende herausstellt, dass sie durch allzu viel Wissen um das, worum es geht, nicht getrübt sind. Schließlich sind Menschen lernfähig, wenn sie nur wollen. Doch waren die Kenntnisse meines Parteifreundes getrübt noch da, wo er sie sich leicht hätte beschaffen können. Ich befragte ihn nämlich zum 5. Teil der Eckpunktekritik (PT5), die sich wesentlich mit zwei Texten von Bischoff beschäftigten, von denen der eine ärgerlich war, weil er sich seriös-wissenschaftlich gerierte. Es stellte sich indes heraus, dass mein Gesprächspartner ausgerechnet diesen 5. Teil nicht gelesen hat. Das sei nicht nötig, herrschte er mich an, denn er kenne andere Texte von mir, alles Machwerke, und lese sie mittlerweile nicht mehr. Fest stehe aber, dass Bischoff von Marx "mehr verstehe als du". Sich selbst bescheinigte er fundierte Kenntnisse über Marx gleich mit. Und überhaupt, was ich mir anmaßen würde, mich hier als Lehrmeister in marxistischen Fragen aufzuspielen. "Du hast doch keine Ahnung."

Starker Tobak, aber legitim. Stellungnahmen dürfen so beginnen, wenn sie im weiteren Verlauf der Argumentation einhalten, was sie in ihrem scharfen Ton bewertend vorwegnehmen. Das setzt voraus, dass sie von Wissen, bzw. Informiertheit – nicht nur vom Hörensagen – um die fragliche Sache getrübt sind. Andernfalls ist der Wille zur Auseinandersetzung nicht wirklich vorhanden. Das fängt damit an, dass mein Gesprächspartner mir zu wenig Marxkenntnisse unterstellte, ohne es anhand des fraglichen Textes belegen zu wollen. Also wollte ich genauer wissen, wie es um seine Kenntnisse bestellt war. Er konnte mir nicht sagen, womit die drei Bände des Kapitals schwerpunktmäßig befasst sind; er konnte er mir schon die Untertitel der drei Bände nicht nennen. Die Behandlung der Profitrate verlegte er mal eben in den 2. Band. Eine Unter-500€-Frage bei Jauch, würde ich sagen. Da hätte er mich sicherheitshalber anrufen müssen.

Er lehnte es ausdrücklich ab, nachzuforschen, an welcher Stelle des 5. Teils der Eckpunktekritik (PT5) ich Bischoff zu Unrecht kritisiert haben könnte, was ich, keine Frage, nicht für unmöglich halte. Schließlich verweigerte er mir schnell jede weitere Auseinandersetzung: ich sei ein hoffnungsloser Fall, wie gesagt paranoid. Meinen Einwand, dass er mit seinen Beschimpfungen seine kommunikative Verweigerungshaltung legitimiere und dies mit seiner pluralistischen Einstellung unvereinbar sei, ließ er nicht gelten. Er fand beides ausdrücklich vereinbar. Schließlich heiße Pluralismus nicht Beliebigkeit. Und so sind meine Texte es nicht wert, dass man sich mit ihnen auseinandersetzt. Sie sind scheiße, weil anmaßend, im Ton nicht in Ordnung. Doch wie nett müssen Texte sein? Wo ist die Grenze, wo Einstellungen es verdienen, ausgegrenzt zu werden? Ich glaube, dass ernsthafte Kritik beim Kritisierten und möglichen Epigonen immer schlechte Gefühle hervorrufen. Kritik ist eben nicht unbedingt *nett*, insbesondere wo es um Macht, Einfluss, Eitelkeiten und zuweilen Geld zur Bestreitung des eigenen Lebensunterhaltes geht.

Wie dem auch sei, was könnte hier verhaltenspsychologisch interessant sein? Ich meine etwas, was man überall im Leben immer wieder antrifft: Da kratzt jemand am Sockel eines Menschen, der als Wissensikone gilt, weil er ohne Punkt und Komma reden kann, weil er mit über 60 Jahren auf eine unermüdliche Aktivistenlaufbahn zurückblicken kann, einen Verlag führt, in dem er selbst schreibt, sogar an der Seite von Professoren (nicht nur in den seriösen Beiheften des Sozialismus-Organs). Da sollte man sich vielleicht eines hochachtungsvollen Tones befleißigen. Mein Ton gipfelte in (PT5) darin, dass ich Bischoff einen allzu einfältigen Umgang mit dem Kapitalbegriff, dazu mit Marxzitaten vorgeworfen habe, zudem einen tatsachenfetischisierenden Blick auf soziale Realität. Das hätte er merken können, wo er sich mit dem Marxschen Kapitel des Warenfetischismus beschäftigt haben musste, weil er aus diesem zitierte.

Die Marxschen Bemerkungen um den Warenfetisch herum sind genial, gleichwohl sie schwierig zu verstehen sind, weil sie mit dem moralisch einfältigen Entfremdungsbegriff der *Pariser Manuskripte* (1844) nicht viel gemein haben; in dieser Marxschen Frühschrift kann erkenntnistheoretisch von Tatsachenfetisch nicht geredet werden. Dieser ist beim späten Marx mit der Analyse der Warenform verknüpft, zudem überhistorisch in dem Sinne, dass er verschiedene Formationen zusammenfasst, sofern diese warenproduzierende Formationen sind. Der Warenfetischismus ist also nicht nur mit der kapitalistischen Formation verbunden, obwohl er sich auch dort massiv als (Tat)Sachenfetisch besonders erbärmlich auslebt, weil die Produzenten dort, von den Produktionsmitteln endgültig getrennt, gehalten sind, allein über Rechtsansprüche auf Produktionsergebnisse (Konsum), also gesamtgesellschaftlich sich zu verstehen. Ferner gerät im Kapitalismus die moralisch-soziale Analyse deshalb sehr leicht ins Fahrwasser des Tatsachenfetischs, zum Nachteil einer hinreichenden moralischen Analyse, weil sie – und genau da bin ich mit Habermas einer Meinung – aus analytischen Gründen getrennt zu behandeln ist von ökonomischen Systembezügen, auch wenn jene auf diese zielen muss. Letzteres kommt bei Habermas allerdings zu kurz: man versteht nicht, *warum* Sozialanalyse in erster Linie nicht (mehr) ökonomische Analyse sein kann, auch wenn Moral auf ökonomische Sachverhalte zielt: in einem ökonomisch zusammengesetzten Raum stattfindet.

Was ich ganz konkret an der heftigen Auseinandersetzung nicht verstehe, ist: warum soll jemand, der auf eine verdienstvolle politische Laufbahn und ein akademisches Aktivistenleben zurückblicken kann, nicht irren können. Wir kochen alle mit Wasser. Ich bin weder Lehrmeister noch unfehlbar, halte es z.B. für möglich, Habermas nicht verstanden zu haben. Ich bin aber durch ihn zur Philosophie gekommen, die mir wiederum half, das Marxsche Kapitel zum Warenfetisch neu zu lesen; ich bin auf eine, mag sein, sehr unzulängliche Weise seit Ende meines Studiums nie von Habermas losgekommen. Darauf kann er sich was einbilden. Dessen ungeachtet behandle ich ihn so wie jeden anderen Menschen; kritisiere ihn dort, wo ich glaube, dass es berechtigt ist, zuweilen in einem Ton, der Enttäuschung zum Ausdruck bringt, im Wissen, dass ich ihm damit vielleicht Unrecht tue. Na und? Es muss schließlich um etwas gehen, was mit einer gelassenen Haltung zum Objekt der Begierde nicht zusammen passt. Es ist nicht egal, was Menschen sprechend denken und fühlen und denkend und fühlend sprechen, wie sie aufgrund ihres Denkens und Fühlens handeln. Wozu sonst sich auseinander setzen, wenn es um nichts geht, bzw. um etwas, was mit einer gelassen-ruhigen, nicht emotionalen, um nicht zu sagen: gleichgültigen Haltung zusammen passt?

Wer den 5. Teil der Eckpunktekritik (PT5) gelesen hat, wird sehen, dass ich mit Günter Grass genauso umgehe. Ich finde es nicht schlimm, dass er die Realität als 17-jähriger verkannt hat. Ich finde es schlimm, dass er, als alter und erfahrener Mensch, sie bis heute einmal mehr verkennt, weil er seine Vergangenheit immer noch nicht bewältigt hat, auf sie starrt wie das Kaninchen auf die Schlange. Der NS-geprägte Blick ist ein geradezu abscheulicher Blick auf soziale Realität. Wir haben heute wahrlich nicht die gleichen Probleme wie während der NS-Zeit. Geschichte mag sich wiederholen, aber nur *als Farce* (Marx). Warum Bischoff anders behandeln als Grass oder Habermas? Beziehungen werden sterbenslangweilig, wenn die eine Seite der anderen in den Arsch kriecht oder immer nur ruhig, nett und freundlich ist. Auch die älteren unter uns vertragen Kritik immer weniger. Hinzu kommt, die ökonomisch zunehmend engeren Verhältnisse macht Menschen dünnhäutig.

Leider stellen *Menschen der veröffentlichten Meinung* einen in Geld ausdrückbaren (Markt-)Wert dar, der auch noch ihren Lebensunterhalt absichert. Daher die Schleimscheißerei; man fürchtet Exkommunikation. Obwohl viele der Öffentlichkeit mehr aus Eitelkeit angehören will; nicht unbedingt deshalb, weil sie Geld verdienen müssen. Was Bischoff betrifft, so ist er nicht einmal Teilnehmer der Öffentlichkeit, allenfalls parteidisziplinierender Wasserträger um Lafontaine und Gysi herum (was er vermutlich von sich weisen würde), im Interesse einer Fusion, die stattfinden muss, egal wie. Er und seine Epigonen sind da, wo sie ein Machtzentrum (Fraktion und Exekutive) wähnen; dabei begnügen sie sich, wenn's sein muss zähneknirschend (die Hoffnung stirbt zuletzt), immer wieder, dazu in Opferpose, mit einem warmen Händedruck der Macht, was kommunikative Verweigerungshaltung eher kleingeistig erscheinen lässt.

Ex2 (PX3) Zwischentöne zu (C4)

Aufsatz (C4) hat eine regelrechte Flut von E-Mail-Zuschriften ausgelöst, insbesondere nachdem ich V.Ns Reaktionen über meinen, wie er sich ausdrückte, *Verteiler gejagt* hatte. Er fühlte sich durch meinen Text denunziert. Der damit einhergehende E-Mail-Verkehr sei in Teilen dokumentiert, um ihn einer analysierenden Betrachtung zugänglich zu machen, eingedenk der Tatsache, dass es sich nur um eine Auswahl von Zuschriften und Antworten handeln kann. Sie werfen vielleicht ein Licht auf eine Form innerparteilicher Kommunikation wie ich sie für fatal halte. Dabei ist es mir nicht um einen *guten oder zivilisierten Ton* zu tun, sondern darum, dass Texte und Aussagen auf ihren (sozialen) Gehalt analysiert werden, selbst wenn sie den *guten Ton* nicht wahren. Schräge Töne entstehen aus (uneingestandener) Verzweiflung. Das ist menschlich. Man mag Menschliches bewerten, auch negativ, warum nicht? Darüber hinaus darf ein wie immer gearteter Ton kommunikative Verweigerung nicht legitimieren, eine solche sich – wie anders – grundsätzlich unschuldig dünkt, im Ressentiment, sich etwas zurecht flunkernd, unfähig zu ermessen, dass kommunikative Verweigerung schon gar nicht innerhalb der *Strukturen eines alternativen politischen Engagements* legitimierbar sind; andernfalls würde abspaltendes Sektierertum immer wieder fröhliche Urständ feiern. Hier gelten Gesetze interaktiver und intersubjektiver Kommunikation bis hin in Zweierbeziehungen hinein, so wie ich es in der Filmbesprechung *Gabrielle* (F05) versucht habe plausibel zu machen, und wie sie meinem Verständnis zufolge Habermas formalpragmatisch in seiner *Theorie des kommunikativen Handelns* zu fassen sucht.(Vgl. D07)
Ich denke, aus der Filmbesprechung *Gabrielle* (F05) folgt, dass man eine neu zu gründende politische Partei, will sie wirklich alternativ sein, sehr

sorgfältig begründen sollte – im Hinblick darauf, wie wir uns verstehen und sein wollen; das heißt nicht, dass jeder einzelne von uns so sein muss wie wir (als Struktur) insgesamt sein wollen. Genau deshalb werden wir uns – eben weil jeder einzelne von uns nicht *edler* ist als ein x-beliebiger Bürger, den wir gleichwohl kritisieren – selbstkontrollierende Strukturen geben müssen (Satzungsdiskurs), nicht zuletzt um das politische Engagement des einzelnen Parteimitglieds abzusichern, bzw. nicht immer wieder ins Leere gehen zu lassen. Das alles gilt es programmatisch zu reflektieren und in einem Parteiprogramm zu fixieren – als Kern einer *formalen Programmatik*.(Vgl. PT6) Das hat mit Personalisierung oder *privatistischer Scheiße*, wie V.N und manch andere formulieren, nichts zu tun, und wenn doch, dann ist eine solche *Scheiße* unvermeidlich.

Natürlich sollen programmatische Beiträge einen nicht nur *formalen* Beitrag leisten, sondern zeigen, dass, von der technisch-ökonomischen Seite gesehen, eine sozialverträgliche Politik notwendig und möglich ist. Außerdem gilt: die Legitimierung einer neuen Partei ist nicht dadurch gegeben, dass man *rote Haltelinien* – Mindestanforderungen für Regierungsbeteiligungen – fixiert, wie V.N, das NLO oder der *Aufruf für eine antikapitalistische Linke* um Sarah Wagenknecht herum glauben. Allein auf dieser Basis eine neue Partei gründen zu wollen, nenne ich Sektierertum.

Wagenknecht und ihre FreundeInnen glauben ferner in ihrer Kritik an den *Programmatischen Eckpunkten* (BIJ-NZA) auf Errungenschaften der DDR – den lobenswerten Versuch einer sozialistischen Ökonomie – verweisen zu können, für eine *sozialistische Perspektive*, die ihnen in den Eckpunkten zu wenig präsent ist. Totalitäre Staatengebilde können aber keine Perspektive bieten. Hier gibt es in der Geschichte der Arbeiterbewegung dunkle Flecken. Die wird auch eine zur PDS übergelaufene WASG nicht weiß waschen können. Das ist so, Herr Bisky. Der geriert sich als Demokrat: Ob die PDS Berlin eine Regierungskoalition zusammen mit der SPD eingeht, müsse sie ganz allein entscheiden. Da wolle er ihr als Vertreter der Partei nicht hineinreden. Schließlich seien er und die PDS tolerant und demokratisch. Diese Heuchelei blieb ohne Widerspruch. So was fällt schlichtweg nicht auf oder man verschweigt solche Widerlichkeiten aus falsch verstandener Rücksichtnahme. Und wenn die Hamburger Vorstände von WASG und PDS in einer gemeinsamen Erklärung die PDS Berlin wegen ihrer unsozialen Realpolitik angreifen, so kann man sich darüber nicht freuen, weil zu lange geschwiegen wurde, um sich zugleich darüber zu beschweren, dass man von der Presse totgeschwiegen wird. Wie auch anders? Man hatte, tot langweilig, zu lange nichts zu sagen. Weil kommunikative Verweigerung unter keinen Umständen legitimierbar ist, es sei denn, Leib und Leben sind in Gefahr, kann es in den unten dokumentierten E-Mails von V.N nicht darum gehen, dass er mich als

Denunzianten beschimpft. Natürlich verletzt so ein Vorwurf. Ich lag einen ganzen Tag niedergeschlagen danieder. Dennoch darf mich der Vorwurf nicht bekümmern; dies auch aus einem einfachen Grund: er stimmt nicht. Es sei denn, man folgte V.Ns eigenwilliger Definition von *Denunziation*. Für meine Begriffe agieren Denunzianten gewöhnlich im Geheimen, hinterrücks. Sie streuen diskriminierende Nachrichten und verhehlen sich selbst als Quelle. Sie leben mit ihren Ressentiments, mit nichts sonst. Sie machen aus ihrem Herzen eine Mördergrube.

V.N macht aus seinem Herzen keine Mördergrube. Er ist wie er ist, dazu ein offenes Buch. Das Dumme ist nur: er will nicht argumentieren, sondern einfach *nur* ausrasten, ins Unrecht setzen, um Kommunikation reinen Gewissens zu verweigern, um nicht zu sagen: er würde mich am liebsten *bestrafen*. Wie im Film *Gabrielle* (F05) Großbürger Jean am liebsten seine fremdgehende Frau bestrafen würde – infantil: "Kinder können ihrer Natur gemäß nicht anders fragen als nach eigener und fremder Schuld." Und Schuld hat natürlich immer der andere. Wer sonst? Nun, unsachliche Bemerkungen fallen immer mal in ersten Aufgeregtheiten. Fatal ist etwas anderes: dass V.N es bei Aufgeregtheiten belässt, weil er sie ernst nimmt, vielleicht weil er glaubt, (martialische) Worte würden die soziale Realität eins-zu-eins abbilden, überhaupt man zu Worten stehen müsse, weil man sonst sein Gesicht verlöre. Kommunikation scheint ihm vollständig unproblematisch ("ausdrücklich gesagt in Anwesenheit von zig Zeugen"). Infantil: ich solle ihn auf innerparteilichen Veranstaltungen "bloß nicht mehr anquatschen". Wie soll das in einer demokratisch verfassten politischen Struktur möglich sein? Will er Ausschlussverfahren nach Gutsherrenart? Müssen in Zukunft Arbeitsgruppen, gar neue Parteien gegründet werden, wenn der eine den anderen nicht mehr anquatschen darf, was sich v.a. in Arbeitsgruppen nicht vermeiden lässt? Anders sind seine Bemerkungen nicht verstehbar, die mich am 02.11.06 per E-Mail erreichten – als Reaktion auf (C4): "Deine Personalisierung von Politik geht mir so langsam auf den Senkel. Jetzt bin ich schon ein 'sektiererischer Ausgrenzer', weil Heino Berg deine Texte nicht abdrucken will. Dolle Logik. Bitte mich mit solcher 'Logik' nicht weiter belästigen – und diese Mail bitte über deinen Verteiler jagen, der deine Mail unten bekommen hat."

Als ich V.N nicht gleich über die Dörfer jagte, folgte ein Tag später eine weitere E-Mail von ihm, in der er u.a. darauf bestand, in meinem Verteiler zu bleiben, also weiterhin angequatscht zu werden, nachdem ich ihm angeboten hatte, ihn herauszunehmen, damit er sich nicht weiter von mir belästigt fühlen muss: "Hast du jetzt meine Antwort auf deine Denunziation meiner Person (übrigens nicht die erste...) über deinen Verteiler gejagt? Ich habe dir am Mittwoch ausdrücklich gesagt (in Anwesenheit von zig Zeugen), dass ich zwar im Impressum der *linkspartei-debatte.de* stehe, aber faktisch keine Redaktionsarbeit leiste – sondern ausschließlich Heino Berg. Wenn du dann behauptest, ich sei, weil ich deine Texte nicht abdrucken wolle, ein sektiererischer Ausgrenzer, ist das eine bewusste Lüge, eine bewusste Denunziation. Wenn du das nicht aufklären solltest, werde ich es tun. Lass mich ansonsten in deinem Verteiler, damit ich deinen Denunziationsfuror weiter verfolgen kann. Falls wir uns in Zukunft bei irgendwelchen Veranstaltungen treffen sollten, quatsche mich bitte nicht mehr an.”

Ich habe V.N den Gefallen getan und ihn über meinen Verteiler gejagt; die folgenden Anmerkungen habe ich hinzugefügt: “Liebe FreundeInnen aus WASG und Linkspartei, V.N hat mich ultimativ aufgefordert, seine unten aufgeführten Bemerkungen ‘über meinen Verteiler zu jagen’, was ich hiermit tue. Nur eines möchte ich bemerken. Es liegt nicht in meiner Absicht zu denunzieren: Wenn wir den Bürger zum (analysierbaren) sozialen Sachverhalt machen, ihm sagen, wie er sich verstehe: Todesstrafe, Folter unter ganz bestimmten Bedingungen, Hartz-IV-Unterstützung senken, am besten ganz streichen, keine Menschenwürde für Terroristen, kurz, wir sagen dem Bürger, das sei verwerflich; er sei verwerflich, dann steht es uns gut zu Gesicht, wenn auch wir uns als analysierbaren sozialen Sachverhalt verstehen, öffentlich, anstatt uns buchstäblich zu ‘Un-Personen’ zu stilisieren. Ich würde es schade finden, wenn ich V.N nicht mehr anquatschen darf. Das wird vielleicht wieder möglich sein, wenn sich erste Aufgeregtheiten gelegt haben. In diesem Sinne herzliche Grüße”.

Ob jemand Kommunikationsrechte hat, muss, wenn man V.Ns Aufgeregtheiten ernst nimmt, von Zeit zu Zeit entschieden werden, nach Gutsherrenart, je nachdem ob z.B. eine Denunziation vorliegt oder nicht. Ob eine vorliegt, ist durch denjenigen zu entscheiden, der sich denunziert *fühlt*. Wenn man von Personalisierung reden will, so ist dies, um mit V.N zu sprechen, exakt *Personalisierung von Politik* oder *privatistische Scheiße*. Von diesem Begriff ist in einer weiteren E-Mail (06.11.06) die Rede. Dort äußert sich V.N einem Parteifreund gegenüber: “Lieber PF, ich kann deine Verärgerung sehr gut verstehen. Ich bin aber in keiner Weise dafür verantwortlich, wenn bestimmte Leute die halbe WASG-Republik über ihren anonymen Verteiler für die Offenbarung privatistischer Betroffenheitsscheiße missbrauchen und Lügen über Dritte, in dem Fall mich, verbreiten. Was meinst du, wer mich alles auf diesen ganzen Schwachsinn angesprochen hat, wer mir zugemailt hat, wie viele Antworten ich schon schreiben, wie viel Zeit ich vergeuden musste...”

V.N reagierte damit auf folgende Zuschrift: “Aus welchem Märchenland hat man euch eigentlich entlassen? Meint ihr wirklich, daß dieser Scheiß, den ihr zelebriert, irgend jemand betrifft – lauter abgestandene Gelangweiltheiten. Wäre schön, wenn ihr mal in die Wirklichkeit zurück fändet.”

In einer weiteren E-Mail (05.11.2006) von V.N an einen anderen Partei-freund heißt es: "Hallo PF, dass du mir aus dem Herzen sprichst, brauche ich dir nicht zu sagen. Nur beachte: Wer seine persönliche Betroffenheits-scheiße in die Öffentlichkeit trägt und damit Lügen über Dritte in die Welt setzt ("Der böse sektiererische Ausgrenzer V.N druckt meine Texte nicht ab.."), der zwingt die Denunzierten leider, auf dieses erbärmliche Niveau herabzusteigen und zu antworten. Wie froh wäre ich, wenn ich meine kostbare Zeit niemals mit diesem ganzen Schwachsinn hätte vergeuden müssen... PS: Weil du deine Mail im Cc auch an Franz gerichtet hattest, findet sich Franz hier ebenso im selben."

Auch hier möchte ich dem Leser den Anlass für V.Ns Stellungnahme nicht vorenthalten. Sie ist etwas ausführlicher gehalten: "Hallo ..., zwar bin ich es inzwischen gewohnt, dass in unserer WASG jede Gelegenheit genutzt wird, um persönliche Bedürfnisse und Befindlichkeiten zu befrie-digen, kann aber dafür ehrlicherweise keinerlei Verständnis aufbringen. Ein informelles Treffen, das dem Gedankenaustausch dienen sollte, zum Kampfplatz persönlicher Eitelkeiten zu machen, entspricht zumindest nicht meiner Intension und ist schlicht kontraproduktiv; dafür habe ich weder Zeit noch Lust, also verschont mich damit. Aus der Gilde der um sich selbst kreisenden Weltverbesserer habe ich mich spätestens mit der beginnenden Kriminalisierung der 68ziger Bewegung verabschiedet und wäre ein zufriedener Mensch, gelänge es uns, einen realen Beitrag zur Lö-sung der Probleme in unserem Land zu leisten, wobei ich mir natürlich durchaus der internationalen Zusammenhänge bewusst bin. Dies würde ich natürlich am liebsten mit der WASG zusammen tun, denn dafür bin ich in diese Partei eingetreten. Leider ist im Moment nicht absehbar, ob das in Zukunft möglich sein wird, und da ich im negativen Fall mein po-litisches Engagement nicht aufgeben werde, suche ich nach einem kon-struktiven Weg, der dies gewährleisten kann. Dabei interessiert es mich nicht, wer von wem etwas veröffentlicht und ebenso wenig, ob V.N nun für eine Redaktion tätig ist oder nicht, das kann und muss jeder von uns halten wie er es persönlich für richtig hält. Wenn jemand allerdings mei-nen Namen für eine öffentliche Berichterstattung nutzt, lege ich Wert darauf gefragt zu werden."

Der Verfasser dieser Zeilen hat den Text (C4), der den Streit auslöste, wahrscheinlich nicht gründlich gelesen, vielleicht weil er aus politischen Gründen keine Zeit hat. Andere Parteifreunde forschten schon mal nach und kamen zu anderen Schlussfolgerungen, wie aus dem folgenden E-Mail-Austausch hervorgeht: "... was für ein Ton – welche Feindschaft. Habt ihr nichts besseres zu tun als euch so anzugiften? Der Gegner reibt sich die Hände! Hört euch unsere Musik auf unserer Webseite an. Viel-leicht geht's danach entspannter zu. Gruß NN."

Solche Zuschriften sind mir sympathisch. Sie wollen zusammenführen. Ich erwiderte das folgende: "Lieber NN, es tut mir tatsächlich aufrichtig leid. Aber da müssen wir durch. Grüße Franz". Am nächsten Tag antwortete NN in einer weiteren E-Mail: "Hallo Franz, zur freundlichen Information: Wer im Impressum steht, ist presserechtlich nur für den Inhalt verantwortlich (Hamburgisches Pressegesetz) – nicht für die Auswahl der Texte. Das macht die Redaktion, die aber eigentlich auch im Impressum stehen sollte. Liebe Grüße NN."

Meine Antwort darauf: "Lieber NN, das mit dem Forum *linkspartei-debatte.de* ist gar nicht das eigentliche Thema von Text (C4). Man muss ihn schon lesen, um meinem Anliegen gerecht zu werden. Außerdem habe ich diesen achtseitigen Text mit einer Einleitung verschickt, in der ich ausdrücklich auf V.Ns Einwand, nicht verantwortlich zu zeichnen, eingegangen bin, um diesen Aspekt, der im eigentlichen Text als Nebensache auftaucht, zu entschärfen, aber auch nicht unkommentiert zu lassen. Kurz, die ganze Aufregung wäre nicht so groß, wenn man den Text (C4) zugrunde läge. V.N beschimpft mich als Denunzianten. Mein Gott, was soll ich davon halten? Mit ihm nie mehr sprechen? Leider will er es so. Herzliche Grüße Franz" Auf diese Stellungnahme antwortete mein Briefpartner kurz und knapp: "Hallo Franz, ich verstehe, leider... Herzlich NN."

Die eben angesprochene Einleitung zum Text (C4) möchte ich ebenfalls dokumentieren, weil sich sehr viele Zuschriften allein nur auf sie bezogen haben unter Vernachlässigung des eigentlichen Textes (C4); sie lautet: "Liebe FreundeInnen aus WASG und Linkspartei, das Motto des 8. Teils der Programmatischen Beiträge (C4) könnte lauten. Nicht nur der Bürger ist ein sozialer Sachverhalt – der Analyse würdig –, auch einem Politaktivisten stünde ein wenig Aufklärung bisweilen gut zu Gesicht. Und so ist in diesem 8.Teil (C4) ein Bericht über den fusionskritischen Poppenbüttler Kreis eingewebt. Dora Heyenn vom geschäftsführenden Landesvorstand Hamburg mag hier in den Augen des Lesers wieder einmal nicht gut wegkommen. Doch man vertue sich nicht. Ich empfinde sie im Poppenbüttler Kreis als Bereicherung. Ich mag sie, auch wenn das u.U. nicht auf Gegenseitigkeit beruhen mag. Tatsache ist aber, dass sie mir eine E-Mail folgenden Inhalts zuschickte, nachdem ich ihr im Text *Obersektierer in Nadelstreifen* (C3) Kriechermentalität auf der WASG-Landesversammlung Hamburg vorgeworfen habe. Sie schrieb: 'Hallo franz, ich habe mich ausdrücklich gegen diesen Brief ausgesprochen.' Gemeint ist die 'Erklärung des Landesvorstands zum Bericht des Hamburger Abendblattes vom 20.9.06' (vgl. S. 57, F.W.), die im vorliegenden 8. Teil (C4) einmal mehr Erwähnung findet als abschreckendes Beispiel. Ich muss gestehen, dass mich ihre Mail angerührt hat. Davon ist bis heute nichts zurückzunehmen. Ähnliches gilt für V.N, der sich ausdrücklich nicht für

meine Texte interessiert und wenn, nur hinter meinem Rücken. Auch daran hat sich bislang nichts geändert. Gestern gab es in Hamburg ein NLO-Treffen mit ihm, auf dem er sich wieder, ohne es zu merken, um Kopf und Kragen geredet hat. Es ging um sein Bedürfnis auszugrenzen, was ich in einem kurzen Redebeitrag am Beispiel seiner Funktion als Redaktionsmitglied im linken Diskussionsforum *linkspartei-debatte.de* erläuterte: Dort werden meine Texte seit dem 22.03.06 nicht mehr veröffentlicht. Der 1. Teil der Programmatischen Beiträge (A1), der sich mit der 'Präambel der Programmatischen Eckpunkte' befasst, wurde abgedruckt. Danach nichts mehr. Anfragen meinerseits wurden nicht beantwortet. Tote Hose. Nun, in weiteren Texten war ein gemeinsamer Feind immer weniger erkennbar (wie gesagt halte ich innerparteiliche Aufklärung für nicht weniger wichtig als die Aufklärung für den Bürger; innerparteiliche Aufklärung ist halt wesentlich schwieriger, wenn sich die Leute für aufgeklärt halten). Dazu V.N auf der gestrigen NLO-Versammlung in seiner unnachahmlichen Art: Er habe als Mitglied der Redaktion *linkspartei-debatte.de* keine Funktion. Heino Berg bestimme, welche Texte rein kommen. Er sei nur pro forma als Mitglied der Redaktion genannt. Will sagen, zur Zierde. Die Hauptsache mein Name steht irgendwo, egal wofür. Ich bin wichtig, pardon, man hält mich für wichtig. Ich heiße V.N, ich stehe ich hier und kann nicht anders. Ja, V.N ist eben V.N. Und wenn ihm etwas nicht passt, spielt er wortgewaltig den toten Käfer. Kurzum, von der Kritik an V.N (es geht um seine Auseinandersetzung mit Axel Troost) ist im Text (C4) nichts zurückzunehmen. Dennoch ist er mein Parteifreund. Er besitzt halt Sektiereranwandlungen, von denen er nichts weiß. Na und? Habe ihn trotzdem als Delegierten zum WASG-Bundesparteitag am 18.November gewählt, weil er die WASG als Partei erhalten will.. Herzliche Grüße Franz."
Es sei noch einmal betont: die obige Dokumentation hat mit *privatistischer Scheiße* nichts zu tun. Wer bestimmt, was wichtig ist und was nicht? Ich bringe ein Anliegen zur Sprache, das m.E. diskutiert gehört, unabhängig vom Ton, der dabei angeschlagen wird. Weniger *mein Ton* ist problematisch, sondern Leute, die sich selbst, ihre Arbeit und ihre persönliche Meinung für so wertvoll halten, dass sie glauben, ausrasten zu müssen, um es, und das ist schlimm: dabei zu belassen. Man kann sich daher vorstellen, dass ich mich gefreut habe, als mich die folgende Stellungnahme vom 10.11.06 von unserem Bundestagsabgeordneten Axel Troost erreichte, die auch V.N zur Kopie erhalten hat:
"Lieber Franz Witsch, ich habe Deinen Artikel (C4) gelesen. Anlass der Lektüre war für mich, dass es in dem Artikel an mehreren Stellen um einen Artikel von Hüseyin Aydin und mir über das NLO sowie eine Replik von V.N hierauf geht. Darüber hinaus gibt es mehrere Einschätzungen meiner Person, in der ich sozusagen zum Prototyp des in den Strukturen gefan-

genen Politikfunktionär gemacht werde, der seinen Besitzstand wahren will und über eine Verweigerungshaltung nicht hinaus denkt. Eigentlich sind aber meiner Meinung nach sowohl die Artikel als auch meine Person wie auch die Diskussionen in eurem Poppenbüttler Kreis nur Projektionsflächen, auf denen Du deine Theorien einer von Kardinalfehlern freien, neu zu schaffenden Organisation referierst, die das Persönliche nicht vom Privaten trennt, eine selbstreferenzielle Struktur entwickelst usw. Du kannst Dir vorstellen, dass ich mich bei Deiner Einschätzung meiner Person nicht richtig gesehen fühle. So kannst Du z.B. auf meiner Homepage *axeltrooste* einige der von Dir eingeforderten nachvollziehbaren und umsetzbaren politischen Konzepte, z.B. zu öffentlicher finanzierter Beschäftigung, finden. Ein persönliches Gespräch wäre eine Möglichkeit, Vorurteile abzubauen. Nach dem Parteitag oder bei einer Veranstaltung in Hamburg findet sich vielleicht eine Gelegenheit hierzu."

Meine Freude über diese Zeilen brachte ich wie folgt zum Ausdruck: "Lieber Axel Troost, danke für deine Antwort; so mag ich es: Stellung nehmen und miteinander reden. Nicht austicken, etc. Selbst wenn ich mich am Ende in einer gemeinsamen Partei mit dir nicht wiederfinden sollte, sind wir nicht verfeindet. Anders als zu Marxens oder Lenins/Stalins Zeiten. Nach der Russischen Revolution hat man Leute an die Wand gestellt. Du weißt vielleicht, dass viele Formulierungen auf meiner Seite die Dinge zuspitzen; natürlich auch so gemeint sind. Wie könnte aber Habermas, z.B., ein Feind von mir sein (vgl. D07), wo ich ihm doch vieles verdanke; kenne ihn nur aus Texten. Vielleicht habe ich ihn nicht richtig verstanden. Alles möglich. Wenn sich mal eine Gelegenheit ergeben sollte, würde ich mich freuen, mit dir zu reden. By the way. Für mich gibt es zwischen *Persönlichem* und *Privatem* einen Unterschied im Ernst nicht."

Um auf die Ausführungen von Troost einzugehen – er glaubt, ich würde ihm etwas unterstellen. Meines Erachtens lässt sich das aus Text (C4) nicht ableiten. Dort steht nicht geschrieben, dass ich es ihm zum Vorwurf mache, in *Strukturen gefangen* zu sein. Ich stelle nur fest, dass dem so ist, und dass sich daraus bestimmte Sichtweisen auf die Realität ergeben. Schließlich ist soziale Realität nicht gleich freundlich zu uns allen. In jeweiligen Strukturen, mit denen wir verbunden sind, sind wir – wie jeder Bürger – gehalten, Besitzstände zu verteidigen, weil sie unseren Lebensunterhalt sichern; zum Besitzstand gehören auch kulturelle Bedürfnisse: das Ausleben von Gefühlen. Menschen wollen (über das Gefühl) *wahr*genommen werden. Ob nun öffentlich oder nicht. Wird einem das verwehrt, entstehen Probleme, auch solche ganz persönlicher Natur. Wir kennen Politiker, die unter Öffentlichkeitsentzug leiden. Sie schreiben Memoiren, kaum dass sie aus Amt und Würden sind. Auch wenn sie, wie Lafontaine, sich selbst ausgrenzen, haben sie mit Entzugserscheinungen zu kämpfen. Oskar fand mit viel Mühe zurück in die gewohnte öffentliche Aufmerksamkeit, u.a. mithilfe von BILD und WASG. Das ist nicht als Vorwurf zu verstehen, sondern ein schlichter sozialer Sachverhalt, der diskutiert gehört. Verwerflich ist, die Analyse solcher sozialen Sachverhalte unter Diskussionsverbot zu stellen durch diskriminierende Worte wie *privatistische Betroffenheitsscheiße*. Personen sind immer nur Beispiele, um Probleme zu verdeutlichen, die das politische Engagement beschweren, zuweilen unerträglich bis ganz und gar begrenzen. Deshalb brauchen wir Satzungen, resp. Regeln, in denen sich das politische Engagement ausleben kann, denen sich ein jeder unterzuordnen hat.

Ergebnisse des politischen Engagements kommen gemäß bestimmten Regeln zustande, werden auf Parteitagen beschlossen, um in Parlament und Regierungsverantwortung hineinzuwirken. Es geht – als eine der Hauptregeln – nicht an, dass der umgekehrte Weg beschritten wird: dass Fraktion und Regierungsexekutive in die Partei hineinregieren. Konkreter gesagt: wer die Öffentlichkeit eines hohen Regierungsamtes missbraucht, um gegen Parteitagsbeschlüsse zu polemisieren, um sie – weil man sich sonst für nicht mehr regierungsfähig hält – obsolet werden zu lassen oder sie ganz ungeniert in ihr Gegenteil zu verkehren, verstößt fundamental gegen innerparteiliche Regeln (oder Werte) seiner Partei, die in einer Satzung zum Ausdruck gebracht werden. Einen entsprechenden Satzungsdiskurs nehme ich weder in der PDS noch in der WASG wahr. Damit berauben sich beide Parteien ihrer Existenzberechtigung, es sei denn, sie verstehen sich als Jobbeschaffungsagentur für Karrieristen. Die Beweislast, dass dem nicht so ist, liegt bei den Parteien und ihren Repräsentanten.

Wie gesagt sorgt die Satzung einer Partei dafür, dass das politische Engagement des einzelnen nicht ins Leere läuft. Das wird ohne imperative, *selbst*-kontrollierende Momente, die aus der Partei in Fraktion und Regierungsverantwortung wirken müssen, nicht funktionieren. Das Problem ist durchaus erkannt, wie sich aus der Forderung nach einer Trennung von Amt und Mandat ablesen lässt. Nur bringt eine solche Trennung nicht viel. Parteivorstände sind auch ohne Amt korrumpierbar und sei es nur durch einen warmen Händedruck. Das muss man den Repräsentanten gar nicht vorwerfen, einfach weil es *normal* ist, korrumpierbar zu sein. In diesem Sinne haben wir es mit *strukturellen Problemen* zu tun haben, die sich nur struktur-analytisch, uns selbst einbeziehend, lösen lassen und nicht, indem wir edel oder zur Nächstenliebe fähig sind. (Vgl.F04: "Selbst der Gestus der Unbestechlichkeit kommt nicht ungeschoren weg").

In diesem Kontext sei abschließend ein weiterer Aspekt genannt: Jedes Spiel lebt von Regeln. Sie sind erforderlich, um das spielerische Engagement der Mitspieler abzusichern. Anders funktioniert kein Spiel, ebenso wenig die Politik. Wird dem nicht Rechnung getragen, werden wir immer wieder auf den *charismatischen Gutmenschen* angewiesen sein, der für eine glaubwürdige Politik steht, als Wanderprediger durch die Lande jettet, um eigensinnigen Politikern die Leviten zu lesen. Mit einer solchen Funktion ist jeder Politiker hoffnungslos überfordert. Oskar begreift das nicht. Er braucht keine Satzung, sondern eine Gutmenschenfunktion. Durch sie beschafft er sich öffentliche Aufmerksamkeit, die er wie ein Junkie braucht. Junkies wollen nichts davon wissen, dass sie süchtig sind. Sie glauben ihre Sucht unter Kontrolle. Zuweilen jammert Oskar wie anstrengend alles ist; keiner hört auf ihn. Am liebsten würde er wieder alles hinschmeißen. Dass er das alles gar nicht brauche, viel lieber für seine Familie da sein würde, er sich nach Frau, Kind und Familie sehne. Die Nachricht, dass die Öffentlichkeit seine Familie ist, ist noch nicht zu ihm vorgedrungen. Dass Oskar ein Junkie ist, hätte er merken können, als er nach seinem Rücktritt vom Parteivorsitz den Entzug öffentlicher Aufmerksamkeit zu spüren bekam, um den Entzug anschließend mühevoll mit Hilfe des Metadonprogramms *Bildzeitung* abzumildern und schließlich mit der WASG wieder ganz zu gesunden. Zu befürchten steht leider, dass er die seelischen Bedingungen seiner Existenz nicht durchschaut. Seine Lernfähigkeit ist hier begrenzt. Vor allem weiß er nicht, dass eine Welt, die von *guten* Menschen abhängig ist, eine verlorene Welt ist.

4. Ein alternatives Gesellschaftskonzept (GKO)

4.1 Die Präambel einer alternativen Partei

Entsprechend der Satzung über Sinn und Zweck des Vereins WASH wollen wir über den politischen Meinungsaustausch politische Aufklärung betreiben. Diese soll nach innen, in den Verein, und nach außen, die Öffentlichkeit, wirken: Nicht nur der Bürger – auch das Vereinsmitglied ist der Aufklärung bedürftig – über *lebendige* Kommunikation, nicht über bloße Verlautbarungen, an die man dann glaubt oder auch nicht.

Die Würde des Menschen ist unantastbar

Wir bekennen uns zum Artikel 1 des Grundgesetzes: *Die Würde des Menschen ist unantastbar.* Diese bedarf einer moralischen Konkretisierung. Es muss klar werden, wann von einem *Antasten der Würde* die Rede sein kann. Darüber sagt der Artikel 1 nichts. Er spricht von den "unverletzlichen und unveräußerlichen Menschenrechten als Grundlage jeder menschlichen Gemeinschaft, des Friedens und der Gerechtigkeit in der Welt" und nicht davon, auf welche Weise diese konkret zum Ausdruck kommen. Die Würde des Menschen darf aber unter keinen Umständen angetastet werden;

so will es Artikel 79 GG. Dort heißt es, Artikel 1 könne mit Zweidrittelmehrheit im Bundestag und Bundesrat nicht geändert werden. Doch welchen Sinn soll das haben, wenn Artikel 2 mit Zweidrittelmehrheit geändert werden kann. Erst dort ist ausgeführt, was konkret unter *Würde* zu verstehen ist: er spricht vom "Recht auf Leben und körperliche Unversehrtheit" eines *jeden* Menschen. Wir denken, dass *Recht auf Leben* und *körperliche Unversehrtheit* zwingend zur Würde des Menschen gehören. Sie darf nicht mehr oder weniger, je nach Verdienst einer Person, sondern muss ausnahmslos und für jede Person gelten, selbst für Mörder und Kinderschänder. Das schließt ein: Todesstrafe und Folter, gegen wen und unter welchen Umständen auch immer, tasten die Menschenwürde an. Dass Todesstrafe und Folter mit Zweidrittelmehrheit im Bundestag und Bundesrat im Grundgesetz verankert werden können, ist menschenverachtend.

Sozialabbau und Würde

Armut verletzt *menschliche Würde*. Sie kriminalisiert und macht Menschen gewalttätig, wenn sie glauben, sich anders nicht mehr helfen zu können. Sie gewöhnen sich daran, menschliche Probleme und Konflikte mit Gewalt zu lösen. Am Ende glauben immer mehr Menschen, auf Krieg als Mittel der Politik nicht verzichten zu können. Wir werden uns deshalb einer jeden Politik verweigern, die zu Sozialabbau führt. Das schließt eine Politik ein, die auf unmittelbare Umkehrung des Prozesses allen bisherigen Sozialabbaus zielt. Vollzogener Sozialabbau und damit einhergehende Gewalt werden nicht menschenwürdiger, weil wir uns an sie gewöhnen. Vor allem darf die Umkehrung allen bisherigen Sozialabbaus nicht verschoben werden in eine unbestimmte Zukunft, z.B. bis entsprechende Haushaltsmittel erwirtschaftet sind, sondern muss, insbesondere im Falle einer Regierungsbeteiligung, unmittelbar und zeitnah erfolgen.
Der Wille zur Gewaltfreiheit muss ganz besonders von staatlichen Institutionen und politischer Öffentlichkeit ausgehen. Sie besitzen Erziehungs- und Vorbildfunktion im Hinblick darauf, wie wir als Bürger miteinander umgehen. Wie es um die Qualität mitmenschlichen Umgangs bestellt ist, zeigt sich insbesondere darin, wie wir mit den Schwachen der Gesellschaft umgehen: mit Kindern, Arbeitslosen, Rentnern, Pflegebedürftigen, Kranken, Behinderten – eine Sache der Gewohnheit: sozialverträgliches Verhalten muss jeden Tag gelernt und eingeübt werden.
Die Hartz-IV-Gesetze stellen einen gravierenden Einschnitt dar. Sie verletzen die Würde des Menschen gewohnheitsmäßig durch Zwang, der sich gegen Arbeitslose richtet. Ihnen werden Versorgungssätze gekürzt, sogar ganz gestrichen, wenn sie nicht jede *zumutbare* Arbeit annehmen. Was zumutbar ist, dürfen sie nicht selbst bestimmen. Man gesteht ihnen kein Ve-

torecht im Hinblick darauf zu, welche Arbeit sie machen wollen. Ja, und wer nicht arbeiten will, soll auch nicht essen, so der frühere SPD-Parteivorsitzende Franz Müntefering. Ein ungeheuerlicher Satz. So weit sind wir schon, dass Sozialpolitiker sich solche Sätze leisten. Nicht dass Müntefering den Satz in ein Gesetz gießen wollte; menschenverachtend ist, dass er ihn als *öffentliche* Person in den Mund nimmt. So etwas trägt zur Verpöbelung der Politik bei und gefährdet ganz generell die Sozialintegration: den Zusammenhalt der Gesellschaft. Wir halten Politiker wie Müntefering, um es freundlich zu sagen, für verantwortungslos, wenn nicht gar für gemeingefährlich.

Unser Verhältnis zum Parlamentarismus

Wir bekennen uns zur sogenannten freiheitlichen demokratischen Grundordnung, zum Parlamentarismus, zum derzeit geltenden föderalen Gesetzgebungsverfahren, wie es im Grundgesetz, insbesondere auch mit Zweidrittelmehrheit nicht veränderbaren Artikel 20 geschrieben steht (siehe Artikel 79 GG). Das bedeutet nicht, dass die Art und Weise wie Gesetze zustande kommen die beste aller Welten sein muss. Derzeit geltende Strukturen sind nur deshalb zwingend geboten, weil wir andere Strukturen nicht kennen, in ihnen bisher nicht gelernt haben zu bewegen. Wir gehen in gesellschaftlich gewachsene Strukturen hinein, um sie immanent, von innen, zu kritisieren, d.h. moralisch, unabhängig von ökonomischen Imperativen. Das schließt Einübung in selbstkritisches Verhalten ein. Die WASH als soziale Struktur will diesbezüglich eine Vorbildfunktion wahrnehmen und in gesellschaftliche Strukturen hinein tragen. Erst dadurch wird sie ihrem aufklärerischen Anspruch gerecht.
Das Bekenntnis zur demokratischen Grundordnung, insbesondere zum Parlamentarismus, schließt nicht ein, dass wir uns *als Partei* an Wahlen beteiligen. Es hält eine solche Beteiligung aber für möglich. Sie ist nur unter ganz bestimmten Bedingungen sinnvoll:
- Wir müssen uns klar unterscheiden von allen bisherigen Parteien mit ihrer auf Sozialabbau und Gewalt ausgerichteten Politik.
- Dazu wollen wir eine Programmatik formulieren, um auf ihrer Grundlage zu befinden, ob wir uns tatsächlich von allen anderen Parteien so unterscheiden, dass eine Beteiligung an Wahlen sinnvoll ist.
- Wir dürfen nicht ausschließen, dass etablierte Parteien sich unserer Programmatik annähern, so dass eine Beteiligung an Wahlen obsolet wird. Selbst die Existenz unseres Vereins ist nicht Selbstzweck.

4.2 Programmatische Reflexionen

Die folgenden Ausführungen wollen kein fertiges Parteiprogramm darstellen, sondern programmatisch reflektieren, zum Nach- und Mitdenken anregen – allerdings mit dem Ziel, zu einem gemeinsamen Programm zu kommen.

Basiswerte: unverrückbare Gemeinsamkeiten

Die Existenz eines jeden sozialen Körpers, also auch die einer Partei, gründet auf programmatisch zu fixierenden, unverrückbaren Gemeinsamkeiten, auf die sich die Menschen einer Partei verständigt haben müssen, und die ihrerseits auf etwas außerhalb der Partei verweisen: auf die Gesellschaft, die wiederum auf im Grundgesetz beschriebenen Basiswerten gründet; diese identifizieren, bzw. begründen eine Gesellschaft. Unzulänglichkeiten im Hinblick darauf, ob dies hinreichend geschieht, um ihren Zusammenhalt zu gewährleisten, legitimiert eine Partei wesentlich.
Wir glauben, dass die Wertproblematik weder in den bislang existierenden politischen Parteien noch in der Gesellschaft zureichend diskutiert wird, fast als seien Basiswerte nicht *wirklich* oder nur als Lippenbekenntnisse gewollt, zumal sie über weite Strecken als Struktur- oder Familienwerte (Schutz von Familie und Staat) formuliert sind – ohne Akzent auf das einzelne Subjekt, das ich *abstrakt*, ohne spezifische Strukturbindung, verstehen möchte; dies aus folgendem grund: nicht die *Würde einer Struktur* (Staat, Familie, etc.) ist primär zu schützen, sondern die des Subjekts, dessen Würde nicht selten von Strukturen wie *Familie* oder *Staat* verletzt wird, z.B. die Familienehre; dann *fühlen* sich Struktur-Repräsentanten, ganz bestimmte Menschen, in ihrer Würde verletzt. Es in der Tat nur um *Gefühle*, die (subjektiv) darüber entscheiden, ob eine Verletzung der Würde vorliegt. Mehr noch, man möchte Machtstrukturen in ihrem Bestand schützen, nicht das *einzelne* Subjekt, das nicht selten gegen strukturelle Bestandsinteressen geschützt werden muss, z.B. im Falle von Zwangsverheiratungen in muslimischen Familien oder Gewalt in den Familien, aber im Falle von Polizeieinsätze gegen Demonstranten.
Genau hier drückt sich das Grundgesetz um eine zureichende Definition (ein objektives Kriterium) im Hinblick darauf herum, was gemäß Artikel 79 GG denn konkret nicht verrückbar oder unveränderlich sein soll, um zu vermeiden, dass der Begriff *Würde* – gerade in Bezug auf das einzelne Subjekt – vieldeutig oder verschwommen und damit eben doch veränderlich ist; als sei die Würde des Menschen antastbar, bzw. etwas, das ggf. verhandelbar sei. Demgegenüber sind wir der Meinung, dass Werte im Sinne *konkreter, unmittelbar einklagbarer Rechte für den Einzelnen* gewohnheits-

mäßig und verbindlich im Bewusstsein einer Gesellschaft, verankert sein müssen; andernfalls ist der gesellschaftliche Zusammenhalt nicht nachhaltig stabil. Gemäß dem Präambelentwurf einer *wirklich* alternative Partei sei das gesellschaftlich Grundlegende wie folgt formuliert:

- Die Würde des Menschen ist unantastbar. Zur Würde gehört zwingend das Gebot der körperlichen Unversehrtheit eines jeden Menschen. Folter und Todesstrafe sind mit der Würde des Menschen unvereinbar.
- Armut verletzt die Würde des Menschen. Wir werden uns einer jeden Politik verweigern, die zu Sozialabbau oder Armut führt. Jemanden unter Armutsandrohung zu einer Arbeit zu zwingen, wie es die Hartz-IV-Gesetze vorsehen, verletzt die Würde des Menschen.
- Die Würde des Menschen ist unveräußerlich: sie bezieht sich auf jeden Menschen, selbst auf Mörder und Kinderschänder, also unabhängig davon, was man die moralische Qualität eines Menschen nennt.
- Wir treten für die freiheitlich demokratische Grundordnung ein: für Gewaltenteilung, freie Meinungsäußerung, Versammlungsfreiheit, Parlamentarismus. Die Inanspruchnahme dieser Freiheiten darf nicht dazu führen, die Würde des Menschen zu verletzen.

Basiswerte definieren eine Gesellschaft

Seit den Hochkulturen vor rund 5000 Jahren haben (Massen-)Gesellschaften eines gemein: ihre nachhaltig stabile Existenz beruht darauf, dass ihre Basiswerte uneingeschränkt gelten. Die Uneingeschränktheit wird allerdings – uneingestanden – dadurch eingeschränkt, dass Menschen versuchen, ihre Basiswerte zu begründen. So werden Familienwerte und, im Kontext dieser, die *Mutter-Kind*-Beziehung angemahnt; sie sei wichtig für die Entwicklung eines Kindes. Eine homosexuelle Lebensgemeinschaft könne die Mutter-Kind-Beziehung nicht ersetzen, mache Kinder psychisch krank und mit ihnen die Gesellschaft. So dachte selbst Freud. Heute wissen wir es besser und können mit guten Gründen sagen, dass Werte, die grundlegend für eine bestimmte Lebensform sind, nicht grundlegend für eine *freiheitliche* Gesellschaft sein können, in der sich die verschiedensten Lebensformen mit ihren jeweiligen Wertvorstellungen bewegen. Werte, die sich auf eine Lebensform beziehen, können nicht uneingeschränkt für alle gelten. Schon der Versuch, Basiswerte der Gesamtgesellschaft zu begründen, belegt ihre uneingeschränkte Geltung mit einem Fragezeichen. Wie sich Menschen ein gelingendes Leben vorstellen und wünschen, darf nichts mit dem zu tun haben, was uns alle uneingeschränkt verbindet. Mit anderen Worten: Die Geltung des Satzes von der *Würde des Menschen* darf sich nur aus selbigem Satz heraus verstehen. Seine Geltung darf an keinen Zweck gebunden sein, der außerhalb dieses Satzes liegt. Selbst die

Tatsache, dass jeder gesellschaftliche Körper unverrückbare Basiswerte braucht, begründet nicht ihre Richtigkeit. Wir lehnen Todesstrafe und Folter rundweg nur aus einem einzigen Grunde ab: weil wir sie ablehnen. Kurz: Basiswerte existieren, wie das Leben selbst, um ihrer selbst willen.

Die Väter unseres Grundgesetzes haben durchaus gesehen, dass es Werte um ihrer selbst willen geben müsse, eingedenk der Tatsache, dass sie dieses Problem aus der besonderen historischen Situation des Nachkriegsdeutschland heraus nicht konsequent zu lösen vermochten. Sie legten nicht ausdrücklich fest, was unter *Würde* zu verstehen sei, und trotzdem waren sie von der Unveräußerlichkeit der menschlichen Würde überzeugt, davon, dass Würde sich nicht *verdienen* lässt, man sie einem Menschen, aus welchen *Gründen* auch immer, nicht vorenthalten darf. Eine genauere Definition von Würde wollte man einer zukünftigen gesellschaftlichen Entwicklung überlassen. Und so beließ man es dabei: ein bisschen Tod und Folter muss sein dürfen, sollte es in Bundestag und Bundesrat doch einmal Zweidrittelmehrheiten dafür geben. So will es das Grundgesetzes noch heute. Hinzu kam: während man sich über das Grundgesetz Gedanken machte, waren die Amerikaner gerade dabei, einige Nazigrößen zu hängen. Man wollte aus verständlichen Gründen die Atmosphäre nicht unnötig belasten. Aber man selbst war vielleicht auch überzeugt, dass einige führende Nazis den Tod verdient hätten. Vielleicht hielt man die Deutschen auch für noch nicht reif genug, gravierende Entscheidungen über Leben und Tod verantwortlich zu fällen. Das Recht, über Leben und Tod zu verhandeln, wollte man ihnen aber nicht für alle Zeiten vorenthalten. Eines Tages sollten sie die Möglichkeit haben dürfen, mit Zweidrittelmehrheiten Folter und Todesstrafe im Grundgesetz zu verankern. Doch wieviel Tod ist mit der Würde des Menschen vereinbar? Wieviel Folter darf sein? Wieviel Armut? Haben Obdachlose Würde nicht verdient, weil sie an ihrer Armut selbst schuld sind? Die Armutsfrage stellte sich damals nicht; fast alle Menschen waren arm. Heute müssen wir darüber nachdenken.

Wesentlich ist, die Geburt der Nachkriegsgesellschaft war aus historisch nachvollziehbaren Gründen mit einem Webfehler behaftet: Man einigte sich auf einen verschwommenen Begriff von Gesellschaft; man begnügte sich mit einer verschwommenen Definition ihrer grundlegenden Werte, darauf vertrauend, dass zureichend konkrete Definitionen sich aus der zukünftigen gesellschaftlichen Entwicklung ergeben würden. Heute zeigt sich, dass sich Grundlegendes, das den gesellschaftlichen Körper konstituiert, nicht von selbst ergibt. Das, was anfangs an moralischen Grundsätzen nicht zureichend definiert wird, ergibt sich nicht naturwüchsig aus einer wie immer gearteten natürlichen (moralischen) Ausstattung des Menschen, so in der Art: der Mensch ist *Vernunftwesen* (Kant), also werde das Gute und Vernünftige sich durchsetzen – ggf. im (Macht-)Kampf, gemäß

der altehrwürdigen Gut-Böse-Litanei, von der Kants Denken ganz und
gar durchdrungen war: er war als tief gläubiger Christ, bibelfest von der
Existenz sowohl des absolut Guten als auch des absolut Bösen *im* Menschen überzeugt. Das Gute müsse sich halt gegen das Böse durchsetzen
– gottgefällig. Genau in dieser Mentalität wurzelte auch noch das Denken
der Väter des Grundgesetzes, eine Mentalität, mit der die Amerikaner –
heute mehr denn je – die ganze Welt terrorisieren.
Eine solche Mentalität verkennt, dass *Moral* eine Sache von Erziehung ist;
mehr noch: sie kann nicht mit *Gewalt* oder im *Kampf*, sondern nur fried-
lich verinnerlicht werden. Schon gar nicht existiert sie als anthropologi-
sche Invarianz: So sehr der Mensch zweifellos fähig ist, moralisch zu handeln, so wenig ist ihm diese Fähigkeit in die Wiege gelegt.

4.3 Zur Begründung eines alternativen Gesellschaftskonzepts

> *Wenn das Wahre das Begründete ist,*
> *dann ist der Grund nicht wahr, noch falsch*
> (Ludwig Wittgenstein, 1889-1951)

4.3.1 Der Tatsachen- und Entwicklungsfetisch

Man wird das Rad nicht neu erfinden müssen. Ein Gesellschaftskonzept
entwickeln wir in kritischer Abgrenzung zur Kommunikationstheorie von
Jürgen Habermas, wie sie sich umfassend und beispielhaft in seiner *Theorie
des kommunikativen Handelns* niederschlägt.(HAJ-TK) Wir folgen einer Bemerkung aus dem Klappentext, derzufolge Habermas wie kaum ein anderer in der Lage ist, "die verschiedensten Diskussionskreise und Motive
zu bündeln." Davon abgesehen ist bis heute nicht mehr viel hinzugekom-
men. Auch ein *linker* Diskurs über das, was Gesellschaft ist, analytisch-theoretische Vorstellungen darüber, findet bis heute de facto nicht statt. Nur
gerechter soll sie sein. Was vor dem Kapitalismus noch möglich war: mehr
Gerechtigkeit durch Umverteilen, ist im Kapitalismus problematisch
geworden. Der Kapitalverwertungsmechanismus macht unabhängig von
unmittelbarer Umverteilung alle zu Verlierern. Das ist etwas, wovon Linke
schlichtweg nichts wissen wollen, weil das mit ihrem Gut-Böse-Denken
nicht gut zusammen gehen würde.
Bieder wie man anders nicht sein will vergisst man v.a. die technisch-ökonomische Analyse und denkt stattdessen moralinsauer ausschließlich in
Machtkategorien, vornehmlich jene, die Macht oder das, was sie dafür halten, zu verlieren haben. Wie einfach. Ist Macht doch genau das, was immerzu fehlt. Das macht die Sache einmal mehr übersichtlich: hier was
weg, dort was hin. Mehr soll nicht sein, als würden analytisch-theoretische

Anstrengungen zu Kopfschmerzen führen; und tatsächlich, man sieht Linke v.a. vor sich hinjammern. Selbst Oskar, der in allen Talkshows quasseln darf, jammert. Zwischendurch bejammert er auch mal von Hartz-IV betroffene Menschen.

Warum gründet man eigentlich keine Kirche? Oder einfacher: warum tritt man nicht einfach einer Kirche bei, um im Einklang z.B. mit dem Papst alle Ausgegrenzten dieser Welt zu bewehklagen? Macht der seine Sache etwa nicht gut? Er kommt überall gut an und bewegt die Massen wie es Linke nicht schaffen. Warum sich da nicht ranschmeißen wie Oskar an die SPD? Natürlich, es gibt ein paar ideologische Hürden: Jungfrauengeburt, Kondome etc., die genommen gehören? Nun, im Hürdenlauf üben sich Linke seit 140 Jahren. Hat man sich nicht auch schon lange an den guten Kapitalisten gewöhnt? Warum nicht den Papst als Bündnispartner? Der wettert zur Zeit in martialischen Worten gegen Heuschrecken und kapitalistische Marktmacht: Menschen verlören den Glauben an Gott. Sie ziehen es vor, an den Markt zu glauben. Dieser habe sich zwischen die Menschen und ihren Glauben an Gott gestellt. An die Stelle der lebensspendenden Kraft Gottes ist der Glaube an das getreten, was man unmittelbar sehen kann. Habermas ahnte ja schon lange, dass man vom Papst lernen kann, schon zu einer Zeit, als er noch Joseph Ratzinger hieß und Präfekt der katholischen Glaubenskongregation war, sozusagen Großinquisitor, ist die Kongregation doch seit 1965 Nachfolgeorganisation der katholischen Inquisition.

Wir vermissen unter Linken diskursive Bemühungen im Hinblick darauf, das Gut-Böse-Schema hinter sich lassen, ein Schema in der Art: der böse Kapitalist, der den guten Arbeitnehmer ausbeutet, indem er ihm seinen wohlverdienten Lohn raubt. Seit Marx wissen wir: (Lohn-)Raub ist keine zureichende Kategorie mehr zur Analyse kapitalistischer Strukturen und darauf fußender Theorie. Linke setzen aber noch einen drauf: Ihnen zufolge gibt es den *guten* Kapitalisten an der Seite kämpfender Arbeiter. Ja, auf den guten Unternehmer möchte linke Theorie nicht mehr verzichten, um in sich stimmig zu sein. Man lernt ja nie aus. Warum geht man eigentlich nicht gleich zu den Neoliberalen? Warum diese Herumdruckserei? Etwas anderes, und durchaus im Sinne Marx, wäre es, den *bösen* Unternehmer selbst als durch den Kapitalverwertungsmechanismus Getriebenen zu begreifen, wenn auch nicht in gleicher Weise wie Lohnabhängige.

Der Lohnabhängige mag einem leid tun, aber er ist zur Zeit auch nicht besser. Im Gegenteil, als würde der Nicht-Kapitalist – Kleinstbeamte oder Bürohengste – nicht ebenso von Ausbeutungsvorgängen profitieren, noch dazu sehr zum Leidwesen kümmerlich dahinvegetierender Randexistenzen: es gibt *feudal-antikapitalistische* Strukturen im Kapitalismus, die ihm helfen zu überleben in einer Zeit, in der er seinen Zenit überschritten hat.

Menschen denken, wenn sie es nicht anders lernen, in ständegesellschaftlichen Strukturen, – aus der Macht des Faktischen heraus: im Tatsachenfetisch: schließlich springt es ins Auge, dass es nicht allen Menschen, materiell gesehen, gleich gut geht. Schon gibt es auch bei uns Menschen, die hungern. Und die meisten Menschen auf der Welt wissen gar nicht, was eine Krankenversicherung ist. Wir schon: eine Versicherung, die immer weniger vor Verarmung schützt, weil sie immer weniger absichert. Nun, Einkommensunterschiede können auch mal aus dem Ruder laufen. Aber ganz falsch können sie nicht sein. Wo kommen wir hin, wenn Menschen ihrer Leistung entsprechend nicht mehr belohnt werden, bzw. bestraft, wenn sie ihren Arsch nicht hoch kriegen?

Auch Linke verweigern sich einem Ansatz, der den Totalverlierer in den Blick nimmt, von dem der auf politische Ämter oder Macht schielende Linke allenfalls profitieren möchte. Ist er im Amt und hat er dort bewiesen, dass er nichts bewirkt, braucht er den Hungerleider nicht mehr; dann wird er auch von Menschen gewählt, die sich nicht zu den Hungerleidern zählen. Das spüren alle Hungerleider: dass sie instrumentalisiert werden. Um das zu verschleiern, sind Politaktivisten unentwegt aktiv, während sie das Wort *Solidarität* unentwegt im Munde führen. Sie haben den verspießten Arbeitnehmer im Blick, der sich etwas auf seinen Fleiß einbildet. Er glaubt, was er habe, habe er verdient. Und so glaubt er ganz im Sinne des Linken: Fleiß ohne *anständigen* Lohn sei Lohnraub.

Es mag ja durchaus Geld von einer Tasche in die andere fließen. Das passiert im Kapitalismus immerzu, sozusagen anti-kapitalistisch. Mal gewinnt der eine, mal der andere. Der Witz ist: die Bank gewinnt immer, auf Kosten aller, auch wenn es hier und dort Gewinner geben mag. So mag es scheinen, als bliebe die Verteilungsmasse sich immer gleich: Immerzu verlöre der eine auf Kosten des anderen. Wesentlich ist, insgesamt gesehen verlieren wir alle, womöglich eines Tages: alles. Da mag es in der Geschichte des Kapitalismus bis heute noch so viel Wachstum gegeben haben, und man mag mit Wachstum einhergehende Mehr-oder-weniger-Entwicklungen mit noch so viel Kampf und martialischer Kraftmeierei begleiten, und doch kann die Analyse des Kapitalismus und eine darauf fußende Theorie der sozialen Entwicklung nicht darauf gründen, dass es ein Kampf um Mehr-oder-Weniger gibt.

Die Verlogenheit eines solchen *prozessualen* Ansatzes besteht darin: während die Gesellschaft insgesamt – sozial wie ökonomisch – zunehmend ausdünnt, wodurch linke Ansätze sich mit ihrem verteilungspolitischen Ansatz immer wieder ins Unrecht setzen (die nächste Krise kommt todsicher), kann sich der linke Amtsträger darauf verlassen, dass der Kampf nie aufhört, so dass er sich daran unentwegt satt fressen kann. Die Realität gibt ihm hier und da Recht: da, wo am wenigsten gekämpft wird, gibt

es mehr Hungerleider. Und weil dem so ist, wäre es gar nicht gut, ja existenzgefährdend für den linken Amtsträger zu sagen, was nach dem Kampf kommen soll, außer vielleicht, dass es immer noch nicht gerecht zugehe und deshalb weiter Kampf geben müsse. Warum überhaupt sagen, was man will: letztendlich Kriterien eines nachhaltig erfolgreichen Kampfes nennen, um sich dem Prozessualen zu verweigern? Was bleibt ist (Macht-) *Kampf als Entwicklungsprinzip*, an dessen Ende die unverbindliche Verheißung steht, an die wir alle brav glauben dürfen. Nur mitkämpfen müssen wir fleißig und zwar solidarisch. Daraus sich Entwicklungen für unsere Gesellschaft ergeben, aus denen heraus sich ein Vergesellschaftungsprinzip aufspüren und formulieren ließe, als dessen Wasserträger der politische Amtsträger sich sieht, in aller Bescheidenheit, versteht sich. Ohne es zu wissen, befindet er sich da durchaus in der linken Tradition des sogenannten *dialektischen* und *historischen* Materialismus (der Nach-Marx-Ära), der vor lauter Dialektik den einzelnen Menschen aus den Augen verliert, um ihm nicht sagen zu müssen, was er denn nun will, um ggf., wenn Gefahr in Verzug, eines ganz genau zu wissen: wie etwas auf gar keinen Fall geht. Sicher ist nur, dass da mal was kommen wird, weil es muss. Das wollen v.a. unsere Nicht-Wähler, Hungerleider eingeschlossen, nicht begreifen. Die sind ja auch alle noch nicht genug aufgeklärt.
Die eben genannten Defizite mögen ein Grund sein, warum wir mit dem Wort *linksorientiert* unsere Schwierigkeiten haben. Wir möchten aber auch nicht den Eindruck erwecken, wir allein würden mit unseren Bemühungen um ein *alternatives Gesellschaftskonzept* so etwas wie einen *linken Stein der Weisen* ins Rollen bringen. Wir sind nur Teil diskursiver Bemühungen *von unten*, dem gegenüber diskursive Bemühungen aus einer privilegiert öffentlichkeitswirksamen Position heraus einer undurchsichtigen Gemengelage von (Kleinst)Interessen ausgesetzt sind, über die auch Linke keine Rechenschaft ablegen. Auch in linken Kreisen haben *Benimmregeln*, was man wie sagt, mächtig viel Einfluss wie überall dort, wo es Machtpositionen und daran geknüpfte Einkommen zu verlieren gibt, und sei es nur, dass Leute, die sich für wichtig halten, auf langweiligen Mitgliederversammlungen einen nicht zu Wort kommen lassen, weil es angeblich um politische Praxis auf den Straßen gehe. Und überhaupt, wo kommen wir hin, wenn jeder macht und sagt, was er will?

4.3.2 Gesellschaft als Gemeinschaft (das Ganze und seine Teile)

Ich und mein Führer; ich und meine Gesellschaft, Mutti und Vati zum Anfassen: Gesellschaft als unmittelbare Konkretion gleichsam im Besitz des Subjekts. Natürlich, für Thomas Harlan war Hitler *mein Führer*, ganz besonders, als er damals, 1937, mit ihm zusammen zu Tisch sitzen durfte.

(Vgl. F09) Ähnlich wie das Kind lernt, ja von Neugeburt an lernen muss, Vati und Mutti für sich in Besitz zu nehmen, so nahmen die Deutschen ihren Führer für sich in Anspruch, der, im Sinne von Heideggers *Sein und Zeit*, Schuldfähigkeit so schön zu zelebrieren verstand, auf dass der Deutsche wie ein kleines Kind, dem Vati und Mutti auch nicht alles erzählen, sich guten Gewissens gut und geborgen fühlen konnte.

Der Führer sorgte aber auch für Gemeinschafterlebnisse und Autobahnen; er war die personifizierte Fürsorglichkeit, als habe er sie erfunden, so er ja auch den 1. Mai als Feiertag neu erfand, eine Fürsorglichkeit wie wir sie – mit oder ohne Führer – von der Gesellschaft bis heute verlangen. Hier will *Die Linke* nicht abseits stehen. Schließlich sei ja damals nicht alles schlecht gewesen. Seit dem Film *Der Untergang* wissen wir, dass der Führer auch seine menschlichen Seiten hatte: beim Probediktat, als er eine neue Sekretärin suchte, ging er väterlich, verständnisvoll, ja nachsichtig mit der völlig gestressten Bewerberin um. So konnten wir Bruno Ganz bewundern in der Figur *Hitler*. Ohne menschliche Züge, so Ganz, durch die hindurch er Hitler auch ein wenig gern haben konnte, hätte er ihn gar nicht so authentisch spielen können. Ein Mensch zum Anfassen; schade, ohne Krieg und Holocaust hätte alles so schön werden können.

Gesellschaft als fürsorgliches Abstraktum? Eine Absurdität, wenn man sieht, dass dieses Fürsorglichkeit bisweilen eine unerbittlich dreinschlagende staatliche Konstruktion ist, die gleichwohl, so die zentrale staatstheoretische Denkfigur schon in wilhelminischer Zeit, einen Klebstoff nationalfühlig menschelnder Befindlichkeiten ausdrücklich pflegt, der für gesellschaftlichen Zusammenhalt sorgt, freilich nur für die, die es verdienen, weil sie entsprechend fühlen, v.a. aber spuren. Wer nicht will, dem soll bald auch die Bundeswehr Beine machen. Kurz, die Nation darf nicht sterben, damit die Gesellschaft als Gemeinschaft gedeihe, die ein starker Staat exekutiv befestigen müsse; gerade auch die Armen brauchen ihn. Wie damals, in der Antike, die armen Griechen den Tyrannen, um sich gegen geldgierige Demokraten zu behaupten. Für einen starken Staat steht auch Lafontaine, der die Armen zu sich bittet und sagt, dass alles bezahlbar sei; allerdings müsse man ihn dafür sorgen lassen, dass auch wirklich alles bezahlt werde, in einträglichen Ämtern, versteht sich.

Wer wie Habermas mit dem Begriff der Nation nicht mehr viel im Sinn hat, weil durch den Führer diskreditiert, den bringt die Kultur wieder auf Kurs: zurück zur Nation, zur nationalen Gefühlsdisposition. Durch sie hindurch, insbesondere durch Sprache, sei die deutsche Nation nie geteilt gewesen, wusste uns Günter Grass zu trösten. Und sagte nicht schon Thomas Mann damals, 1939, an der Schwelle zu seinem Exilland USA – das innere Auge auf den Führer gerichtet: *Da, wo ich bin, ist Deutschland.*

Er führte wahres Deutschtum in und mit sich herum: Die geliebte deutsche Sprache sei mit ihm ins Exil gegangen, wahrlich ein Pfund, mit dem er sich im englischsprachigen Raum mehr dumm als dämlich verdiente. Übertrieben? Nun, folgt man der Mann-Biografie von Klaus Harpprecht, Ex-Referent von Willi Brandt, hatte Mann mit Demokratie und Meinungsfreiheit nicht viel im Sinn – nicht aus politischen Motiven; dafür brachte er ganz gewöhnliche private Gefühlsdispositionen ins Spiel: nämlich die sich gerade konstituierende DDR gegen die sich gleichfalls herausbildende BRD in Stellung; wobei es nicht darum geht, dass er die BRD denunzierte oder kritisierte, sondern wie, mit welchen Argumenten, er seine politische Affinität zur DDR verteidigte: "Sie sprechen viel von politischen Freiheiten und staatsbürgerlichen Rechten, die in den Westzonen Deutschlands dem Volke gewährt sind – und scheinen dabei zu vergessen, was Sie vorher über den Gebrauch gesagt haben (...) Es ist ein unverschämter Gebrauch." Der autoritäre Volksstaat bringe, so Mann weiter, die Wohltat "mit sich, dass Dummheit und Frechheit, endlich einmal, darin das Maul zu halten haben. In der Ostzone habe ich keine schmutzigen Schmähbriefe (...) zu sehen bekommen, wie sie im Westen vorkamen." Das habe er einer Volkserziehung zu verdanken, die, so Mann weiter, "eingreifender als im Westen, Sorge trägt für den Respekt vor einer geistigen Existenz wie der meinen." Und schließlich der von Goethe inspirierte *fatale Satz*: "Im übrigen gibt es über das Schicksal der Idee auf Erden, ihr unvermeidliches Schuldigwerden, und wie der Teufel dabei seine Hand im Spiel hat, im Zweiten Teil des 'Fausts' ein paar tief ironische Szenen. (5.Akt)." (zitiert nach HAK-TMB,1769f)
Auch Habermas spricht von der Bedeutung der Kultur für gesellschaftliche Prozesse, von einem kulturell geprägten *kollektiven Hintergrund- und Kontextwissen*, das Sprechern und Hörern präsent sei "in der präreflexiven Form von selbstverständlichen Hintergrundannahmen und naiv beherrschten Fertigkeiten": einem praktisch-ästhetischen Wissen, das über das expressiv-dramaturgische Handeln in den sozialen Körper der Gesellschaft einschießt, um ihn als einen solidarischen Körper zu befestigen.
Wozu also einen kalt-rationalisierenden, immer mal wieder monstrierenden Staat, wenn es doch Kultur gibt, in der sich das Gute im Menschen zeige, das – über Sprache empirisch verifizierbar – nach außen dränge, um Solidarität zu begründen; die ergibt sich auch für Habermas nicht schon dadurch, dass die Teilnehmer einer *Gemeinschaft* nach rationalen Erwägungen richtiges und falsches Handeln auseinander zu halten wissen, vielmehr durch innere Werte: Ohne dieses implizite Wissen (einer Kultur), *weder wahr noch falsch* (Wittgenstein), könne – als Voraussetzung sprachgestützter Rationalisierung – die rationalisierungsträchtige wörtliche Bedeutung eines Satzes, den ein Sprecher in verständigungsorientierter Absicht

(zur Herstellung von Solidarität) verwendet, nicht vorausgesetzt werden. *Wörtliche Bedeutung:* etwas sagen und es wörtlich so meinen, dürfe nicht schlechthin unmöglich sein, sondern variiere mit dem variierenden impliziten kulturellen Hintergrundwissen, das schlechthin naiv-unproblematisch und deshalb Solidargemeinschaften zu befestigen in der Lage sei. (HAJ-TK1, 448ff).

Wir lesen hier die Trennung der Begriffe Kultur und Gesellschaft zu analytischen Zwecken heraus, die gleichwohl nicht unabhängig voneinander existieren, sondern sich zur Lebenswelt zusammenfügen, zusammen mit einer dritten Komponente: dem Subjekt, ohne genauer zu sagen, was diesem zukommt. Nicht die Gesellschaft, sondern die Lebenswelt ist und erzeugt (in einem) das Ganze mit ihren drei Komponenten *Person (Subjekt), Kultur, Gesellschaft.* Indes bleibt die Verbindung der Komponenten *Kultur* und *Gesellschaft* schwammig, weil – als Voraussetzung einer jeden Analyse – die Verbindung ihrerseits sich aus den Komponenten heraus nicht ohne weiteres als eigenständige Komponente isolieren lässt, jedenfalls nicht ohne Einbeziehung des Subjekts als Träger der Verbindung. Wobei das Subjekt bei Habermas nicht (klar genug) als Träger der Verbindung in Erscheinung tritt. Hier sind schon Luhmann und Parsons gescheitert. Sie reden wie Habermas einer *objektiven* Systemanalyse das Wort; schließlich legt das der Komponentenbegriff nahe. Aber sie scheitern weniger schwammig, viel sichtbarer, nicht im Ungefähren. Doch sehen auch sie nicht, dass systemische Begriffe *objektives* sozialen Wissen nur vortäuschen, bzw. dort nicht oder allenfalls nur illustrativ-bildlich verwendet werden können, wo das Soziale (Moral) und Kontingenz allgegenwärtig sind in sprachlich vermittelter Interaktion und mit dem Gesellschaftlichen indifferent zusammengehen.

Habermas spricht in systemischen Begrifflichkeiten ohne zureichenden Systembegriff: zum einen von Kultur und/oder Gesellschaft als Komponente und zum anderen schwammig von einem impliziten Wissen (des Subjekts) als Moment der Verbindung, also wiederum von Kultur, so dass Kultur, Gesellschaft und Subjekt über Kultur miteinander verbunden *erscheinen* und das Verbindende (getrennt vom zu verbindenden) sich der Analyse verschließt. Zu guter letzt sieht er in der Komponente *Gesellschaft* ein universales Vergesellschaftungsprinzip am Werk, die Fähigkeit zu rationalisieren, das die drei Komponenten (Kultur, Subjekt, Gesellschaft) in ihrer Entwicklung vor sich hertreibt, ohne genauer zu spezifizieren, auf welche Weise das Subjekt Träger der Verbindung ist. Habermas zufolge ist es gezwungen, sein Leben zu rationalisieren und erzeuge damit im den gesellschaftlichen Kontext: "Die symbolische Reproduktion der Lebenswelt" vollziehe sich in einem Kreisprozess: Die strukturellen Kerne der Lebenswelt in Gestalt von Kultur, Gesellschaft und Person würden "ihrerseits durch entsprechende Reproduktionsprozesse, und diese wiederum durch Beiträge des kommunikativen Handelns 'möglich gemacht'. Die kulturelle Reproduktion (...) sichert die Kontinuität der Überlieferung und eine für den Verständigungsbedarf der Alltagspraxis hinreichende Kohärenz des Wissens. Die soziale Integration (...) sorgt für die Koordinierung von Handlungen über legitim geregelte interpersonale Beziehungen und verstetigt die Identität von Gruppen. Die Sozialisation der Angehörigen sichert für nachwachsende Generationen den Erwerb generalisierter Handlungsfähigkeiten (...) In diesen drei Reproduktionsprozessen erneuern sich also konsensfähige Deutungsschemata (oder 'gültiges Wissen'), legitim geordnete interpersonelle Beziehungen (oder 'Solidaritäten') sowie Interaktionsfähigkeiten (oder 'personale Identitäten')."(HAJ-PDM, 398)

Habermas sieht das Subjekt als Wasserträger gesellschaftlicher Prozesse, die hinter seinem Rücken ablaufen; um nicht zu sagen, das Subjekt ist Sklave des Gesellschaftlichen; unklar bleibt, was dem Subjekt *positiv* zukommt, um *zugeteilte* Aufgabe (der Vergesellschaftung) zu erledigen. Das Subjekt hat keine Rechte, dafür Aufgaben, die auf nichts zielen als auf zukünftige Verheißungen (Rechte), die nie eintreten, aber die Phantasie des Philosophen beflügeln. Wunderbar. Wir dürfen optimistisch sein; wir leben in der besten aller möglichen Welten. Habermas erweckt mit seinen Formulierungen de facto den Anschein, als sei in unserer Gesellschaft alles in bester Ordnung; schließlich liege in uns ein (guter) Entwicklungskern: die Fähigkeit zu rationalisieren, verborgen, den es freizulegen gelte im Interesse einer gerechten Gesellschaft, sprich: *guten* Moral; diese gerinnt ihm unter der Hand zu einer Frage kulturellen Wissens, in der Strukturanalyse, die ihren Namen verdient, also kritisch ist, keinen Platz hat.

Mit anderen Worten: Habermas Gesellschaftskonzept bleibt ohne klare Konturen: in seiner Theorie diffundiert alles kreuz und quer irgendwie miteinander und durcheinander. Alles hängt irgendwie zusammen. Genauer sei es vorerst nicht zu sagen, vorerst nur *provisorisch-propädeutisch* sei dieses Konzept einer Lebensweltrationalisierung, so hört man ihn sagen – vor über 25 Jahren. Heute ist er für das einfache Gemüt nachvollziehbar beim Papst und Nächstenliebe angekommen. Weniger polemisch wollen wir das einen Hang zum Prozessfetisch nennen (vgl. 4.3.1), in dem alles, was zu bestimmen und zu erklären ist, schwammig-zirkelschlüssig dem Prozess selbst aufgebürdet wird.

Dieser Fetisch zeichnet sich, wie gesagt, dadurch aus, dass er das Verbindende nicht als eigenständige Komponente: als etwas auffasst, das sich wiederum zu analytischen Zwecken klar von den zu verbindenden Komponenten abgrenzen lässt. Dabei gerät die Verbindung selbst zum Ziel, um sich am Funktionieren zu ergötzen: oh, der Kreisel dreht sich ja!, noch ohne dass von *wirklichen* Zielen (für das einzelne Subjekt) die Rede ist (was wollen wir für den einzelnen), die nicht schwammig von innen her kommen (fähig zu rationalisieren), sondern dem Sozius von außen zukommen und aufzuerlegen sind, ohne die eine Gesellschaftstheorie von Substanz nicht auskommt.

Ein solcher prozessualer Ansatz (ohne Substanz) hat sich in der Geschichte der informativen Systemanalyse bis tief in die 80er Jahre gehalten. Im systemtheoretischen Diskurs zeichnete sich sein Ende freilich viel früher, in den 70er Jahren, ab, um den Akzent auf Objektorientierung zu legen, ein Ansatz, bei dem das *einzelne* Objekt im Vordergrund steht, bevor man an seine prozessuale Eingebundenheiten denkt. Im Zentrum des objektorientierten Ansatzes steht die Frage: was soll das Objekt leisten (lernen) mit Blick auf ein körperlich beschreibbares Ganzes, das indes mit klaren Zielen umrissen gehört: was wollen wir (definitiv), freilich ohne dass diese sich im einzelnen Objekt *körperlich* abbilden (Familie als kleinste Zelle der Gemeinschaft). Das einzelne Objekt ist sich selbst genug: es weiß von übergeordneten Zielen, die ihm als Aufgabe auferlegt sind; es dient ihnen, nicht einem übergeordneten Objekt, um dieses in seinem körperlich Bestand zu schützen.

Im Prozessualen macht das *Subjekt*, nunmehr auf das Soziale übertragen, alles zielgenau ihm Hinblick auf die Unversehrtheit einer *körperlichen Ganzheit* (Volk, Rasse, soziale Struktur); dabei wähnt man das *Ganze als Mikrokosmos* im Subjekt präsent. Wahnhaft. Derart vermag es, Signale von oben zugleich von innen in sich heraufziehen zu fühlen. Naturwüchsig: der Akzent liegt auf *Fühlen* ohne klar umrissene – Soziales verobjektivierende – Ziele. Zuweilen funktioniert auch etwas. Schließlich gibt es Gesellschaften, Menschen, die miteinander verkehren, soziale Strukturen mit ihren zugehörigen Subjekten, irgendwie, wenn auch nur verschwommen darstellbar, miteinander vernetzt. Also muss da auch irgendwas irgendwie stimmen, einer verschwommenen Analyse zugänglich, das es freilich nicht selten (missionarisch) zu beschwören gilt, z.B. die Fähigkeit zu rationalisieren: Vernunft walten zu lassen. Nun, Luhmann und Habermas hätten sich vielleicht besser beraten lassen sollen, um nicht im Fahrwasser der schwammigen Systemtheorie des Amerikaners Talcott Parsons zu ertrinken, der sich bekanntlich, und hier schließt sich der Kreis, von M. Weber inspirieren ließ. Bei dem lief ohne anbetungswürdige charismatische Führer – Beschwörungsformeln für das Ganze (Völker, hört die Signale) – auch nichts.

4.3.3 Gesellschaft als Konstruktion

Solidarität wächst nicht – einfach so – aus sich selbst heraus, ausgestattet
mit einem ihm inhärenten geheimen, zuweilen naturwüchsigen Zweck, dazu da, Menschen zu beglücken, als sei sie, die Solidarität, eine aparte Person. Anders als in ihrer praktischen Realisierung ist sie in ihrer begrifflichen
Ausprägung *unkörperlich*, nur Konstruktion oder Abstraktion. Dem Begriff ist – anders als Hegel dachte – keine bewegende Idee inhärent, deren
(passiver) Wasserträger wir wären, um in ihr, der begrifflichen Abstraktion,
etwas Lebendig-Verlebendigendes hypostasierend zu wittern. Denn der
Begriff zielt unmittelbar auf Gegenständliches noch dort, wo er als Gott
Verheißung verspricht: ein Leben jenseits allem Gegenständlichen. Hypostase bedeutet: einmal in die Welt gesetzt (im Anfang war das Wort), entwickeln begriffliche Abstraktionen – wie das Wort *Gott* in Wirklichkeit nur
Konstruktionen – ein Eigenleben, das Verheißung verspricht, daran Menschen sich dann erfreuen oder Hoffnung schöpfen dürfen. Indes sind
begriffliche Abstraktionen "bloß Mittel – Mittel für einen Zweck, nicht
der Zweck selbst. In der Weise ist auch Gott, will man ihn – wie Kunst
oder Kino – nicht herabwürdigen auf einen Fetisch, mediales Mittel, immer
gewesen. Ihm selbst kommt ein Gegenstand nicht zu; denn Gott sprach:
ich bin (nur) der, der ich bin."(Vgl. D08)
Die Abstraktion setzt allerdings den tätigen Geist voraus, noch während
sie schon lange zum Nutzen der Menschen existiert, aber im Sinne eines
(geistigen) Werkzeugs, nicht als selbsttätige Entität. Nehmen wir als Beispiel die Abstraktion *Wald*. Den Begriff *Wald* gibt es ja nicht deshalb, weil
es viele Bäume gibt, die auf einen Raum konzentriert nebeneinander stehen, sondern weil es zweckmäßig im Hinblick auf Verständigungsvorgän-
ge ist, das Wort *Wald* zu verwenden, d.h. der Abstraktion steht der Zweck
nicht im Gesicht geschrieben. Auf diesen Gedanken kommt man, weil mit
ihrer gewohnheitsmäßigen Verwendung (ich gehe im Wald spazieren) immer weniger eine wahrnehmbare geistige Operation verbunden ist. Unbenommen davon existiert der Zweck der Abstraktion außerhalb derselben
ganz und gar nicht-phänomenologisch.
So der liebe Gott: er ist nicht in die Welt gesetzt worden, weil er lieb ist,
sondern weil der Mensch in Massengesellschaften nicht überlebensfähig
ist ohne *normativ*-sozialisierende Instanz (unverrückbare überfamiliäre Instanz), die – als notwendige Bedingung (nicht im Sinne einer Kausalbe-
ziehung) – Verständigung im überfamiliären Kontext überhaupt erst möglich macht. Und er ist als Maxime auch nicht einfach vom Himmel gefallen, sondern aus der Idee gewachsen, dass den Dingen der Natur so etwas
wie eine unkörperliche Seele inhärent ist, eine ursprüngliche Idee (Pla-
ton), welche die Dinge formt. Und so dachte man sich eine allerhöchste

Idee (Ursache), von der alle anderen Ideen (Ursachen) abhängen, eine allerhöchste Maxime, ebenso unkörperlich-konstruktiv, reine Abstraktion, auch wenn Menschen das immer nie wahrhaben wollten, wie aus dem AT hervorgeht; deshalb die Forderung Gottes: Du sollst dir kein Bild machen von deinem Gott (deiner Ursache). Diese Norm möchte sagen: Wir wollen keine, der Natur nachempfundenen (körperlichen) Götter.

Weder der Begriff, noch der durch ihn bezeichnete Gegenstand besitzt eine ihm inhärente Zweckmäßigkeit, die nur, und nur aus ihm selbst heraus begreifbar wäre. Der Zweck ist der Abstraktion äußerlich: wir müssen, seit die Abstraktion *Wald* erfunden wurde, nicht mehr sagen: Lasset uns dahin gehen, wo viele Bäume sind. Wir sagen stattdessen kürzer: Lasset uns in den Wald gehen – dies als Folge von Operationen, die sich im Geist, im Inneren des Subjekt, abspielen, wiewohl zuvor außersubjektiv viele Menschen sich darauf verständigt haben müssen, den Laut *Wald* als Medium im Sinne eines Werkzeugs in die Welt zu setzen: Es gibt eine Subjekt-Objekt-Beziehung im Verständigungsprozess, die sich isoliert, resp. phänomenologisierend weder in den Begriff (seinen Gegenstand) noch ins Subjekt projizieren lässt. Das differenziell Beziehungsmäßige, das auf einen Verwendungszusammenhang verweist, ist durch nichts aufzuheben; das Subjekt-Objekt-Verhältnis setzt im Differenziellen Sprechen, Handeln und Erkennen in einem voraus (Interaktion).

Anders ausgedrückt: eine nicht hypostasierende Verwendung des Begriffs bedeutet, dass, während wir ihn verwenden, nicht vergessen dürfen, dass seine Verwendung (logische) Operationen im Subjekt voraussetzt, die, weil es Operationen sind, nur in einem außersubjektiven Verwendungszusammenhang verstehbar sind, der auf etwas, das ihn repräsentiert, zielen muss, und sei es auch nur eine abstrakte Maxime (unverrückbar wie ein bloßer Gegenstand). Sprachphilosoph formuliert: der einzelne Begriff (singuläre Terminus) setzt ein Prädikat: einen ihn ergänzenden Aussagekern voraus (TUE-VSP), der Habermas zufolge im Sinne einer hinreichenden Bedingung nur in einem bestimmten Handlungskontext (außerhalb des Subjekts anzusiedeln) verstehbar wird; sprich: die menschliche Beziehung bedarf eines Gegenstandes, der außerhalb ihrer selbst, nicht allein aus der Beziehung heraus, begreifbar ist. Einen Handlungskontext, der sich aus sich selbst begreift?(D02; HAJ-TK1,440ff) Geht nicht. Im familiären Kontext erzeugt Solidarität sich nicht selbst, also wiederum *Solidarität*. Sozusagen weil's so schön ist. Täte sie das, könnten wir Konflikte, die immer wieder aufflammen, nicht begreifen, geschweige einer Bearbeitung zuführen.

In Bezug auf den Umgang mit Begriffen aus der objektiv-physischen Welt können wir die Unzulässigkeit hypostasierender Aporien leicht nachvollziehen, anders als wir es mit moralischen Wahrheiten oder sozialen Sachverhalten vermögen. Wieso sollte Solidarität nicht Solidarität, Familie nicht

Familie erzeugen können? Schließlich gibt es sie doch. Antwort: Weil sie, wie jede Abstraktion, Ergebnis eines operationalisierenden Tuns, auf etwas zielt, was außerhalb ihrer selbst ist. Der Zweck steht ihr aber nicht unmittelbar im Gesicht geschrieben, so wie man vom Weizen nicht annimmt, dass er sich selbst produziert, weil ihm im Gesicht geschrieben steht, wer ihn und warum man ihn produziert hat. Dass dies ein unsinniger Zusammenhang ist, bedarf keiner eingehenden Erörterung.

Eine *objektive* Tatsache aus der physischen Welt ist halt etwas ganz anderes als eine soziale Tatsache, die der *Verobjektivierung* bedarf. Die Moderne, so lesen wir Habermas, hat es seit Kant/Hegel zunehmend verinnerlicht, dass es verschiedene Wahrheitsbegriffe gibt: einen propositionalen Wahrheitsbegriff (Behauptungen, die sich unmittelbar verifizieren lassen) und einen moralischen Wahrheitsbegriff aus der Welt sozialer Sachverhalte, der sich nur über sprachliche Verständigung Geltung verschaffen kann, also der Verobjektivierung (nicht aus sich selbst heraus) bedarf.

Die Existenz von Solidarität, die ja – ebenso wie der Gegenstand *Wald* aus der Welt der objektiven Tatsachen – mit guten Gründen nicht zu bestreiten ist, ergibt sich also nicht schon deshalb, weil es Solidarität gibt – sei es aus einem kommunikativen Zusammenhang heraus, der als sozialer Zusammenhang aus sich selbst heraus einen sozialen Zusammenhang erzeugt, ohne auf unabhängig-externe Moral zu verweisen, die den Teilnehmern in ihrem Tun von außen auferlegt ist, so als könne man sich allein auf einen Druck verlassen, der von innen aus der kommunikativen Verständigung selbst kommt; als könne man ohne weiteres Naturwüchsigkeiten aus dem Subjekt heraus in den kommunikativen Kontext projizieren, das Subjekt in eins setzen mit dem sozialen Kontext. Die Tatsache, dass Moral sich extern in Sprache abbildet, heißt nicht, dass man darauf besteht, dass Moral durch Sprache und Sprechen produziert wird. Abgesehen davon, dass der Konflikt schlichtweg nicht erklärbar wäre angesichts dessen, dass überall ununterbrochen gesprochen wird, wollen wir mal ganz platt fragen: Herr Habermas, was läuft schief beim Sprechen? Antworten, die ihm dazu einfallen, tun vorläufig nichts zur Sache. Wir wollen zunächst nur postulieren: Ohne externen Druck (du sollst nicht töten, foltern), den es in unserer Gesellschaft ja tatsächlich immer weniger gibt, wird alles schlimmer – bis, ja bis wieder einmal alles kaputt geht, damit es weitergehen kann mit einer neuen Stunde Null.

Dass der Solidarität der Gegenstand fehlt, worauf sie zielen kann, war in der Gesellschaftsformation, die dem Kapitalismus voranging, kein Problem; denn dort gab es den Gegenstand quasi naturwüchsig und unmittelbar in Form von Produktionsmitteln, von denen die Familien noch nicht getrennt waren. Heute fehlt dieser Gegenstand. Dafür gibt es einen ökonomischen Reproduktionsmechanismus als Gegenstand im Sinne einer überfamiliären Verhandlungsmasse, der allerdings als eine solche nicht eingelassen ist in die sozialen Strukturen; es gibt in der Familien diesbezüglich nichts zu verhandeln, was sich nicht unmittelbar aus der Familie selbst versteht. Weder einen moralischen noch ökonomischen Gegenstand außerhalb ihrer selbst.

Das heißt nicht, dass das Subjekt und seine Familie heute einen außer ihr anzusiedelnden Zweck weniger nötig hätten. Wo dieser produktionsmitteltechnisch auf *natürliche* Weise, sozusagen gedankenlos, nicht mehr existiert, bedarf es eines konstruktiven (gedanklichen) Gegenstandes in Gestalt unverrückbarer moralischer Maximen (du sollst nicht foltern), was sich in etwa so ausdrücken lässt: Solidarität – im Sinne körperlich fassbarer Gemeinschaft – erfordert eine konstruktive Operation, die auf etwas zielt, das über das unmittelbar Familiäre hinausgeht, das sich, wie das Subjekt, gern einzigartig sieht, aus sich selbst heraus verstehen möchte, während das Familiäre in Wirklichkeit über ihren sozialen Kontext hinaus verweist, wiewohl auf keinen Fall auf etwas, was wiederum körperlich oder dinghaft-gegenständlich ist – grundlegend für einen Gesellschaftsbegriff, der sich gemeinschaftlich versteht.(Vgl.4.3.2) Wo das Unmittelbare dominiert, in der Familie, verlieren abstrakte, auf Familienexternes zielende Operationen ihre Definitionshoheit, dies zu Recht; denn in der Familie, einem sozialen Kontext, in dem Menschen unmittelbar miteinander verkehren, treffen gegenseitige Erwartungshaltungen, sprich: Moral, unmittelbar aufeinander und können und müssen daher unmittelbar ausgetragen werden; dass das im überfamiliär-gesellschaftlichen Kontext unmöglich wird, wird schnell vergessen: dass Gesellschaft etwas grundlegend anderes ist als Familie in einer Zeit, wo ihr der Gegenstand in Form von Produktionsmittelbesitz abhanden gekommen ist.

Natürlich würde Habermas das menschliche Zutun zur Herstellung von Solidarität für notwendig erachten. Hypostasen lehnt er ab. Schließlich ist er nicht doof. Allerdings muss er sich die Frage gefallen lassen, worauf sich dieses Zutun konkret beziehen soll, wenn nicht auf Solidarität selbst; wenn der Zweck des Zu-Tuns sich nicht aus dem Zweck selbst: herstellen von Solidarität, ergeben soll, als wohne dem Gesellschaftsbegriff ein eigenständiges Leben inne, wie man das von der Familie leicht annimmt, weil sie aufgrund unmittelbar miteinander verkehrender Menschen darauf gepolt ist, dass Familienmitglieder sich allein aus ihrem familiären Kontext heraus begreifen, um nicht zu sagen: sie tun es, um ihre Existenz abzusichern.(Vgl. 4.3.6)

Im gesellschaftlichen Kontext bedarf es hingegen letzter Werte (du sollst nicht foltern); nicht zuletzt damit das familiäre Tun als gesellschaftliches Tun begreifbar ist, ohne regressiv auf *Gott* als Substitut gesellschaftlichen

Tuns verweisen zu müssen, dieser Gott dann die Funktion einer letzten (unverrückbaren) moralischen Instanz übernimmt, die es so oder auch anders immer gibt und zwar im fundamentalen Sinn. In (D04) heißt es dazu: "Nicht die Tatsache, dass Menschen an fundamentalen Einsichten hängen und an ihnen festhalten, weil sie ihren Glauben ernst nehmen, ist unmenschlich; Maximen, die fundamental sind, braucht auch unsere Gesellschaft als da sind: die Würde des Menschen ist unantastbar, Folterverbot, Verbot der Todesstrafe (...) Es gibt sie, weil Massengesellschaften nur auf der Basis fundamentaler Wahrheiten funktionieren. Fundamentalismen sind somit nichts Besonderes. Zu gelten haben sie unbedingt; wer sie verletzt, wie die Regierung Bush, muss als gemeingefährlich für das Zusammenleben der Menschen geächtet (...) werden. Genauso haben auch Hochkulturen funktioniert, fundamental, weil schon sie Massengesellschaften waren (...) Dieser Ansatz ist deshalb fundamental, weil eine Ächtung menschlichen Verhaltens auf der Grundlage von Basiswerten keiner weiteren Begründung bedarf als die durch diese Werte selbst, darauf Menschen einer Gesellschaft sich einmal geeinigt haben müssen. Damit begründet eine Gesellschaft sich durch sich selbst, aus sich selbst heraus. Tautologisch."

Anders die Familie; sie existierte noch nie rein aus sich selbst heraus, sondern immer fundamental auf letzte Werte (außerhalb ihrer selbst) bezogen. Fragt sich nur, wie sie aussehen sollen. Wo man heute, alles relativierend, vollständig liberal, auf unverrückbare Werte verzichtet (eine Maxime wie *du sollst nicht foltern* ist dann nur – wie das Gegenteil von ihr – eine Meinungsäußerung unter vielen), ist das familiäre Handeln als überfamiliäres Handeln gehalten, sich zu rezentrieren in einem universalen Weltbild, z.B. in Gott oder irgendeiner esoterischen Schrulle, will ein solches Handeln nicht die Orientierung verlieren. Lieber 'ne esoterische Schrulle als gar nichts: völlige Unvernunft.

Kurzum: auch die Vernunft (als Platzhalter für Solidarität) erzeugt sich nicht – hypostasierend – aus sich selbst heraus; etwa wenn man sie aus dem Subjekt herausoperiert, weil man wie Habermas die subjektzentrierte Vernunft (Bewusstseinsphilosophie) hinter sich lassen will (HAJ-PDM), nur damit sie, die Vernunft, dann außersubjektiv – in sprachlich vermittelter Interaktion – ein umso belangloseres Leben, ein *unpolitisches* Leben, führt.

In (4.3.2) haben wir versucht zu zeigen, dass der Gesellschaftsbegriff von Habermas *gemeinschafts*fundiert ist, und dass die gesamten Sozialwissenschaften von diesem Ansatz bisher nicht losgekommen sind. Dazu rechnen wir den *Philosophischen Diskurs der Moderne*, den Habermas sehr schön in einer Aufsatzsammlung versucht hat zusammenzufassen (HAJ-PDM), geradezu mit einem feinen Händchen für richtige Zitate ausgestattet, auch wenn er die methodologischen Defizite einer gemeinschaftsfundierten Ausrichtung im herrschenden Diskurs nicht auszumachen versteht und deshalb seine eigenen Defizite nicht sieht. Eine Behauptung, die belegt werden muss, die wir zumindest möglichst nachvollziehbar formulieren wollen, um nicht zu sagen: wir wollen etwas einlösen, was Habermas nur als Lippenbekenntnis vor sich herträgt: wir wollen versuchen, den politisch-philosophischen Diskurs mit der Alltagspraxis zu verknüpfen, an die wir auch die technisch-ökonomischen Probleme und die mit ihnen verbundenen sozialen Forderungen heranführen müssen als etwas, was im familiären Kontext einer gegenständlichen Bearbeitung nicht mehr zugänglich ist, dafür überfamiliär zugänglich gemacht werden muss. Das ist in unserer Gesellschaft nicht hinreichend (explizit) ausformuliert, geschweige realisiert, weil man immer noch nicht differenziert zwischen Subjekt (Familie) und Gesellschaft, wenn von überfamiliär-gesellschaftlichen Problemen die Rede ist, man also im Kern mit einem gemeinschaftszentrierten Gesellschaftsbegriff arbeitet.

Anders als Habermas wollen wir unseren Gesellschaftsbegriff nicht familiär, sondern abstrakt-konstruktiv fundieren, letztlich normativ über unverrückbare Werte, die für alle Mitglieder einer Gesellschaft gelten (keine Folter, kein Arbeitszwang, keine Todesstrafe: Gewaltlosigkeit steht über allem). Familienwerte mögen naturwüchsig aus dem sozialen Körper der Familie wachsen, in einem sozialen Kontext, in dem Menschen unmittelbar miteinander verkehren, auf dass sich die Familie über Familienwerte bestandssichernd bewähre. Nur wachsen bestandssichernde Werte entgegen einem weit verbreiteten, tief verinnerlichten Glauben nicht auf natürliche Weise aus einem wie immer gearteten sozialen Körper heraus, in dem Menschen unmittelbar miteinander verkehren. Deswegen müssen sie abstrakt-konstruktiv gesetzt, *bewusst* gewollt werden – ggf. gegen familienkörperliche Werte oder Interessen. Ein solcher Ansatz begründet die begriffliche Differenz zwischen *Subjekt* und *Gesellschaft*, eine Differenz, die wir abstrakt-konstruktiv wollen müssen. Eine menschlichere Gesellschaft wird dereinst eine *bewusste Tat* sein müssen, wie Marx immer wieder betonte.

Die folgenden Zeilen aus (D07) möchten zeigen, dass Habermas eine Differenz zwischen *Subjekt* (Familie) und *Gesellschaft* (einem umfassenderen normativen Kontext) durchaus sieht: Zum einen bürgerliche Werte, die "als Lebensform ausgebildet zu denken sind, bürgerliche Familienstrukturen, die" – zum anderen – "natürlich – ebenso wie auch andere, von bürgerlichen Werten grundierte Institutionen – in einem umfassenden Sinn aus einem 'rational motivierenden' Impuls heraus rechtfertigungsbedürftig sind, z.B. Rechtsinstitutionen, denn 'Rechtsordnungen können keine Legitimität beanspruchen, wenn sie nicht auf eine rational akzeptable Weise mit moralischen Grundsätzen im Einklang' stehen.(HAJ-DEA, 331).'' Habermas projiziert indes den normativen Universalismus ins Familiäre: er postuliert "eine Lesart, die den universalistischen Gehalt im Kontext bürgerlicher Institutionen ausschöpft dadurch, dass dieser Universalismus als eine Lehre vom richtigen moralischen Handeln in dem gesucht und gefunden werden kann, was Menschen jeden Tag tun, wenn sie sprachlich-symbolisch miteinander verkehren."

Nun wird man einwenden, dass es viele Menschen gibt, die in einer Familie leben und keine Probleme haben, gesellschaftliche Werte zu vertreten. Warum also hier eine Differenz konstruieren zwischen Subjekt (Familie) und Gesellschaft? Dazu sagen wir: natürlich gibt es viele Menschen, die auf eine ganz natürliche Weise lieb und gut sind, das heißt, man muss ihnen die Werte (von außen) nicht auferlegen; sie produzieren diese von sich aus ohne äußeren Druck, sei es in Kommunikation mit anderen (Familienmitgliedern). Nur verlassen wollen wir uns darauf nicht, dass sie dies hinreichend für alle Menschen einer Massengesellschaft tun, in der sich die verschiedensten Formen von Familien (besonderen Interessen) versammeln. Hinzu kommt: ob ein Familienmitglied gesellschaftliche Werte uneingeschränkt akzeptiert, zeigt sich erst in Grenzsituationen, wenn er sich mit seiner Familie – als Opfer – an den Rand der Gesellschaft geschoben sieht. Dann mögen Betroffene, z.B. in Situationen, in denen das eigene Kind entführt worden ist, Folter doch für denknotwendig, ja erforderlich halten. Wer könnte es ihnen verdenken? Und wer wollte es einem Polizeipräsidenten verdenken, wenn er sich mit dem Familienansinnen, ein unschuldiges Kind zu retten, gemein macht?

Wir finden es dennoch ungeheuerlich, wenn ein hoher Beamter sich gemein macht mit einem aus dem Familienkontext heraus begreiflichen Folterinteresse und klammheimlichen Applaus dafür erhält, nicht zuletzt von unserem Arbeiterführer Lafontaine. Der glaubt als Gesinnungstäter an den Dreck, den er absondert. Der versteht als Familienmensch auch nicht, warum wir uns als Homo-Politicus gegen eine auf den Familienkontext zurechtgeschnittene Mentalität wehren müssen, wir, die wir es uns auferlegen *wollen*, uns primär *gesellschaftlich* zu verstehen. Wir wollen es deutlicher sagen: der Familienkontext ist grundsätzlich korrumpierbar, in Grenzsituationen korrupt bis in die Haarspitzen, und unser Polizeipräsident, der sich dem Grundgesetz verpflichtet fühlen müsste, hält sich etwas darauf zugute, dass er Korruption familienrührselig zelebriert. Und er spricht es aus wie Schäuble und Bosbach; sie besitzen die Frechheit, ihre Gesinnung im Grundgesetz verankert sehen zu wollen – in der Art: wo Unrecht ist, muss dies ordnungsgemäß ablaufen. Ja, hinter der Ordnung, die sich im Gestus des Demokraten gefällt, versteckt sich der Kriminelle ganz gern. Nur dumm, dass sich Onlinedurchsuchungen nicht heimlich durchführen lassen, ohne dass der Schnüffler sicher sein kann, dass der Beschnüffelte nichts merkt. Deshalb muss man das Verbrechen rechtlich kodifizieren, um als Erwischter nicht unter Rechtfertigungsdruck zu geraten.

Im Zweifel müssen wir gesellschaftliche Werte gegen Familienwerte durchsetzen. In diesem Zusammenhang gehen wir davon aus, dass die Familie aus sich heraus zutiefst korrupt ist: *bestandssichernd*, um eine Vokabel von Luhmann zu verwenden. Es wäre gemeingefährlich, wenn die Familie dem gesellschaftlichen Kontext seine Form vorgibt. Mit anderen Worten: wir wissen, dass Korruption menschlich ist. Dennoch wollen wir keine korrupte Gesellschaft.

Der Makel einer Aporie, den man in unserem Ansatz verborgen sehen könnte, liegt in der nicht auflösbaren Differenz zwischen Subjekt (Familie) und Gesellschaft begründet. Dafür besitzt er den Charme, es nicht nötig zu haben, aus einem uneingestandenen Ressentiment heraus die Familie zu diskriminieren, wie es in den Zeiten der 68er- und Nach-68er-Bewegung Mode wurde mit der Anti-Psychiatrie oder kommunistisch angehauchten französischen Strukturmaterialisten – nach dem Muster von *Anti-Ödipus*, einer gegen Freud gerichteten Gesellschaftstheorie von Deleuze und Guattari.(DEG-AOE) Sie machen in ihren Büchern zuweilen den Eindruck, als sei ihnen eine glückliche Familie zuwider. Dabei ist das Anti-Familiäre nur eine besondere Form, das Familiäre in den gesellschaftlichen Kontext zu projizieren, um nicht zu sagen: eine unbewusste Form der Ödipalisierung des Gesellschaftlichen. Solchen Autoren sei gesagt: auch wenn das Familiäre mit dem gesellschaftlichen Kontext nicht zusammengeht, sagen wir: wir wollen Familienglück. Besonders Kinder und Jugendliche brauchen das, um als Erwachsene auf eigenen Füßen zu stehen.

4.3.4 Aufklärung durch Vernunft? – Das Prinzip *Rationalisierung*

Vernunft – was ist das? Vernunft ist, wenn Menschen vernünftig miteinander umgehen. Wiederholungen hören sich nicht gut an, sagen Deutschlehrer; sie wissen instinktiv, dass es darauf ankommt, Substanz zu suggerieren: so zu tun, als würde man *erklären*, indem man Begriffe doubelt. Habermas würde vielleicht sagen: *solidarisch miteinander umgehen*. Das ist noch besser, weil man dann als Linker gilt.

Für den empfindsamen Teilnehmer des universitären Diskurses steht das Wort *Solidarität* freilich unter Verdacht; es bedarf daher einmal mehr einer genaueren Erklärung: Menschen sind nur in Gemeinschaft überlebensfähig und daher darauf angewiesen, ihre Beziehungen zu gestalten: zu rationalisieren; genauer: sie betreiben *Lebensweltrationalisierung*, legen sich Rechenschaft über ihr Leben ab; sie rationalisieren es, sagt Habermas. Er weiß natürlich, was eine Tautologie oder ein tautologisierender Zirkelschluss ist, und diesen von einer *wirklichen* Erklärung zu unterscheiden, die das Erklärende nicht *zirkelschlüssig* in dem sucht, was zu erklären ist. Das Erklärende muss außerhalb von dem, was zu erklären, gesucht werden. Das ist nicht möglich, wenn es das Gute als solches gibt, um kurzschlüssig in das Gesellschaftliche zu projizieren: die Gesellschaft ist wie der Mensch: gut oder böse, wenn der Mensch gut oder böse ist, als gebe es eine Identität von *Subjekt* und *Gesellschaft*. Es gibt sie so wenig wie es zulässig ist, das Familiäre mit dem Gesellschaftlichen zu identifizieren oder kurzzuschließen.

4.3.4.1 Leben gestalten durch Sprechen (Sprache als Heimat)

Nun, Habermas' Bemühungen zielen zu kurz: nämlich nur auf eine Überwindung dessen, was er subjektzentrierte Philosophie nennt (HAJ-PDM), ohne dabei der Zirkelproblematik zu entrinnen. Diese sieht er in einer subjektzentrierenden Bewusstseinsphilosophie begründet: was eine menschliche Gesellschaft ausmache, könne nicht allein in dem gefunden werden, was auf natürliche Weise dem Menschen als innere Eigenschaft anhafte. Weil das, was im Menschen drin ist, zuvor nämlich durch Erziehung in ihn hinein gelange, durch Verinnerlichung; deshalb sei es alles andere als *natürlich*. Und so weiß er, dass es das Gute als solches nicht gibt. Es könne in dem gefunden werden, was Menschen den ganzen Tag machen, aus sich (wieder) herauslassen, wenn sie *sprachgestützt verkehren*. Worte und Sätze, die den Mund verlassen, sind Gegenstände menschlicher Auseinandersetzung, *gehören* also nicht mehr *ausschließlich* dem, der sie spricht: dem Subjekt, sondern auch denen, die sie hören und Stellung beziehen. Sie sind das Produkt eines Kollektivs. Was Menschen sind, nämlich Wesen, die in Gemeinschaft leben, bildet sich also unmittelbar in Sprache ab, ohne als *natürliche* Eigenschaft des Subjekts gelten zu können, und begründet die Sprachaktanalyse: *formale Pragmatik*. Wenn es das Gute gibt, sprich: Solidarität durch *sprachgestützte Interaktion*, so ist es ihr zufolge als Gegenstand notwendig außerhalb des Subjekts der Analyse zugänglich. In ihr zeige sich, wer und was der Mensch ist: nämlich das, was er als Ergebnis sprachlich vermittelter Interaktion (Vergesellschaftung) aus sich selbst macht, das v.a. der empirischen Analyse unmittelbar zugänglich ist durch Sprechakt-Analyse; will sagen: weil Sprechen immer zugleich Handeln ist und umgekehrt: Handeln nur mit Hilfe des Mediums *Sprache* funktioniert, ist das Sprechen empirisch fruchtbarer Dreh- und Angelpunkt der Gesellschaftsanalyse. Mensch und Gesellschaft sind erklärbar, weil Menschen sprechen, wenigstens nicht unabhängig vom Sprechen im Sinne einer notwendige Bedingung.
Kurzum: über das Gute oder Böse als solches, im Sinne einer anthropologischen Invarianz, lassen sich keine empirisch fruchtbaren, sprich: er-

klärungsrelevanten Aussagen machen, die Menschen zum Gegenstand der Verhandlung zur Gestaltung ihrer Beziehungen machen könnten, mit anderen Worten: das Gute oder Böse, was man im Menschen ansiedelt: die gute Seele oder das abgründig Böse, können nicht Gegenstand von Rationalisierung sein. Es bedarf also eines Gegenstandes außerhalb des Subjekts, will man nicht *zirkelschlüssig* von Rationalisierung als Lebensgestaltungs- oder Vergesellschaftungsprinzip sprechen, über den sprachgestützte interaktive Rationalisierungsvorgänge überhaupt erst möglich sind. Andernfalls würde Rationalisierung nicht auf etwas zielen, was nicht schon in ihr selbst (als Gegenstand) enthalten ist. Der Begriff redete nicht über etwas, was er bezeichnet, sondern über sich selbst; er ist sich selbst genug; er gebiert sich selbst, wird zur lebendigen Person (hypostasierendes Denken). Und damit wären wir wieder am Anfang: um das nicht merken zu müssen, seine eigene Verblödung, meidet der Deutschlehrer Wiederholungen. Und kommt sich dabei ganz super vor.

Für uns stellt sich die Frage, ob Habermas mit seinem Ansatz dem Zirkel entrinnt, den er seinen Diskurspartnern vorwirft. Oder ob er das Problem, das er bei seinen Diskurspartnern ja zu Recht sieht, nicht einfach durch begriffsverdoppelnde Definitionswut vor sich herschiebt, ohne den Zirkel zu überwinden. Wobei es gut ist, dass er in der Lage ist, das Problem überhaupt zu sehen und weiß, dass es Zirkelschlüsse gibt, denen man aufsitzen kann, ohne es zu merken. Bei ihm muss man Gott sei Dank nicht alles noch mal von Grund auf durchbuchstabieren. Indes *Die Linke*, insonderheit ihre Vorturner wissen in holder Eintracht mit ihren politischen Gegnern nicht einmal, dass es die Zirkel-Problematik gibt. Deshalb verdient Habermas es, dass wir uns an ihm orientieren.

Seine Argumente gegen eine subjektzentrierte Vernunft mögen darauf zielen, das, was man Vernunft nennen kann, aus dem Subjekt herauszuführen mit dem Ziel der Verobjektivierbarkeit: Vernunft als außersubjektiv-gegenständliches Substrat soll der empirischen Analyse zugänglich gemacht werden. Doch was ist gewonnen, wenn er die Subjektzentrierung überwindet, dafür aber zu einer gemeinschaftszentrierenden Vernunft gelangt (vgl. 4.3.2) oder, was auf das selbe hinausläuft, er zu einer vernunftzentrierten Philosophie gelangt, kurzum: einer Vernunft, die ihre Begründung in sich selbst trägt? Denn sein theoretischer Ansatz identifiziert Intersubjektives mit *Vernunft* in dem Sinne, *Rationalisierung* als grundlegendes *Vergesellschaftungsprinzip* überall dort zu sehen, wo Menschen sprachgestützt interagieren, resp. *Rationalisierung* mit *Solidarität* oder – was nur ein anderes Wort – mit sprachlich vermittelter Interaktion zu verknüpfen. Wobei *Rationalisierung* bedeutet, dass Beziehungen nachhaltig nur auf der Basis von Vernunftgründen aufgebaut werden können, dass sie beschreibbar sind auf der Grundlage bestimmter Regeln und Normen. Mit ihnen gehen

Geltungsansprüche einher, auf die sich Menschen sprachlich verständigen müssen. Das alles sind zunächst nur Definitionen: Beschreibungen, d.h. der Gegenstand, um den es geht, wird umrissen, eine notwendige Arbeit. Mit *Erklären* hat das noch nichts zu tun.

Wie nun das Defizit, sich in Definitionen zu verlieren, überwinden? Habermas' Ansatz sagt ferner: wenn Sprache das grundlegende Medium für Rationalisierung ist, in dem sich menschlich Grundlegendes empirisch analysierbar vergegenständlicht oder abbildet, ist es nur folgerichtig zu sagen, dass Beziehungen grundlegend im Sinne eines Vergesellschaftungsprinzips durch Sprache und Sprechen entstehen, so wie ökonomische Rationalität über den Markt als Medium entsteht. So wie der Markt was tut: er lenkt ökonomisches Handeln, so tut Sprache als Medium etwas, indem es Rationalisierungsvorgänge lenkt. Natürlich kann es wie in der Ökonomie fehlgeleitete Rationalisierungen geben; so wie in der Gesellschaft aufgrund nicht gelingender Verinnerlichungen durch fehlgesteuerte Sozialisierung etc., mit dem Ergebnis psychischer Gebrechen oder Pathologien. In beiden Fällen kann man zu der kurzschlüssigen Überzeugung kommen: der Mensch tue etwas, weil es Markt, weil es Sprache gebe, um nicht zu sagen, der Markt tut, die Sprache tut, und der Mensch passt sich Rationalisierungsimperativen an: er handelt marktkonform, sprachkonform, um das Ganze nicht zu gefährden. Das setzt das Sprechenkönnen voraus. Wie und warum dies in unserer Gesellschaft verhindert wird, beschreibt Habermas in (HAJ-TK2,470ff) unter dem Kapitel *Zur Kolonialisierung der Lebenswelt*. Dazu später mehr.

Natürlich werden Märkte bewirtschaftet, nach denen Menschen ihr ökonomisches Handeln dann marktkonform ausrichten können. Oder auch nicht: es ist keineswegs so, dass der Markt etwas tut und Menschen passen sich immer nur an – nach Art des behavioristischen Reiz-Reaktions-Modells. Auch wenn die Frage legitim ist: wer bewirtschaftet (macht), und wer hat dabei das Nachsehen (passt sich an, um zu überleben)?

Analog verhält es sich mit der Sprache: nicht sie tut etwas, sondern Menschen verständigen sich auf Ziele, die sich freilich nicht von selbst verstehen; sie sind außerhalb vom sozialen Kontext angesiedelt und zugleich orientiert außerhalb ihrer selbst an *letzten Zielen*, an überfamiliären Maximen, die das gesellschaftliche Interesse (du sollst nicht foltern) repräsentieren; an ihnen muss sich das besondere familiäre Interesse messen lassen; dabei steht es in Spannung zum gesellschaftlichen Kontext, eine Spannung, die sprach-unabhängig existiert, nie aufhört zu existieren; einen *restlosen* Konsens über alle besonderen familiären Interessen, Bestandsregungen des Subjekts (die Unversehrtheit seiner Gefühle) hinweg gibt es nicht, schon gar nicht deshalb, weil soziale Strukturen in normativen Kategorien lückenlos beschreibbar sind und als regelgeleitetes Handeln

112

sich im Sprachakt niederschlagen. Dennoch gelten moralische Maxime (du sollst nicht foltern) uneingeschränkt; sie sind (sprachlich) nicht verhandelbar – gegen das Bestandsinteresse sozialer Strukturen, gegen die Bestandsregung des Subjekts, die es in das Bestandsinteresse sozialer Strukturen, in dies es involviert, projiziert.

Kurz, moralische Maxime, das Gesellschaftliche, gehen aus dem Sprachakt genetisch nicht hervor, sondern müssen immer wieder (bewusst) gegen das besondere Interesse gewollt und durchgesetzt werden, auch wenn der Sprechakt die notwendige Bedingung dafür ist, dass normative Maxime sich gegen das besondere Interesse sozialer Strukturen durchsetzen können und dieser Durchsetzungsvorgang im Sprachakt sich abbildet; es ist gar nicht vermeidbar, dass Rationalisierungsvorgänge an der Sprache kleben, so wie es unvermeidbar ist, dass Menschen sich auf Märkten begegnen, wenn sie ökonomisch handeln. Das wollte uns Habermas uns sagen auf über tausend Seiten. Schade nur, dass daraus keineswegs folgt, dass Menschen das sind, was Sprache und Märkte regelgeleitet oder behavioristisch aus ihnen machen.

Wie schafft Habermas es nun, dem hypostasierenden Zirkel (Markt und Sprache als lebendige Personen, denen Menschen sich nur anpassen) zu entrinnen? Er sagt, der Mensch lebt in Gesellschaft und die Gesellschaft entwickelt sich, weil Menschen sprechen können. Wie ohne Markt keine Ökonomie möglich, so ohne Sprache keine gesellschaftliche Entwicklung; übrigens nur im Sinne einer notwendige, keiner hinreichend-ursächlichen Bedingung. Und nun die entscheidende, auf Nietzsche zurückgehende Denkfigur, hinter der sich das hypostasierende Denken verbirgt, sich seiner selbst nicht mehr gewahr werden muss: Die Sprache ist zwar nur mediales Werkzeug, dennoch als Prinzip von Vergesellschaftung in dem Maße dominant, wie sich die Ökonomie vom sozialen Kontext als das dominierend Handlungsorientierende löst. Habermas nennt das *Entkopplung von System und Lebenswelt.*(HAJ-TK2,229) Die Folgen sind gravierend: die universal-religiösen Weltbilder als Substrat von Lebenswelt-Rationalisierung sind dem Subjekt nicht mehr nachhaltig vermittelbar. Gott ist tot. Die Nachricht hat sich nur noch nicht herumgesprochen.

In den Worten von Habermas: Wir haben es mit der Entwicklung eines dezentrierten Weltverständnisses zu tun, komplementär dazu mit einer Herausbildung unterschiedlicher Wahrheitsbegriffe: die Menschen lernen moralische Wahrheiten von solchen aus der objektiv-physischen Welt zu unterscheiden. Das konnten sie noch nicht, als ihr Denken in religiös-universalen Weltbildern gefangen war, die die Welt in sich schlüssig erklärten, deren Theorien buchstäblich auf dem Zirkelschluss beruhten. Das Subjekt der Moderne ist zunehmend in der Lage, zwischen beiden Wahrheitsbegriffen aus der Welt der *sozialen* wie *objektiven* Sachverhalte zu differenzieren, um sich über Sprache und Sprechen als Lebensgestalter zu verstehen – unabhängig von universalreligiösen Weltbildern zu machen, in denen der Mensch nur ein kleines Rädchen im großen Welt-Ganzen, dem er sich unterzuordnen hat, um moralisch zu handeln.

Auch wenn der Reformation zufolge sich die Gnade Gottes nicht *verdienen* lässt, so bleibt der wirtschaftliche Erfolg eines Einzelnen dennoch ein Zeichen für ein gottgefälliges Leben. Moral und Ökonomie existieren also noch in einer gewissen Zweck-Symbiose. Diese hat sich heute aufgelöst. Ökonomie ist über den Markt zum Mechanismus geronnen, der sich über die Gesellschaft gelegt, sich indes unmittelbarer Kontrolle durch die Wirtschaftssubjekte entzogen hat. Über Moral und Ökonomie kann daher nicht mehr im gleichen Atemzug gesprochen werden; analog wusste man schon im Mittelalter: über Moral zu sprechen ist nicht das gleiche wie über den Bau eines Hauses zu sprechen. Es lassen sich bis heute immer weniger gute Gründe anführen, das Sprechen nicht als grundlegendes Prinzip von Rationalisierung im Sinne von Lebensweltgestaltung (Moral) aufzufassen, die ihren Zweck nicht in sich selbst findet. Womit der Weg frei ist, Rationalisierung als etwas zu sehen, das sich nicht nur (politisch) belanglos im sprachlichen Ausdruck abbildet, überdies diesen Abdruck als gegenständliches und v.a. außersubjektives Substrat empirischer Analyse zu fassen und der Meinung zu sein, man betreibe Gesellschaftsanalyse und nicht nur Familienanalyse; eben weil nicht zu bestreiten ist, dass Menschen ihre sozialen Beziehungen aus sich selbst heraus gestalten müssen, ohne dass sie auf darüber zu liegende außersubjektive Zwecke (Gott und Ökonomie) vertrauen können; komplementär dazu gerinnt das Sprechen zum Instrument von Lebensgestaltung; es wird immer klarer, dass (soziales) Handeln und Sprechen unmittelbar zusammengehören: sich zu einem Stück *kommunikativer Rationalität* im Sinne eines Vergesellschaftungsprinzips im sozialen Handeln verdichten, und zwar – folgt man dem Klappentext des Hauptwerkes von Habermas (HAJ-TK1) – als etwas Unzerstörbares, das schon immer ungehört an die Tore der Geschichte geklopft hat.

Erst die Moderne weiß auf dieses Klopfen angemessen zu reagieren, dieses Klopfen zu schätzen: Türen zu öffnen, die menschliche Fähigkeit, Beziehungen (sprachgestützt) zu gestalten, zu würdigen. Kurzum: das Subjekt zu würdigen. Tatsächlich? Nun, die vergesellschaftende kommunikative Rationalität klopft immer noch, freilich im Widerstreit zu systemischen Imperativen einer über die Medien Geld und Macht gesteuerten Kommunikation, die die Alltagskommunikation vom (systemischen) Koordinierungsaufwand ökonomischer Reproduktionserfordernissen nicht nur entlasten, sondern auch deformierend und pathologisierend auf lebensweltliche Kommunikation einwirken. Das können sie, nachdem sich die systemischen Momente aus der Lebenswelt herausgelöst und ihnen gegenüber verselbständigt hatten – mit dem Ergebnis, so Habermas, einer *verdinglichenden Technisierung kommunikativer Alltagspraxis.* Das kommunikative Vernunftpotential werde damit "entfaltet und entstellt," zwar, dies das Positive, durch die Moderne entbunden, freilich um den Preis, dass "die entfesselten Imperative wirtschaftlicher und administrativer Teilsysteme auf die verletzbare Alltagspraxis zurückwirken."(HAJ-PDM,367)

4.3.4.2 Kritik am Ursprungsdenken (Habermas und Derrida)

Halleluja. Das Subjekt wird gewürdigt. Doch wird es auch ernst genommen? Wir denken, die begrifflichen Aporien bleiben. Die analytische Strategie besteht bei Habermas darin, dass er das, was sachlich zusammengehört: lebensweltzeugende Solidarität, auseinander definiert, resp. in Begriffe unterteilt, ohne Differenzkriterien plausibel zu benennen, um dann ganz unbekümmert Verknüpfungen zwischen, fast möchte man sagen: beliebigen Momenten des Sozialen zu postulieren – ein Spiel, das die soziale Praxis aus den Augen verliert, um diese durch ein Spiel mit Begriffen zu ersetzen, zu einer Systematik des Elfenbeinturms gerinnen zu lassen.
Wo liegt dabei das Problem? Das Zentrierende ist das Problem. Dem konstruktiven Gesellschaftsbegriff zufolge gibt es nichts Zentrierendes, ein Zentrum der Vernunft, das *Vernunft* erzeugt, wie und wo auch immer man dieses ansiedeln mag: ob im Subjekt oder außersubjektiv in Intersubjektivität, spielt keine Rolle.
Die zentrierende Sichtweise birgt Asoziales, indem sie alle Differenzierungen einebnet und dabei die Weltsicht re-universalisiert; ferner indem Differenzkriterien sich im Prozessualen auflösen; dieses ist auf ein Zentrum fixiert, den guten Kern, der für *Zukunftsverheißung* steht, in die Gefühle projiziert werden; projiziert in das berühmte Rationalisierungs- oder Vergesellschaftungsprinzip, aus dem wie aus einem Ursprung *alles* kriecht; man bürdet dem Prozess im Gestus des bescheidenen Propädeutikers *alles* auf, diesen zur alles erklärenden Instanz stilisierend – fetischisierend, zirkelschlüssig; denn das Prinzip, aus dem alles kriecht, ist zentraler, *alles* generierender Teil des Prozesses. Ein moderner Schöpfungsmythus, der das Erklärende, sein Prinzip, in sich selbst hat. Der Prozess wird Fetisch.(Vgl. 4.3.1). Damit der Tanz ums goldene Kalb nicht so auffällt, definiert man besinnungslos vor sich hin zur Verhehlung einer hypostasierenden Mentalität, die dann nicht einmal von sich weiß, obwohl sie das Problem kennt. Und so ist es möglich, dass Habermas im *Philosophischen Diskurs der Moderne* (HAJ-PDM) seine eigene hypostasierende Mentalität bei seinen Diskurspartnern zu Recht bewehklagt: die Nachdenklichen wollen einfach nicht so denken, wie sie es der Moderne und ihren Entwicklungsimperativen zufolge eigentlich können müssten.

Habermas legt zielsicher und fachkompetent überall seine Finger in die Wunde; er verdient es daher, dass wir uns zur Entwicklung unseres Gesellschaftsbegriffs an ihm abarbeiten. Und doch ist es merkwürdig, wie er die Splitter, die er in den Augen seiner Diskurspartner ausmacht, als Balken im eigenen Auge nicht wahrnimmt, z.B. was er der Kritik, die Derrida an Heidegger übt, zu Recht vorhält: Unfreiwillig stelle Derrida den umgekehrten Fundamentalismus von Heidegger bloß, "indem er die ontologische Differenz und das Sein noch einmal durch die Differenz einer Schrift überbietet, die einen schon in Bewegung gesetzten Ursprung wiederum eine Etage tiefer legt (...) Als Teilnehmer am philosophischen Diskurs der Moderne erbt Derrida die Schwächen einer Metaphysikkritik, die von der Intension der Ursprungsphilosophie nicht loskommt"(HAJ-PDM, 213f), um am Ende im "Bedeutungsüberschuss des Rhetorischen" zu landen, dem ursprünglichsten Ursprung aller Ursprünge (Am Anfang war das Wort), um darüber zu liegende Schichten kognitiv-logischer Weltbewahrheitungsmuster – sogenannte "ontologische Gerüste" – abzuräumen. (HAJ-PDM,222f) Derrida entmystifiziere (dekonstruiert), indem er die Rede, die Kunst etc. entzaubere (ent-logozentriert), aber nur um den Preis einer erneuten Mystifizierung (Logozentrierung): indem er "alle Ausdrucksmedien" (Rede, Kunst, Texte etc.) wesentlich auf Schrift reduziere (HAJ-PDM,212), um darin Urschrift zu wittern, eine Spur, die diese hinterlässt, um diese Urschrift zu einer alles verheiligenden Superheiligen zu stilisieren, von der alle Ausdruckweisen abhingen. Die Schrift, so Derrida, ist noch ursprünglicher als das gesprochene Wort. Sie sei, heißt es bei Habermas wörtlich, "das reflexiv gewordene Zeichen par excellence": wobei die Urschrift "den Platz eines subjektlosen Erzeugers von Strukturen" einnehme. Mystifizierung durch (Logo-)Zentrierung (der Ursprung, aus dem alles kriecht, F.W.) gerate nur eine Etage tiefer.(Ebd)
Man sieht: eigentlich hat auch Habermas was gegen zentrierende Strategien. Dennoch: Mystifizierung beginnt dort, wo von einem zentrierenden (Ursprungs-)Denken die Rede ist, das eine wie immer geartete Vernunft (oder Unvernunft als Dekonstruktion) körperlich begreift oder entstehen sieht aus einem wie immer zu beschreibenden sozialen Kontext heraus. (Vgl. 4.3.2) Die Probleme beginnen nicht, wenn man *Vernunft* entstehen sieht, sondern wenn man sie mit einem wie immer gearteten *Ursprungskern* des gesellschaftlichen Kontextes identifiziert, um zugleich die *definitiv-tautologische Substanz des Gesellschaftlichen* (was wollen wir?) zu unterschlagen.
Man sieht, wir haben nicht einmal etwas gegen Tautologien. Das Tautologische ist unserem (definitiv-)konstruktiven Begriff von Gesellschaft zufolge (vgl. 4.3.3) freilich wie folgt zu verstehen: Wir sagen: das, was eine Gesellschaft grundlegend als unverrückbare Maxime definiert (du sollst nicht foltern), ist nicht begründbar. Fundamente, die noch einen weiteren

Grund brauchen, und dieser Grund wiederum einen weiteren Grund u. s.w., geraten ins Rutschen. Irgendwann muss Schluss sein; bringt das Diskutieren nichts mehr. Fundamentale Werte also sind nur tautologisch begründbar, aus sich selbst heraus. Sie sind nur begreifbar dadurch, dass wir sie wollen, nicht dadurch, dass sie einen Ursprung haben und liege dieser auch in dem, was Menschen jeden Tag machen, wenn sie sprachlich miteinander verkehren. Wozu ein Wollen nach seinem Ursprung befragen, als würde es nicht ausreichen, dass wir wollen. Muss ein *Nicht-foltern-wollen* in einem kognitiv entschlüsselbaren Kausalkontext stehen, um als *vernünftig* gelten zu können?

Demgegenüber begründbar im Sinne evidenter Plausibilität ist, dass eine Gesellschaft nur stabil ist auf der Basis fundamentaler Werte. Eine einfache Erfahrung, wie sie auch die Geschichte lehrt: (Massen-)Gesellschaften neigen aus sich selbst heraus zum Fundamentalismus (Bush ist kein Zufall) oder selbstauflösender Agonie, wenn universale Weltbilder nicht mehr vermittelbar sind oder haften wie im antiken Rom oder in der Endphase der altägyptischen Hochkultur. Etwas anders verhielt es sich mit dem monotheistisch durchorganisierten jüdischen Staat. Er neigte zum Fundamentalismus (er konnte sich keine Pyramiden leisten), den er nach der Diaspora nicht mehr überwinden sollte. Nur war der jüdische Staat (als Vorbild für andere) seit seiner Entstehung zu seinem Leidwesen nie mächtig genug, sich gegenüber umliegenden Hochkulturen zu behaupten.

Und wir fügen hinzu: wenn wir um Fundamente schon nicht herum kommen, warum diese nicht ausdrücklich benennen als moralische Maxime als da sind: keine Folter, keine Todesstrafe, kein Arbeitszwang? Warum immer nur warten und zuschauen wie Fundamentales zugrunde gehen, um sie dann mit Gewalt zu wahren oder, noch schlimmer, zu warten wie sie (angeblich) von selbst als etwas Gutes (oder Böses, das es dann zu bekämpfen gilt) aus dem sozialen Kontext herauswachsen? Da wächst gewiss etwas, wohl wahr; wie auch nicht? Fragt sich nur, was? Gewöhnlich das, was keiner – oh je! – gewollt hat und v.a. nicht wissen konnte.

Noch einmal zum Mitschreiben: wir müssen etwas wollen, v.a. eine *alternative* Partei, wenn wir uns als politische Menschen verstehen wollen. Auch der charismatische Arbeiterführer kommt um ein Wollen – um das, was er für unverrückbar hält – nicht herum; selbst unser Oskar nicht. Was will er?, um, wie üblich, nicht immer nur *alles* und *nichts* zu wollen? Im Zweifel also immer nur nichts, aber regieren in jedem Fall.

Wenn Lafontaine also nicht uneingeschränkt für das im Grundgesetz leider nicht unverrückbar verbriefte Recht auf körperliche Unversehrtheit eintritt (vgl. 4.1), wenn er z.B. im Falle, dass ein unschuldiges Kind gerettet werden könnte, Ausnahmen von der Regel zulassen will, dann muss er sagen, welche Werte er denn konkret für nicht verhandelbar hält, wenn diese nicht nach Gutsherrenart gelten sollen. Das wäre gewiss spannend. Wir sagen es noch schärfer: Politiker, die sich politisch nicht verbindlich äußern, trauen wir nicht über den Weg. Nicht nur dass wir sie nicht wählen – wir gehen mit ihnen auch nicht mehr auf die Straße, um uns ihre Sprüche anzuhören oder ihnen ein Plakat – Oskar ist doof! – vor die Nase zu halten. Für so etwas haben wir keine Zeit.

3.5 Sozialintegration im Konflikt

Ohne überfamiliär-gesellschaftliche Ziele (vgl. 4.3.3), sprich: verbindliches Allgemeininteresse (du sollst nicht foltern), bleiben Menschen auf das Ziel eigener Bestandssicherung reduziert, in das sie ihre Bestandsregungen (Gefühle) projizieren – bis zu einem Punkt, wo sie das Gesellschaftliche auf private Gefühle reduzieren (l'état, c'est mois). Dann heben sie ab, auf Zukunftsverheißungen fixiert (meinem Kind soll es einmal besser gehen), auf Gefühle, die sie in (charismatische) Personen projizieren, die ihrerseits abheben im Glauben, sie seien geeignet, das Allgemeininteresse zu repräsentieren, ohne zu ahnen, dass dadurch der gesellschaftliche Körper erodiert, unmerklich, z.B. wenn sie der Meinung sind, Folter gutheißen zu müssen, um das Leben eines entführten Kindes zu retten. Nicht nur dass dadurch der gesellschaftliche Körper auf eine abschüssige Ebene zunehmender Gewalt(-reflexe) gerät; komplementär dazu begreifen Menschen ohne verbindliche überfamiliäre Ziele ihre Konflikte immer weniger; so dass sie sich immer weniger lösen lassen, im Grunde dann, wenn sich überfamiliär-gesellschaftlich Ziele an familiären Zielen (ein Kind zu retten) orientieren, bzw. wenn das Familiäre in das Gesellschaftliche projiziert wird (unsere Kanzlerin als Mutti der Nation). Dann werden zur Lösung von Konflikten keine Argumente ausgetauscht, sondern Reflexe, im Gut-Böse-Schema, im Laufrad des Immergleichen. Reflexe verweisen in der Tat immer auf die gleiche Litanei: ich gut, du böse. Daran knüpft sich immerzu die gleiche Frage: warum können Menschen nicht so sein oder bleiben, wie man sie sich wünscht, ja wie sie im Grunde oder ursprünglich sind, nämlich gut. Als sei die gute Seele mit der Geburt eingehaucht, etwas, das wie ein Ding im Besitz des Subjekts existiert, bei Bedarf abrufbar, um Gutes zu tun. Als korrespondierten mit dem Handeln des Subjekts nicht sozialökonomische Strukturen. Als gebe es den *freien Willen* (wir wollen nicht foltern) tatsächlich und nicht nur als gesellschaftliche Konstruktion, dazu da, dem familiären Kontext auferlegt zu werden, zuweilen gegen sein bestandssicherndes Interesse, das gehalten ist, in Spannung zum gesellschaftlichen Interesse sich zu verstehen, resp. das Subjekt lernt und integriert sich in Spannung zum gesellschaftlichen Interesse. So gibt es den guten Menschen, der foltern (lassen) möchte (Lafontaine), wenn die Bedingungen es diktieren: ein unschuldiges Kind entführt worden ist. Ihm das zu verwehren, setzt unseren Oskar unter Spannung, noch mehr, als es die Entführungssituation ohnehin schon tut.

Damit nicht alles wegrutscht, sind dem konstruktiven Verständnis von Gesellschaft zufolge überfamiliäre Ziele wesentlich, zumal um Lernprozesse spannungsgeladen zu beflügeln, schon immer, so als Tausch und Ware in die Welt kamen und für die familiäre Existenz zum Problem wurden, so als später, mit der entwickelten Warenproduktion, die spezialisierte Tätigkeit des Kaufmanns in die Welt kam, diesmal um Lernprozesse zum einen zu unterbrechen, die aber zum anderen auch Platz machte für die Institutionalisierung universal-religiöser Weltbilder, an denen sich Denken und Handeln fortan viel erdabgewandter rieben. In (PT4,S.35) zeige ich mit Hilfe von Marx, wie gesellschaftliche Lernprozesse durch Tausch angestoßen und später durch die entwickelte Warenproduktion unterbrochen wurden: "Mit dem Kaufmann werden die Produzenten von ihrer vergesellschaftenden Funktion, die vordem im Tauschakt unmittelbar gründete, getrennt (...).”

Kurz, ohne überfamiliäre Ziele, früher durch universal-religiöse Weltbilder repräsentiert, die heute immer weniger überzeugen, mithin im Inneren des Subjekts nicht mehr zureichend haften, sind Menschen weniger als nichts, nicht einmal das, was die Gesellschaft aus ihnen machen möchte (Bildung), ohne recht zu wissen, wozu, außer dass Menschen funktionieren: da sein sollen, verwertbar für das derzeit geltende weltumspannende Allgemeininteresse der Kapitalverwertung, um ggf. im Müll zu landen, wenn sie nicht (mehr) zureichend verwertbar sind, wobei Verwertungs- und Entsorgungszwänge durch moralinsauren Arbeitszwang (Hartz-IV) verschleiert werden. Da ist *Die Linke* übrigens nicht besser als andere Parteien.

Die Indifferenz ist das Problem: nicht sagen, um was es geht, was man *wirklich* will, nicht wahr haben wollen, dass wir etwas (für alle) wollen müssen, das nicht darauf hinauslaufen darf, Menschen zu quälen und zu demütigen, ein bewusstes Wollen, das sich auferlegt, Menschen anders denn durch Zwang und Quälerei zu integrieren, das, wohl wahr, unter Spannung setzt, um einmal mehr Lernprozesse (wieder) anzustoßen; das wird uns die Geschichte, als sei sie eine aparte Person mit eigenem Willen, nicht auferlegen: eine andere Gesellschaft müssen wir wollen, zur bewussten Tat machen müssen, die uns die Geschichte nicht, so dachte noch Hegel, vorbuchstabiere, kurz, eine Gesellschaft ohne Folter, Todesstrafe und Arbeitszwang.

Überfamiliäre Konstruktionen, die unmittelbar auf Konkretes, resp. Einlösbares (du sollst nicht foltern) zielen, lassen sich nicht mehr, frei nach Kant, überzeugend dem menschlichen Innen im Sinne einer anthropologischen Invarianz, also apriorisch, zuschlagen. Für Kant war Moral nur problematisch "als transzendentale Entität und keineswegs daran geknüpfte interaktive Vorgänge" (vgl. D3), so dass nicht der Konflikt, sondern der Konsens primär war. Der Konflikt wurde gegenüber dem Konsens zum Unfall heruntergespielt, zum Erkenntnisproblem stilisiert, um Spannungen weg zu philosophieren. Noch konnten Kant und seine Zeit sich auf übermächtige Restbestände universal-religiöser Weltbilder im Sinne überfamiliärer Ziele verlassen, an dem (soziales) Lernen sich orientierte, etwas, das Reformation und Kierkegaard analog zu Kant ins *einsame* Subjekt projizierten im Sinne einer *inneren* Unverrückbarkeit durch eine intim-persönliche Beziehung des Subjekts zu Gott, um äußere Verrückungen zu neutralisieren, in ein schlechtes Licht zu rücken, den Konflikt dem Konsens unterzuordnen als etwas abgeleitetes, mit dem Ziel, Subjekt und Gesellschaft in eins zu setzen, moralinsauer zu imprägnieren, auf dass weiterhin gelte möge: der gute Mensch möge die gute Gesellschaft hervorbringen, um sich das (innere) Himmelreich (im Kunstgenuss) zu verdienen. Der Romantiker F. Schlegel (†1829) konvertierte nicht zufällig zum Katholizismus, machte nicht zufällig seinen (inneren) Frieden mit seiner (äußeren) Welt im rückwärtsgewandt-restaurativen Denken, das Spannungen versuchte glattzubügeln: in der Sehnsucht nach dem *Heiligen Römischen Reich Deutscher Nationen* sich manifestierte – altersbedingte Restbestände einer in frühromantischer Zeit kritischeren Mentalität und das alles – das Kritische wie Reaktionäre – in einer Person.

Auch Habermas zufolge sind universal-religiöse Weltbilder dem Subjekt nicht mehr vermittelbar. Ihr Fehlen hinterlässt ein Vakuum, in das die eine oder andere esoterische Schrulle schießt, ohne als überfamiliäre moralische Maxime die alten Weltbilder ersetzen zu können, an denen früher die soziale Existenz bis hin zum lebensweltlichen Ganzen gemessen wurde. Heute ist das, was unserem konstruktiven Verständnis von Gesellschaft zufolge überfamiliär zu gelten hat, nach Habermas als normativer Gehalt in dem zu finden, was Menschen jeden Tag machen, wenn sie sprachgestützt interagieren, an dem sich das Interaktive wiederum orientiert, so dass Interaktives immerzu gehalten ist, sich an sich selbst zu reiben, zu orientieren. Mit anderen Worten: Werte, die für alle gelten sollen, sieht man aus der Familie kommen. Wobei Habermas die familiäre Sichtweise in den Gesellschaftsbegriff projiziert und dadurch weniger als notdürftig verschleiert, dass sein Gesellschaftsbegriff nicht auf die altehrwürdige Denkfigur hinausläuft, der zufolge die Familie als kleinste Zelle des gesellschaftlichen Ganzen zu begreifen ist, dem lebensweltlichen Ganzen als Modell dient, mithin der gesellschaftliche Konflikt zum familiären Konflikt gerinnt. Fast möchte man sagen, alle Gewalt – das die Familie wie das lebensweltlich Ganze kontrollierende – gehe von der Familie als dem lebensweltlichen Ganzen aus.

Nicht dass das Überfamiliäre, resp. außersubjektive Substrat nicht aus dem Interaktiven kommen dürfe; es geht nicht darum, woher Ziele kommen, nicht um Kausalität, sondern darum, dass man sagt: sie sollen darüber stehen als das Unverrückbare, an dem wir uns orientieren wollen, um familiäre Konflikte begreifen und einer Lösung zuführen zu können, und seien es nur Lösungen mit fahlem Beigeschmack, immer in der Gewissheit, dass zugrundeliegende Konflikte latent, Fragen offen, Unwägbarkeiten bleiben. In diesem Sinne ist der Konflikt primär, nicht der Konsens. Dieser verweist auf Faktisches, um sich in der Bekräftigung dessen, was ist, zu gefallen, in der das Faktische zur Hypostase gerinnt. Dass der Konflikt primär ist, heißt nicht, dass wir den Konsens nicht zu schätzen wissen, vielmehr nur, dass der im gesellschaftlichen Konstrukt präjudizierte Konflikt auf Grenzsituationen verweist, in denen sich (familiäre) Beziehungen bewähren, Interaktionsteilnehmer ihre Beziehungsfähigkeit immer wieder unter Beweis stellen, um lernend (sich) sozial zu integrieren.

Demgegenüber neigt das im *Gemeinschaftsdenken* wurzelnde Gesellschaftskonzept dazu, in Grenzsituationen restlos überfordert zu sein; dadurch werden Konflikte gravierender, schmerzhafter, unausweichlicher, nur um schließlich im Gewaltexzess zu enden; auch weil das Gemeinschaftsdenken zur Konfliktvermeidung neigt, in der Lernprozesse ausdünnen – nicht zufällig hier und da, was normal wäre, sondern systematisch bis zur Unumkehrbarkeit. Wo Lernprozesse unterbrochen werden, gerinnt Verblödung zum Prinzip bis in Universitäten hinein, ist Lernen fixiert auf instrumentelles Lernen, angeblich *wert-* und deshalb *konflikt*-frei, zumal gerechtfertigt in gemeinschaftlicher Bestandssicherung. Die Politik tut ein übriges, die Verblödung über Elite-Universitäten mental im Denken des Bürgers zu befestigen, zu institutionalisieren auf höchstem Niveau, auf dass der Dünkel zum unvermeidlichen Bestandteil öffentlicher Diskurse werde. Er ist strukturell eingezogen in den lebensweltlichen Körper und befördert eine Mentalität, die von oben nach unten bis zum Hartz-IV-Betroffenen durchgereicht wird, eine Mentalität, die sich in der Öffentlichkeit zu benehmen versteht. Wehe dem, der sich da unten nicht zu benehmen weiß.

Strukturell bedeutet: das *Widerliche* ist nicht nur am widerlichen Detail zu messen, auch nicht allein anhand der nicht eingehaltenen Benimmregel, der bösen Tat, analysierbar oder begreifbar. Auch wenn es bisweilen vorkommt, dass Widerlichkeiten ins Augen springen: der Widerliche seine Widerlichkeit gar eingesteht – im Sinne zu zelebrierender Schuldfähigkeit, die sich große Geister wie Heidegger leidend auferlegen, sich aufopfernd ohne jeden Strukturzwang, im Interesse kulturellen Fortschritts, versteht sich.(Vgl. 4.3.2, S.96f)

4.3.6 Zur Wahrheit des Subjekts: das fundamentale Bestandsinteresse

Der politische Meinungsaustausch, will er von Relevanz und nicht einfach nur belanglos, gar unsinnig sein, braucht gemeinsame unverrückbare Werte: was wollen wir?, die über alle Differenzen hinweg von den Diskursteilnehmern geteilt werden. Diese Werte gründen weder im Bestandsinteresse der Teilnehmer, noch ihrer jeweiligen Gruppen, die sie repräsentieren mögen; sie verweisen auch nicht auf ein sich reflektierendes Makrosubjekt, resp. auf einen gesellschaftlichen Körper mit eingebautem Reflexions- oder Steuerungszentrum, sondern abstrakt-konstruktiv auf ein überfamiliär-gesellschaftliches Interesse, auf etwas, was nicht ist, aber sein soll: Die menschliche Würde ist unantastbar; und das bedeutet: keine Folter, keine Todesstrafe, kein Arbeitszwang (körperliche Unversehrtheit).
Ein solcher Gesellschaftsbegriff ist darstellbar als Soll-Ist-Differenz, körperlich nicht fixierbar wie das subjektiv-familiäre Bestandsinteresse, das sich an der Macht des Faktischen orientiert, an dem, was ins Auge springt. Dennoch, auch wenn unser Gesellschaftsbegriff abstrakt-konstruktive Geltung für alle beansprucht, ist er dennoch konkret: als moralische Maxime (du sollst nicht foltern) unmittelbar einklagbar, operationalisierbar – abstrakt und konkret in einem. Abstrakt, weil moralische Maxime sich auf alle Menschen beziehen, hingegen nicht auf einen Gesellschaftskörper, dem besondere Eigenschaften zukämen; auf nichts, das sozialstrukturell als besondere Lebensform – Nation, Volkskörper etc. – fixierbar wäre; dies in Abgrenzung zu Habermas, der seinen Gesellschaftsbegriff im Unterschied zur *verstehenden Soziologie* zwar nicht in einem lebensweltlichen oder gesellschaftlichen Ganzen aufgehen lassen möchte.(HAJ-TK2,223) Dennoch versteht er *Gesellschaft* gleichsam körperlich fixierbar im Sinne eines Netzes sprachlich vermittelter interpersonaler Beziehungen, bzw. solidarischer Strukturen mit eingebautem Dissensrisiko: Als Teilnehmer an Diskursen bleibe der Einzelne mit seinem nicht-substituierbaren Ja oder Nein "über die kooperative Wahrheitssuche in eine universale Gemeinschaft eingebunden." Habermas spricht von "der Kraft der vergesellschaftenden Intersubjektivität" (HAJ-PDM,401f), ohne zu sagen, woran diese und eine damit einhergehende Wahrheitssuche sich denn konstruktiv-einlösbar bemessen soll, wenn nicht körperlich an etwas, was ist und damit nur ins Auge springt – die Tatsache, dass es Solidarität gibt.
Die Notwendigkeit eines Soll-Imperativs im Kontext eines politischen Diskurses mag den Teilnehmern nicht immer präsent sein; im Gegenteil, wenn man sie nach den Fundamenten ihres Meinungsstreits fragte, würden sie vielleicht *Meinungsfreiheit* oder christliche Werte wie *Nächstenliebe, Feindesliebe,* die Verfassung, Vaterlandsliebe, vielleicht den Glauben an Gott nennen, alles Werte, über die Gefühle transportiert werden mögen, die frei-

lich nicht unmittelbar operationalisierbar sind, auf nichts anderes zielen als auf sich selbst: auf Bestandsinteressen derjenigen, die diese Werte repräsentieren, auf jeden Fall auf nichts, das unmittelbar einklagbar wäre für den, der nicht dazugehört, sich nirgends heimisch oder nicht repräsentiert fühlte. Kurzum, sie verweisen auf die Fähigkeit zu fühlen – so in der Art: ich fühle, also bin ich. Das Subjekt ist nicht mehr als einfach nur da: es darf aufgehen im Realitätszwang durch die Fähigkeit zu fühlen (Peirce). Auf diesen Ausdruck wurden wir durch Egbert Scheunemanns Aufsatz *Habermas auf fünf Seiten* aufmerksam.(SCE-HFS) Dort heißt es in Fußnote 4: "Habermas formuliert an einer Stelle, an der (mir) nicht ganz klar ist, ob er Peirce nur referiert oder auch affirmiert, wie folgt: 'Der Realitätszwang, der sich in der qualitativen Unmittelbarkeit singulärer Empfindungen und Gefühle verkörpert, ist Anlass, die Wirklichkeit in Form wahrer Aussagen zu konstituieren, jedoch gehört er nicht selber zur Realität'. Wie können wir dann aber überhaupt etwas über ihn sagen?"
Scheunemann versteht nicht, dass der Realitätsbegriff im Sinne einer Konstruktion, resp. Vorstellung, verwendet wird, die Peirce sich von der sozialen Realität macht, um sie, v.a. aber den Menschen in ihr, zu begreifen. Der (Zwang zum) Realitätsbezug gehört nicht zu den propositional verifizierbaren Dingen der Wirklichkeit. Es steht einem Menschen nicht auf der Stirn geschrieben, auf welche Weise er sich in die Realität involviert *fühlt* (subjektivistischer Wahrheitsbegriff). Scheunemann übersieht ferner, dass sich hieraus Unterschiede zwischen propositionalem Wahrheitsbezug auf der einen und sozial-moralischem und expressiv-subjektivistischem Wahrheitsbezug auf der anderen Seite ergeben. Vielleicht weil Habermas in die Differenzen schwammige, grenzverwischende Erläuterungen einfließen lässt: er spricht von propositionalem Gehalt, der dem sozial-moralischen wie auch dem expressiv-subjektivistischen Wahrheitsbegriff zukomme, so dass man nicht nur im Hinblick auf propositionale Wahrheit von der Möglichkeit der wörtlichen, resp. unmittelbar verifizierbaren Bedeutung des Gesagten ausgehen könne, wodurch eine Interpretation des Sprechers durch den Hörer (oder eines unbeteiligten Beobachters) unnötig werde.(Vgl. SCE-DNW; SCE-LSW) Natürlich nicht schlechthin, aber unter bestimmten, nicht hintergehbaren sozialen Kontextbedingungen müsse man von der Identität von Gemeintem und Gesagtem ausgehen können, andernfalls die Sprechakttheorie nicht mehr sinnvoll verwendet werden könne.(HAJ-TK1,440-452)
Gefühlswerte mögen noch so sehr gefordert werden, weil es eine Kraft: eine realitäts-anstachelnden Gefühlsintensität, geben müsse, die durch den Körper des Subjekts hindurch gehe, um es in seiner *Opferbereitschaft* für die Gemeinschaft *zu beflügeln* (Arnulf Baring); ferner mögen Begriffe wie Nation, Volk, Rasse etc. – analog zum Religions- oder Führerbegriff – als

Konstruktion für überfamiliäre Gemeinsamkeit stehen; alles zusammen ist freilich als bloße Verheißung auf irgendwas nicht einlösbar (vgl. die Hiob-Geschichte im AT), so dass Gefühle sich in einen indifferenten gesellschaftlichen Kontext ergießen, zuweilen bis hin zum Exzess: auf Triebabfuhr reduziert, verbunden mit sich überbietenden Botschaften der Verheißung, um zu verhehlen, dass der Einzelne unpolitisch einfach nur *da* ist, instrumentalisierbar für Führer, Gott, Nation, für ein in *Blut und Boden* sich repräsentierendem Bestandsinteresse. Dennoch zeigt sich hier, dass Denken und Fühlen notwendig auf überfamiliäre Strukturen verweisen, die ihrerseits konstruktiv auf Unverrückbarkeiten verweisen, die freilich in ihrer symbolisch-gefühlsaufladenden Funktion nicht unmittelbar einlösbar sind. Im Gegenteil, wer nicht *richtig* fühlt und dies zum Ausdruck bringt, fällt der Exkommunikation anheim.

Ein solches Denken wird über die Fähigkeit zu lieben von unten nach oben und dann wiederum von oben nach unten durchgereicht. Zunächst ist das Subjekt gehalten, sein Bestandsinteresse innerhalb einer (familiären) Struktur geltend zu machen, und diese Struktur das ihrige (über ihre repräsentativen Figuren) wiederum gegen Bestandsinteressen anderer Strukturen – bis hinauf zum Körper einer Nation, die ihrerseits gehalten ist, ihr Bestandsinteresse gegenüber anderen Nationen geltend zu machen – heuchlerisch in der Art: wir sind doch alle eine große Familie; zynisch: wir sitzen alle im gleichen Boot; dies alles wiederum im Kontext konkurrierender Handlungen: jeder gegen jeden. Eine Rette-sich-wer-kann-Quadratur des Kreises, in der es Verlierer gibt. Am Ende ist kein einziger konstruktiv-wahrer Satz mehr möglich, denn in praxi sind auf sich selbst verweisende Gefühle, die sich in ein indifferent-gesellschaftliches Interesse ergießen, instrumentalisierbar *nur* für das höherwertige Bestandsinteresse derjenigen, die das *Ganze*, etwa die Nation, repräsentieren. Reflexhaft verweisen sie nur auf sich selbst, auf das, was ist, und nicht konstruktiv auf etwas außerhalb ihrer selbst, das unmittelbar für ein beliebiges Subjekt einklagbar wäre.

Analog zum Begriff eines indifferenten Ganzen ist auch Meinungsfreiheit keine operationalisierbare Maxime, auf die Einzelne sich berufen können. Der Bürger mag in Diskussionen die Notwendigkeit eines überfamiliär-konstruktiven Soll-Interesses spüren, freilich allenfalls als gefühlige Zugehörigkeit: ich bin Deutscher, ohne zu ermessen, dass das in Grenzsituationen belanglos ist, solange es in der Bestandsregung gefangen bleibt, die z.B. in die Liebe zur Nation projiziert wird. Vielleicht dass der Bürger gar nicht über etwas reden könnte, das über die Fähigkeit zu fühlen hinausginge, um für ihn oder andere operationalisierbar oder einklagbar zu sein, das sich mithin auf etwas anderes bezöge, als auf das *allgegenwärtige Faktum* eines Ganzen, z.B. einer Nation, zur der er eine quasi-naturwüchsige Affinität *fühlt*. Dadurch lässt er sich in Diskussionen immer wieder festnageln auf das Bestandsinteresse, auf sein eigenes wie auf das von Parteien, Gruppen, Verbände, Nation. Dort *fühlt* er sich auf der sicheren Seite, um nicht zu sagen: zu Hause, ohne es de facto zu sein. Das *spürt* der Bürger durchaus als Defizit. Dünnen Gewerkschaften und Parteien nicht immer mehr aus? Es ist keineswegs so, dass der Bürger sich für Solidarität nicht interessiert; vielmehr nimmt er dem politischen Diskurs seine Werte nicht mehr ab, die er gleichwohl für notwendig hält, ohne zu ermessen, dass Diskurse operationalisierbare, also praxisrelevant-einlösbare Werte brauchen, die nicht im (indifferenten) Bestandsinteresse gründen, um von Substanz getragen, nicht einfach nur unsinnig zu sein. Der Bürger leider nur; z.B. sich genervt von politischen Talksendungen. Und dennoch hat er recht. Doch was nützt das, wenn er Gefühle nicht *operationalisierbar* formulieren, wenn er nur *nein* sagen kann? Auch wenn, keine Frage, mit einem Gefühl, der Verweigerung, alles beginnt. Verweigerung ist das, was dem Bürger geblieben ist. Das wird man ihm mit noch so wenig zugeteilter Bildung nicht nehmen können. Sie ist notwendiger denn je, denn nirgends wird so viel – zuweilen ekelhaft rührseliger – Unsinn geredet wie in Unternehmerverbänden, Gewerkschaften und Parteien. Und wenn sie diskutieren, z.B. in Talkshows, unerreichbar für den Bürger, löst das nur noch Brechreiz aus.

Selbst für Habermas heißt Meinungsfreiheit nur: seine Meinung frei äußern, in gewissen indifferenten Grenzen, die ihm als Problem leider nur über den Kopf wachsen. Ihm zufolge sind es "die rechtlichen Mittel der Freiheitsverbürgung selbst, die die Freiheit der präsumptiven Nutznießer gefährden."(HAJ-PDM,341) Man reibt sich die Augen und glaubt nicht, was man da liest: Freiheit gefährde Freiheit, also sich selbst. Unbegreiflich, wie ihm so ein Satz in die Feder geraten konnte. Er bestreitet nicht die Notwendigkeit fester moralischer Grundsätze, an denen widerstreitende Meinungen sich messen lassen müssen, die eine Gesellschaft brauche, um stabil zu sein. In der SZ vom 07.06.02 macht er in der Ächtung des Antisemitismus eine fundamentale Wertorientierung aus, die er mit Martin Walsers Roman *Tod eines Kritikers* verletzt sieht.(HAJ-ESA) Er bediene antisemitische Ressentiments. Es habe in der BRD, so Habermas, eines "zähen politischen Kampfes" bedurft, um "nach Jahrzehnten der Rückschläge" eine "heute verbreitete Verurteilung des Antisemitismus" zu erreichen. Sie sei das Ergebnis eines kollektiven Lernprozesses, den man abschütteln wolle unter dem Deckmantel einer Enttabuisierung, die im Gewand "einer augenzwinkernd in Anspruch genommenen Emanzipation" daherkomme.

Habermas übersieht, dass ein Konsenswert wie *Ächtung von Antisemitismus* keine konstruktiv-gesellschaftliche Wertemaxime darstellen kann, denn sie

bezieht sich nicht auf alle Menschen, ist als Gefühlsdisposition oder Gesinnung für ein beliebiges Subjekt nicht einklagbar. Habermas erweist ferner mit jener Maxime jüdischen Bürgern einen Bärendienst: sie werden einmal mehr zu einer besonderen Gruppe stilisiert, dazu verurteilt, sich latent in der Opferrolle zu fühlen noch dort, wo man die Politik Israels zurecht kritisiert. Dadurch ist Israel de facto nicht kritisierbar, ohne dass die Kritik von vornherein unter Verdacht geriete. Eine Kritik, die nicht zwanglos möglich ist, mündet aber nicht in einen konstruktiven Diskurs. Eine besonders hinterhältige Form von Antisemitismus, würde Henryk Broder vielleicht sagen. Immer wieder betont er in politischen Diskussionen, dass Juden nichts besonderes darstellen wollten, das sie von anderen Menschen unterschiede. Sie wollten als normale Bürger behandelt werden. Richtig. Sie möchten Anliegen formulieren und zwar zunächst von ihrem gefühligen Bestandsinteresse her, ohne immerzu *Verdacht zu erregen*. Und möchten dem Grunde nach auch kritisiert werden können.
Mit einer Bestandsregung (mir geht's schlecht!), die man zwanglos äußern können muss, fängt immer alles an. Wird sie nicht ernst genommen, wird sie im Zweifel gar nicht mehr geäußert und wenn, mit eingebauter Abbitte. Sie kann über einen Diskurs kaum noch in ein verallgemeinerungsfähiges Interesse eingebracht werden: sich einbringen im Spannungsfeld gesellschaftlicher Interessen.
Habermas blendet Gefühle aus, indem er sie *hypostasierend* als Bestandsinteresse mit dem gesellschaftlichen Interesse kurzschließt und sich dadurch der Gefahr eigener Borniertheiten aussetzt. Darauf macht Karl Heinz Bohrer in der FAZ aufmerksam (BOK-GDK), wobei er sich auf die oben zitierte Walser-Kritik von Habermas bezieht. Bohrer wirft ihm mit einer etwas unglücklichen Formulierung "eine Normdurchsetzung auch dort" vor, "wo diese von Faktizität nicht gedeckt wird." Habermas zufolge gebe es, so sein zentraler, nunmehr klarer formulierter Vorwurf, "auch einen Antisemitismus ungeregelter Gefühle, (...) die unter den historischen Bedingungen der Deutschen nicht mehr zulässig sind." Wie dem auch sei, es ist fatal ist, Bestandsanliegen, die aus dem Gefühl formuliert werden, zu maßregeln; um sie im Schnellverfahren als *psychisch krank* zu denunzieren, wenn sie sich, wie Bohrer treffend formuliert, der Habermas'schen Regulierungsobsession verschließen.
Weniger emotional wird Habermas von Peter Bürger abgehandelt. Er verharrt sprachlos vor seinem umfangreichen Werk, obwohl er sich in seiner Abhandlung *Ursprung des postmodernen Denkens* (BUP-UPD) mit dem gleichen Thema: dem *Philosophischen Diskurs der Moderne* (HAJ-PDM) beschäftigt. Im Vorwort und dort lediglich in einer Fußnote erläutert er, warum Habermas ihn nicht interessiert. Er beginnt harmlos: "Jürgen Habermas hat in seinem Buch 'Der philosophische Diskurs der Moderne' die von

Nietzsche über Heidegger und Bataille bis zu Foucault und Derrida reichende Tradition eines antimodernen Denkens kritisch in den Blick genommen,...", um dann ironisch fortzufahren: "...um ihr die 'Wahrheit der Theorie des kommunikativen Handelns' entgegenzusetzen, die das Schlusskapitel noch einmal zusammenfasst." Und schließlich ein Satz, der sein Desinteresse unverhohlen zum Ausdruck bringt: "Mir geht es um etwas anderes, nämlich um das Durchschreiten einer Denkerfahrung, die das Selbstverständnis der Moderne dadurch bereichert, dass sie es erschüttert." (BUP-UPD,11) Bürger bestreitet, so lesen wir die Fußnote, dass Habermas erfasst, was die Moderne umtreibt, was ihr gefühlsmäßiges Anliegen ist; geschweige dass er es zu würdigen versteht in Abgrenzung und/oder Ergänzung zum eigenen Anliegen, um beides in eine politisierende Analyse münden zu lassen. Der Leser muss wissen, warum er einen Text interessant finden soll, noch bevor er sich politisch auf ihn einlässt, damit das Lesen nicht zur Trockenübung, zum Lernen von Vokabeln verkommt. Ein schwerer Vorwurf, dem wir uns anschließen. Allein das Desinteresse von Bürger teilen wir nicht. Schließlich – man kann es gut oder schlecht finden – ist Habermas nicht irgendwer. Wir werden uns ihm nicht (unpolitisch) verweigern. Schon weil er mental einen im bloßen Bestandsinteresse verharrenden entpolitisierenden Zeitgeist verkörpert. Über wen, wenn nicht über ihn, kann man unserer Zeit ihren Spiegel vorhalten? Null Bock ist nicht.

Nicht dass es im Hinblick auf das Bestandsinteresse viel zu analysieren gebe. Da gibt es buchstäblich nichts weiter zu tun als eben immerzu mit diesem zu rechnen. Ignorieren oder (bei sich selbst) verdrängen bedeutet, dass die Analyse das Subjekt zwar feiert im Autonomiebegriff der Kunst, ohne es freilich ernst zu nehmen (vgl.4.3.4.), wenn es drauf ankommt, es wirklich Hilfe braucht. Das kann wie folgt verstanden werden. Das Subjekt möchte, dass sein gefühlsgefärbtes, nicht unbedingt regelgerecht formuliertes Anliegen wahrgenommen wird, ohne von Habermas'schen Regulierungsobsessionen traktiert zu werden, noch bevor es über einen politischen Diskurs in ein konstruktiv-gesellschaftliches Anliegen transformiert wird, in das sich virtuell alle Menschen einbezogen fühlen sollen. Ohne ein frei formuliertes Bestandsinteresse verhungert das virtuelle gesellschaftliche Interesse als *leere Abstraktion* im Bestandsdenken; der Einzelne würde als Homo politicus nicht ernst genommen noch dort, wo er glaubt, ernst genommen zu werden (ich fühle, also bin ich!). Kurz: Habermas' Gesellschaftsbegriff ist nicht abstrakt-konstruktiv. Dadurch verschwimmen die Grenzen zwischen Subjekt (familiären Strukturen) und Gesellschaft. Diese setzt sich gleichsam körperlich zusammen aus sprachlich vernetzten Subjekten und bestandssichernden Gruppen: einem Netz von Solidaritäten, die interaktiv gleichsam zu einem sozialen Körper ver-

schmelzen. In diesem quasi-lebensweltlichen Sammelsurium arbeiten die einer besonderen (familiären) Struktur verhafteten Interaktionsteilnehmer "ihre Differenzen solange aneinander ab, bis die Verständigungshorizonte, wie Gadamer sagt, miteinander 'verschmelzen'."(HAJ-PDM,417)
Was zu einer Gruppe interaktiv verschmelzen kann, verschmilzt analog im Kontext von Gruppenauseinandersetzungen zu einem Gesellschaftskörper vernetzter Gruppen, auch wenn Habermas den Ganzheitsbegriff nicht gern in Anspruch nimmt. Er drängt sich aber auf: sein gemeinschaftszentrierender Gesellschaftsbegriff meidet den Blick auf randständige Existenzen, Grenzsituationen, an denen Gesellschaftsanalyse, will sie von Substanz sein, sich orientieren muss. Es ist nicht interessant, dass wir uns verstehen, wenn die Sonne scheint, sondern dass Bemühungen um Verständigung fortgesetzt werden, wenn sie nicht scheint. Dem gegenüber will Habermas das, was ist, in seinem Bestand erklären (wer bin ich, wo komme ich her), unbenommen davon, dass er von Vergesellschaftung als Entwicklungsprinzip spricht, die der Alltagspraxis als ein "Ort für naturwüchsige Prozesse der Selbstverständigung" innewohne, ohne freilich – schließlich gibt es Probleme – auf der Strukturebene ein stabiles Zentrum zur Identitätsbildung zu etablieren: "Selbst kollektive Identitäten tanzen auf und ab im Fluß der Interpretationen und passen wohl eher zu dem Bild eines fragilen Netzwerkes als zu dem eines stabilen Zentrums der Selbstreflexion."(HAJ-PDM,417)
Dieser Stil ist einem Gedicht zu ähnlich, zu indifferent, als dass er mit substanzieller Analyse vereinbar wäre. In ihm lassen sich Sätze wie *wir sind alle eine große Familie* verstecken, ohne sie auszusprechen. Existenzielle Konflikte gerinnen zum Dissensrisiko, das sich, wenn auch nicht leicht, hermeneutisch auflöst durch richtiges Interpretieren. Ausgeblendet wird, dass Bestandsversprechen, die von miteinander vernetzten politischen Strukturen – Staat, Parteien, Unternehmer, Gewerkschaften, Lobbyverbände – in Konkurrenz zueinander abgegeben werden, vom Bürger als Lippenbekenntnisse wahrgenommen werden, weil jene Gruppen, und das kapiert der Bürger nicht, gefühlsfundiert mit dem Gesellschaftsganzen verschmelzen. Auch weil immer mehr Bürger aus bestandssichernden Strukturen herausfallen, Strukturen genau genommen kein Netz mit bestandssichernder Konsenswahrheit für das Subjekt darstellen; sie (inter-) agieren ganz schlicht aus ihrem Bestandsinteresse heraus, darin das Subjekt keine Rolle spielt. Ungerührt schauen Gewerkschaften und Parteien zu, wie ihnen ihre frustrierten Mitglieder weglaufen. Kurzum, im Zweifel existiert das Subjekt gar nicht in diesem gruppeninteraktiven Netz. Und bei Habermas kommt das Subjekt ebenfalls nicht vor. In seiner Theorie gerinnt es zur leeren oder toten Abstraktion.

5. Behaviorismus und Konditionierung (K.-J. Bruder)
Hamburg, 15.10.2013

5.1 Das Fremde dem eigenen Leben assimilieren

Nichts ist so langweilig wie Wahlen und Politiker; noch langweiliger, über Politiker zu reden, mit ihnen sinnvoll etwas zu verbinden, sinnlos, von ihnen etwas zu erwarten, z.B. sie mögen keine Kriege führen oder unterstützen, keinen Sozialabbau betreiben. Schlimmer: es kostet mittlerweile Überwindung, sich in Rede und Schrift über Politik zu äußern und das aus einem generellen Grund: Angesprochene interessieren sich immer mehr nur noch für sich selbst; vom gesellschaftlichen Kontext versaut, neigen sie dazu, reiz-reaktions-schematisch das in eine Äußerung oder einen Text zu interpretieren, was ihnen gerade durch den Kopf geht; impulsiv; aus dem Instinkt heraus stehen Urteile fest – signalgesteuert. Das allein wäre nicht schlimm; denn mit dem Gespür – einem Gefühl – fängt immer alles an: "hier stimmt was nicht, mir geht's schlecht; hier muss was geschehen. Doch was und wie? Fragen über Fragen."(DPB,20f)
Doch wieso fragen, wenn das impulsgetriebene Urteil feststeht? Bürger sind in der Tat immer weniger in der Lage, innezuhalten, um Äußerungen oder Texte gründlicher zu analysieren, Leerstellen freizulegen, das Ungesagte, vielleicht Unsagbares, mithin versteckte Botschaften herauszuarbeiten, Absatz für Absatz, Satz für Satz, Wort für Wort. Geht nicht. In einer Zeit, in der Empfindlichkeiten um sich greifen, ist der Bürger auf signalgesteuert hervorgebrachte Instinkt-Äußerungen reduziert. Dann bedeuten Texte das, was sie bedeuten; das Ungesagte, Unsichtbare, Ausgegrenzte, Unvorhersehbare, das Fremde und damit das unverwechselbare Subjekt sind dann ohne Chance. Interessiert nicht. Hinweg damit.
Man kann es auch so sagen: der Bürger konditioniert und wird konditioniert; dabei bleibt immer weniger Spielraum für kritische Interpretationen von Reden, Texten, Forderungen. Mindestlohn und BGE sind Forderungen, die Sozialabbau und Verarmung zurückfahren. Das steht fest, auf den ersten Blick; wer das infrage stellt, ist asozial. Keine Diskussion, und wenn, dann nur mit vorhersehbarem Ausgang: der andere ist asozial. Ohne geduldige Analyse geht es nur um (eigene) Gefühle, die in festgefügte Interessen projiziert werden, unverrückbar, als seien Gefühl (Innen) und Gegenstand (Außen), Vorstellung und Realität identisch, als würde man einem zu verhandelnden Gegenstand unmittelbar ansehen, welche Gefühle er auslöst, von welchen Gefühlen er kontaminiert ist (DP4,26f,64,231), nur um Stellungnahmen, Forderungen (Mindestlohn, BGE etc.) unverhandelbar in die Welt zu setzen, weil Gefühle heilig sind, als repräsentierten sie für sich genommen ein alternatives sozial-ökonomisches Projekt.

Dieser trübe soziale Sachverhalt wird in durchaus *sozial engagierten Texten gegen die Verlogenheit der Politik* – sei es gegen Ausgrenzung, Verelendung, Krieg – transportiert; wiederum verlogen; auch Linke sind unansprechbar, wenn es um Forderungen im Kontext des Bestehenden geht. Sie bestehen unverhandelbar darauf, dass der Mindestlohn im bestehenden kapitalistischen System Ausgrenzung und Verelendung zurückführt. Man kann mit solchen Leuten nichts anfangen, mit Gysi, Lafontaine oder Wagenknecht, die dem Augenschein nach für Ausgegrenzte Politik gestalten wollen und sich tatsächlich *ehrlich* dabei vorkommen, so wie Erwachsene ganz ehrlich lieben, wenn sie eigene Kinder sexuell missbrauchen.

5.1.1 Kierkegaard: "Werde ein Einzelner"

Auch Ken Jebsen erträgt in einem lesenswerten Aufsatz die Verlogenheit kaum; er sagt: "Man kann überhaupt nur etwas tun, wenn man es als Einzelner tut (...). Das Kernproblem des Menschen liegt im Verlust seines Instinktes. Er kann diesen Instinkt nicht zurückerlangen, sofern er nicht das aufgibt, was man unter Zivilisation versteht, und was in Wahrheit Zentralisierung ist. Ohne Zentralisierung hätten wir all die künstlichen Probleme nicht, die wir im Anschluss immer mit Mord und Totschlag versuchen, aus der Welt zu schaffen." Und ein paar Sätze weiter fordert er wie schon die alten Griechen, dass "wir uns an der Natur" orientieren sollten; er fragt, "ob denn die Natur wirklich blöder als der Mensch" sei, "nur weil sie keinen Philipp Rösler hervorbringt? Ist Barak Obama wirklich zivilisierter als ein Rudel Wölfe in Alaska (...)?"(JEK-STE)
Jebsen zufolge muss es die *einsame* Existenz richten, wenn's hoch kommt, in überschaubaren sozialen Strukturen: "Schließe dich nicht Gruppen an, die du nicht überblickst. Folge keinen Vereinen, deren Mitglieder du nie im Leben alle persönlich kennen lernen kannst. Der größte gemeinsame Nenner ist die Familie." Ich lese das so: Machen kann ich im wesentlichen nur etwas als *Einzelner* – in der Geisteshaltung Kierkegaards, der einmal sagte, *werde ein Einzelner*. So auch Jebsen in einem Schlusssatz: "Egal, was man dir erzählen wird, wenn du diesen Text anwendest, höre auf deinen Bauch. Du bist nur dann Teil einer Masse und damit dumm wie die Masse, wenn du dich den Massen anschließt. Wie Gustave le Bon sagte: 'In der Masse sinkt der Verstand mit der Anzahl der Versammelten'. Vergiss das nie!"
Ja warum schreibt Jebsen Aufsätze? Um Menschen zu atomisieren?, Atomisierungs-, bzw. Entpolitisierungsvorgänge, weil es sie gibt, zu rationalisieren? Mit dem Ergebnis zu entpolitisieren? Sei's drum; jedenfalls sind solche Analysen in einem überfamiliären Kontext, in dem Menschen nicht unmittelbar miteinander verkehren, nicht kommunizierbar; sie beschwö-

ren missionarisch die Existenz des Einzelnen, der in der Familienidylle aufgeht, der überschaubaren Gemeinschaft, gerichtet gegen das fremde überfamiliär Gesellschaftliche, wie Ferdinand Tönnies im ausgehenden 19. Jahrhundert dachte, als er einen *körperlich begreifbaren Wahrheitsbegriff* postulierte, etwas, das er "in seinem soziologischen Hauptwerk *Gemeinschaft und Gesellschaft* (1887) das Gemeinschaftliche genannt hat in Abgrenzung zum kalt und abstrakt rationalisierenden Gesellschaftlichen, das es gemeinschaftlich zu überwinden gelte als die Krankheit der Zeit."(DP3,128) Das konnte man prächtig dahingehend auslegen, alles Fremde auszugrenzen – bis hin zur Ausmerzung, in die hinein sich die "Reinheit der Gefühle" (DP4,24ff) prächtig projizieren ließ. Davon ließen sich auch Nazis inspirieren, verbunden mit ihrem Blut-und-Boden-Geschwätz, wiewohl der seelengute Tönnies die Nazis durchaus nicht mochte und er 1933 seine Professur deshalb verlor.

5.1.2 Was geht mich der Fremde an?

Doch was wissen wir denn heute, mit welchen naiv-esoterisch gefärbten Theorien wir zukünftige politische Verbrechen befördern? Das Problem besteht generell darin, wie wir überfamiliäre Sozialabstraktionen wie Gesellschaft, Demokratie, Masse (von Menschen), Volk, Nation etc. verwenden; wir versubjektivieren sie, wenn wir ihnen menschliche Eigenschaften zuschreiben: eine Demokratie müsse *wehrhaft* sein, Deutschland *stark* sein oder, wie die Union vor der letzten Bundestagswahl plakatierte, stark bleiben. Doch für wen und was? Unbestreitbar ist, dass immer mehr Bürger sich einer Versubjektivierung widersetzen; Ausgegrenzte oder von Ausgrenzung bedrohte Bürger fühlen sich nicht angesprochen, von Politikern nicht repräsentiert. Nicht nur weil in Wahlkämpfen leere Versprechungen transportiert werden; der Grund ist auch ein kontraproduktiver, weil der frustrierte, verletzte Bürger unversehens die Sozialabstraktion wiederum versubjektiviert – so der Text von Jebsen: die Menschen interessieren sich nicht füreinander, wenn sie sich nicht *persönlich* kennen lernen (können).
Doch interessieren sich Menschen tatsächlich leichter und sozialverträglicher füreinander, wenn sie sich persönlich kennen? Woran erkennt man, dass ein Interesse sozial-verträglich ist? Rassisten oder Nazis vermögen ihre Familien durchaus erkennbar zu lieben; Hitler seinen Schäferhund, seine Eva Braun. Ja, Gewalttäter wissen sich unter ihresgleichen, ihren Familien durchaus zu benehmen, gewiss nicht alle, aber doch viele. Aber auch viele Nicht-Nazis benehmen sich nicht immer vorbildlich. Nun, auch wenn Jebsen mit Sicherheit kein Rassist ist, so fühlt sich der Rassist von seinen Analysen dennoch bestätigt, so wie Nazis sich gern auf Tönnies beriefen, ohne dass er ein Nazi war. Die versteckte Botschaft im Aufsatz von Jebsen, die

er vermutlich nicht sieht, die ihn, ohne ein Nazi zu sein, dennoch mit diesem verbindet, und für die er sich vielleicht deshalb lieber nicht interessiert, lautet: Was geht mich der Fremde an? Warum soll ich mich für ihn und sein Wohlergehen einsetzen? Man könnte die versteckte Botschaft weiter ausspinnen, Ken Jebsen mit weiteren unangenehmen Fragen belästigen, an die er mit Sicherheit nicht mehr denkt, die freilich eine fatale Kontinuität wahren, der man eine gewisse *innere* Stimmigkeit nicht absprechen kann: Warum mich gegen die Todesstrafe engagieren für Menschen, die ich nicht kenne und Lustmorde begehen? Sie haben es doch verdient, sagt zur Zeit die indische Öffentlichkeit von vier Vergewaltigern. Die indische Gesellschaft ist noch zu sehr mit archaisch motivierten Gefühlen kontaminiert, auf die sich das Überfamiliärere, die Sozialabstraktion, reduziert, resp. versubjektiviert sieht, um die Todesstrafe, überhaupt das alttestamentarische Prinzip *Auge um Auge, Zahn um Zahn,* zu ächten. Das entspricht einer Mentalität, die unter sogenannten zivilisierten Europäern weit verbreitet ist. Eine Mehrheit der Deutschen wäre vermutlich für die Todesstrafe; sie sind noch nicht so weit, das Fremde: unteilbare Grundrechte für den Anderen, auch den Ausgestoßenen, den Mörder, dem eigenen Leben zu assimilieren. Auch wenn sie für seine Hinrichtung nicht gleich plädieren, so beißen sie aber schon im Vorfeld dazu ganz generell das Fremde weg. Kommt es ihnen zu nahe, prügeln sie es auch schon mal tot. Demgegenüber zeichnen sich sozialintegrative Fähigkeiten dadurch aus, "das Fremde (anderer Menschen) dem eigenen Leben zu assimilieren" (DP2, 11), eine Fähigkeit, die allein im Gefühl, genauer: im von Gefühlen kontaminierten Familienleben, nicht aufgeht. Gemäß unserer aufklärerischen Tradition sollten wir uns aber für das *Fremde im überfamiliären Kontext* interessieren können, auch wenn ein aufgeklärter Geist wie Kant für die Todesstrafe aus erzieherischen Gründen eintrat. So etwas gefällt der herrschenden Politik, auch wenn die meisten Politiker nicht offen für die Todesstrafe plädieren; jedenfalls rücken sie – im Sinne des Prinzips *Teile und herrsche* – das (eigene) Gefühl gegen das Fremde ins Zentrum eines überfamiliären (Allgemein-)Interesses; gegen den Geist der Aufklärung. Auf diese Weise kommen wir ihnen nicht zu nahe. Das täten wir, wenn wir z.B. Grundrechte auch für Hartz-IV-Abhängige forderten, gerade für Menschen, *die ihren Arsch nicht hochkriegen,* also für jedes beliebige Subjekt. Mit dieser Forderung sagen wir, was uns in einer Gesellschaft unter Menschen, die sich persönlich nicht kennen, verbindet, ohne dass dieses Etwas sagt, wie eine solche Gesellschaft konkret aussieht.

Dieses *alle* verbindende Etwas ist formal-abstrakt; dennoch muss es etwas sein, was für jedes Subjekt unmittelbar von praktischer Bedeutung ist, und das ist es nur, wenn jedes beliebige Subjekt unabhängig von seinen körperlich beschreibbaren Eigenschaften (Rasse, Nation, Ehre, Leistung)

jenes Etwas einklagen kann. Das trifft zu auf Grundrechte als da sind:
- Körperliche Unversehrtheit,
- Keine Armut,
- Keinen Arbeitszwang.
Auch für den Straftäter. Diese Grundrechte lassen sich nachhaltig und umfassend allerdings nur durchsetzen, wenn die Regeln der Kapitalverwertung (auf der Basis der Mehrwertfähigkeit des Subjekts) nicht mehr gelten. Derartige Forderungen sehe ich in keinem Parteiprogramm. BGE oder Mindestlohn für sich genommen sind im Kapitalismus nicht in der Lage, Armut und Ausgrenzung zu verhindern.

5.2 Die Verbindung von Subjekt und Gesellschaft

Wir können von der Sozialabstraktion *Gesellschaft* nur dann sinnvoll sprechen, wenn sie etwas repräsentiert, was uns *alle* verbindet: Grundrechte für alle; ausnahmslos; das kann nicht etwas sein, was uns in einer sozialen Struktur (Familie) verbindet, in der wir unmittelbar, vornehmlich über Gefühle, mit anderen verkehren. Dort wehrt man sich gegen Unrecht, ohne an Grundrechte zu denken, aus dem Instinkt heraus. In einem überfamiliären sozialen Kontext reichen Gefühle nicht mehr aus. Das heißt, *Gesellschaft* und *soziale Struktur* (Familie) sind begrifflich nicht deckungsgleich: die Gesellschaft ist keine (große) Familie. Merkel nicht unsere Mutti; eben weil *Gesellschaft* etwas repräsentiert: Grundrechte für alle, das dem familiären Kontext fremd ist, so dass es dem Leben seiner Teilnehmer assimiliert (bewusst anerzogen) werden muss (WIF-SUL), immer wieder, bis ins hohe Alter, für jede Generation neu, in der Familie, in Erziehungs- und Ausbildungsinstitutionen, in der Öffentlichkeit, ja, und nicht zuletzt in einer Partei, die alternativ sein will.
Durch *Grundrechte für alle*, einschließlich Ausgestoßene, Straftäter etc., ist das Fremde *bewusst* eingelassen in familiär-soziale Strukturen. Durch das Bewusste bekommen wir erst einen Begriff vom Fremden, so dass wir in der Lage sind, uns eine Verbindung zum gesellschaftlichen Kontext zu erarbeiten. Das kann nur mit Bewusstsein gelingen.
Das Fremde dem eigenen Leben zu assimilieren trainieren wir allerdings auch hinter unserem Rücken, also unbewusst *ohne Begriff* von einem Fremden, als sei uns das Fremde vertraut, als wüssten wir über das Fremde, den Fremden genau Bescheid; de facto üben wir, in einem sozial-familiären Kontext das Fremde zu assimilieren, ohne *Grundrechte für alle* im Sinn, tagtäglich ohne Bewusstsein, immer wieder aufs Neue, bis ins hohe Alter, in einem Kontext, in dem wir Menschen mehr oder weniger kennen (lernen können), auch in politischen Diskussionen; das Fremde anderer Menschen meint hier ihre nicht vorhersehbare Kommunikation, d.h. Stellung-

nahmen, die wir bei weitem nicht zureichend kennen, aber zuweilen so tun, als seien sie uns vertraut, alles andere als fremd, als wüssten wir ganz genau Bescheid. Nichts wissen wir, und schon gar nicht, wenn wir uns nicht der Mühe unterziehen, genauer hinzugucken, Unwissenheit zuzulassen, einzugestehen. Tatsächlich neigen wir dazu, impulsiv zu argumentieren, indem wir das Fremde mit unseren Gefühlen kurzschließen. Kommunikation ist aber nur dann sinnvoll, darüber hinaus spannend und lebendig, wenn verhandelbare Gegenstände Stellungnahmen – von Gefühlen kontaminierte Zeichen oder Zeichenketten (DP2,21f), die auf jene Gegenstände verweisen – vorhersehbar nicht hervorbringen, um sie einer genaueren Prüfung für wert zu erachten. Nur dann lernt man hinzu: etwas Fremdes dem eigenen Leben zu assimilieren, wie es, so der Film *alphabet* von Wagenhofer, Kleinkinder noch können: sich unbefangen einbringen, helfen, lernen, sich für das Fremde interessieren. Das können wir als Erwachsene nicht mehr ohne weiteres, wenn wir es vom Kleinkindalter an nicht gelernt haben. Die Folge: wir sind unzufrieden; laufen mit schlechten Gefühlen, schlimmer: desinteressiert, mit gar keinen oder unterdrückten Gefühlen herum, die irgendwann unberechenbar explodieren. Im Vorfeld (Biedermeier, Vormärz): Langeweile, wohin man blickt. Langeweile verbreiten freilich immer nur die anderen; man verkennt, dass die Unterhaltung zwischen Merkel und Steinbrück nur die Spitze des Eisbergs umfassender, schichtübergreifender Verblödung ist. Bei Politikern drängt sich nur ganz besonders der Eindruck vollkommener Vorhersehbarkeit (im Denken, Diskutieren und Handeln) auf. Damit versucht man uns zu konditionieren: mit immer wieder den gleichen Reizen, bis wir so weit sind, sie selbst zu suchen, um auf sie vorhersehbar zu reagieren und von anderen zu verlangen, dass sie ebenso vorhersehbar reagieren. Derart gestalten wir keine Strukturen, wir sind ihre Anhängsel, Anhängsel von Maschinen, wie Marx sagte. Wer sich nicht fügt oder nicht wie vorgesehen bewegt, fliegt raus; für alle sichtbar der Hartz-IV-Abhängige. Er landet im Müll, mit guten Gründen, die auf mich Gott sei Dank nicht zutreffen; weil ich meinen Arsch schließlich noch hoch kriege.

5.2.1 Zeit, über uns zu reden

Der letzte Satz deutet an: der einfache, auch sozial engagierte, zuweilen extrem wahlmüde Bürger ist nicht viel besser; er verfällt genau dem, was ihn bei anderen nervt. Auch er wird schon mal unruhig, ja sauer, wenn man auf (seine) Äußerungen oder Texte nicht vorhersehbar, nicht wie gewünscht reagiert. Er verträgt keine Kritik; sucht unentwegt nach Bestätigung (Mindestlohn, BGE bringen etwas), regt sich aber über öde Wahlauseinandersetzungen auf. Er vergisst, dass auch er, dem Reiz-Reaktions-

Schema verpflichtet, in Diskussionen immer langweiliger wird nur noch signalgesteuert erreichbar ist. Wir erleben es jeden Tag; auch bei uns; Zeit, über uns zu reden.

Vor einigen Wochen, am 15.August, schrieb ich einen Leserbrief zu einem Text von Ulrich Gellermann mit dem Titel *Als Günter Grass mal das Volk war.*(GEU-AGR) Es ging um Grass' schmierige Anbiederung an die SPD, die auch mir schon jahrelang ein Dorn im Auge ist. Gellermanns Befindlichkeit gegen Grass habe ich, ganz im Sinne seines Textes, dachte ich, im Leserbrief verstärken wollen, freilich mit einer kleinen Ergänzung: nicht nur Grass, auch die SPD sei, und zwar schon immer, ein orientierungsloser Haufen gewesen, SPD-Größen wie August Bebel eingeschlossen. Auch Parteien, die sich von der SPD abspalteten, etwa die KPD, nahm ich nicht aus. Tatsächlich war und ist für mich die KPD nicht besser als die SPD. Sie alle eint, dass sie ohne zureichendes Konzept, wie man den Kapitalismus abschaffen kann, nach mehr Macht strebten. Das war damals so und heute nicht anders, nur offensichtlicher, spürbar – allerdings nur als *schlechtes Gefühl* – im Normalbürger angekommen, das zureichend zu analysieren dieser nicht in der Lage ist; aus einem einfachen Grund: es gehört sich nicht, über Gefühle zu reden, schon gar nicht, wenn sie nicht gut sind. Genau darüber, über schlechte Gefühle, möchte ich versuchen zu sprechen: Das Wirkung meines Leserbriefs war massive Entrüstung seitens Gellermanns. Ich hätte v.a. "die vielen, einfachen Genossen" beleidigt: "Denen Machtgier zu unterstellen ist schlicht albern."(GEU-AGR) Zudem hätte ich Rosa Luxemburg und Karl Liebknecht in einen Topf mit Stalin geworfen. Das könne alles "wunderbar von der CDU oder FDP stammen. Das alles nur, um für ein Buch Werbung zu machen, das, wie man im zweiten Absatz liest, über die Grass'sche Kunst nichts anderes zu sagen weiß, als dass ihr Ruf Schröder dienlich gewesen war." Das weise auf mangelnde intellektuelle Substanz der Schrift hin.

Nachdem ich in einem zweiten Leserbrief für etwas mehr Sachlichkeit plädiert hatte (ich hatte Liebknecht und Luxemburg keineswegs in einen Topf mit Stalin geworfen), reagierte Gellermann in einer weiteren Stellungnahme versöhnlicher im Ton, ohne näher auf Argumente einzugehen. Er fand es unpassend, dass ich auf seiner Seite mein Buch erwähnt habe: "Tatsächlich war, bin ich ein wenig verstimmt, dass Sie an meinen Artikel zum Grass-Interview (...) einen Marketing-Text für Ihr Buch ankleben. Deshalb fiel meine Reaktion etwas harsch aus."

Nun gut, Gellermann möchte mich auf wenige Worte meines Leserbriefs reduzieren; er soll keineswegs auf umfangreichere Bücher von mir verweisen; ich lese das so: Gellermann ist an einem Austausch von Argumenten, die natürlich nicht in einem kurzen Leserbrief ausgedrückt werden können, nur begrenzt, wenn überhaupt, interessiert; er reagierte nur allergisch auf mein Buch. Er sprach ihm Substanz ab, obwohl er es nur bruchstückhaft kennt. Ich nenne das *Stellungnahme aus dem Impuls*, ohne groß nachzudenken. Damit steht er für die Mentalität eines impulsiven, signalgesteuerten Austauschs von Argumenten, die mittlerweile in jeder Pore unserer Gesellschaft präsent ist. Er versucht zu konditionieren, indem er selbst konditioniert reagiert – signalgesteuert auf Stichworte (z.B. auf *Bebel orientierungslos*), die ihm nicht passen, ohne sich dafür zu interessieren, worum es *genauer* geht.

Zu befürchten ist freilich, dass er nicht weiß, was es bedeutet zu konditionieren, dass er an Prozessen der Konditionierung beteiligt ist und daher auch nicht in Erwägung ziehen kann, dass er möglicherweise, mit mehr politischer und öffentlicher Macht ausgestattet, auch nicht besser ist als jene Politiker, über die er sich aufregt, zurecht aufregt, weil sie in der Tat nur signalgesteuert – im Reiz-Reaktions-Mechanismus – diskutieren. Impulsiv zu reagieren, ohne genauer zu reflektieren, *was* der Impuls generiert, *durch was* er ausgelöst wird, ohne also das eigene Bewusstsein einzuschalten, ist eine weit verbreitete Geisteshaltung – schichtübergreifend; weil wir dem Fremden keine Chance geben, wahrgenommen zu werden, um uns für das Fremde eingehender zu interessieren. Es ist ein Kreuz: solange Menschen ohne viel Macht sind, starten sie als brüllender Löwe gegen langweilige, unansprechbare Politiker, um mit etwas mehr Macht als Bettvorleger, gewöhnliche Politiker, zu enden – siehe Ex-Außenminister Fischer. Das stimmt betrüblich. Doch finde ich es gut, dass sich Gellermann regelmäßig auf *rationalgalerie.de* äußert. Ich stimme seinen Texten oft zu. Vor allem rechne ich positiv an, dass er Leserbriefe auf seiner Seite veröffentlicht, auch wenn sie ihm nicht passen, so dass ich an dieser Stelle die Möglichkeit habe, öffentlich auf sie einzugehen.

5.3 Zum Verhältnis von Moral und Ökonomie

Auf unliebsame Stellungnahmen auf welche Weise auch immer einzugehen und sie öffentlich zu machen, zeugt in der Tat von einer wichtigen mentalen Eigenschaft: Merkel und Steinbrück würden Leserbriefe gar nicht zur Kenntnis nehmen, gar nicht antworten. Politiker, die viel Macht zu verlieren haben, mithin für die Stabilität politischer Strukturen verantwortlich gewählt sind, sind umso weniger erreichbar, je mehr Menschen, v.a. Parteifreunde über jene Strukturen ihren Lebensunterhalt verdienen. Einkommensrelevante Stabilität ist freilich eine Frage der *richtigen* Einschätzung, die auch falsch sein kann, so wie die FDP mit ihrem Bundestags-Wahlkampf falsch lag. FDP-Repräsentanten sind beim Wähler einfach nicht mehr vermittelbar. Nun, irgendeiner verliert immer. Das ändert nichts daran, dass eine Politikerin wie Merkel mit unbedachten Äußerungen

136

(wie seinerzeit Ex-Bundespräsident Wulff mit seiner Aussage: der Islam gehöre zu Deutschland) sich möglicherweise – auch ohne Wahl – aus dem politischen System von Macht(-ausübung) und veröffentlichter Meinung verabschieden müsste, wenn sie sich z.B. allzu deutlich der Unterstützung von Auslandseinsätzen der Bundeswehr verweigern würde – d.h. aus einer veröffentlichten Meinung, die sich den herrschenden ökonomischen Strukturen moralisch verpflichtet fühlt. Dazu gehört, Arbeitsplätze in unsinnigen Produktionen nicht zu gefährden, z.B. in Autoindustrie, Atomindustrie, Rüstung etc., die der Erde und uns Menschen immer mehr zu schaffen machen.(DP2,67; DWN-002) Kurz, Merkel sorgt dafür, dass Deutschland *stark* bleibt, indem sie Unsinnsproduktionen fördert.

Abstrakter in normativ-moralischen Kategorien formuliert: die Politik denkt im Sinne eines allgemein akzeptierten, alternativlos empfundenen sozial-ökonomischen Imperativs, der in moralischen Sätzen beschreibbar und, weil alternativlos, moralisch zu exekutieren ist: Atomkraft betreiben, Autos verkaufen, koste es, was es wolle. Die Politik besitzt nicht die Freiheit, sich dem Imperativ zu verweigern, z.B. auf die "Produktion von gemeingefährlichem Unsinn" (DP2,67) zu verzichten. In den herrschenden sozial-ökonomischen Strukturen leben zu wollen, bedeutet, sie moralisch zu exekutieren, zu bejahen. Politiker nennen das Verantwortung, fragt sich nur, wem gegenüber. Ich jedenfalls fühle mich nicht vertreten. Wie so viele, ohne allerdings – absurd, aber wahr – jenen Imperativ infrage, resp. die Systemfrage zu stellen.(DP4,227) Politiker sind generell mental und moralisch außerstande, die Systemfrage zu stellen, gegen ihr Einkommens- und Machtinteresse zu fragen: wie muss ein Wirtschaftssystem aussehen, das auf Unsinnsproduktionen nicht angewiesen ist, um den Sozialstaat zu retten? Die Unfähigkeit, systemgefährdende Fragen zu stellen, verweist auf ein mentales Defizit. Von dem wollen sie nichts wissen.

Aber auch der Normalbürger ist für systemgefährdende Fragen nicht erreichbar; im Gegenteil fühlt er sich dem System verpflichtet selbst dann, wenn es ihm immer schlechter geht; dann gerät nicht das System in die Kritik, dafür feiern impulsive Schuldzuschreibungen fröhliche Urständ. Es gibt immer jemanden, der Ausländer, der Hartz-IV-Parasit, dem man die Schuld in die Schuhe schieben kann. Menschen werden aufeinander gehetzt. Ungerührt schaut man zu, wie z.B. Niedriglöhner und Hartz-IV-Abhängige, Rentner und ArbeiterInnen, etc. aufeinander einschlagen.

Der Vorgang einer Erosion durch Gewalt auf gesellschaftlicher Ebene lässt sich auch im Kleinen, dem Beziehungsalltag, beobachten: soziale Strukturen, in denen Leistungs- und Ellbogendenken dominieren, z.B. in einer Fußballmannschaft, fallen früher oder später auseinander. Mannschaften wie Bayern München bilden sich durch viel Geld und werden auch nur mit viel Geld zusammengehalten; durch Konditionierung; Geld konditioniert: wer nicht spurt, fliegt raus. So lassen sich weder eine Gesellschaft noch überschaubare soziale Strukturen auf Dauer zusammenhalten, zumal wenn der ökonomische Spielraum immer enger wird. Das gilt auch für Deutschland. Seine ökonomische Schwäche wird allerdings verschleiert durch Unsinnsproduktionen, die zudem in anderen Ländern – *noch* – auf eine zum Teil (außen-)politisch aufgenötigte Nachfrage (nach Unsinnsprodukten) stoßen.(DP2,67)

Das primäre Problem liegt im vom Kapitalverwertungszwang bestimmten Verhältnis von Ökonomie und Moral begraben; es besteht – absurd, aber wahr – darin, dass die Mehrwertfähigkeit (des Bürgers), also ein rein technisch-ökonomisches Konstrukt, global gilt und noch über dem moralisch motivierten Allgemeininteresse, dem Grundrecht auf *menschwürdiges Leben*, steht. Der Bürger hat in erster Linie mehrwertfähig zu sein, bevor er moralische Rechte in Anspruch nehmen kann. Ist er mehrwertfähig, darf er Grundrechte in Anspruch nehmen, sonst nicht; als sei die Mehrwertfähigkeit moralisch motivierbar, als könne man "allgemeine technisch-ökonomische Probleme" in Bezug auf die Kapitalverwertung so verhandeln, "als seien sie mit einem richtigen Gefühl oder einer richtigen moralischen Einstellung zu lösen (...) Auch mit einer guten moralischen Einstellung aller Bürger werden wir es allein dadurch, dass wir im Kapitalismus leben, immer unleugbarer mit Prozessen absoluter ökonomischer und psychischer Verelendung zu tun bekommen, wobei die psychische Verelendung zunimmt, wenn die materielle Not der Menschen zunimmt. Und zwar deshalb, weil psychische Probleme, resp. Gefühle mit zunehmender Verelendung immer weniger verhandelbar sind, und nicht weil es ohne Verelendung keine psychischen Defizite mehr gäbe."(DP2,12) Damit ist das Ökonomische "primär in dem Sinne, dass es unter der Bedingung, dass die Regeln der Kapitalverwertung gelten, die menschliche Entwicklung immer massiver begrenzt und eben keinesfalls positiv – lösungsorientiert – entfaltet."(ebd.) Das alles mutet umso bedrückender an als wir in einem Wirtschaftssystem leben, dem Kapitalismus, in dem die Mehrwertfähigkeit des Bürgers real gar nicht mehr existiert und deshalb durch wachsende Schulden simuliert werden muss.(DP2,203-209)

Wir haben es also primär mit technisch-ökonomischen Problemen zu tun, die die moralische Entwicklung von immer mehr Menschen immer massiver begrenzen, so dass die Gewaltbereitschaft, d.h. die Unfähigkeit, Konflikte sozialverträglich zu verarbeiten, zunehmen muss. Um das zu verhehlen, interpretiert man moralische Defizite frei nach Shakespeare so, als seien sie unlösbar. Dabei ist Drama nur unabwendbar in dem Maße, wie die ökonomischen Widersprüche wuchern; die existieren unversöhnlich deshalb, so wird uns gesagt, weil es menschliche Schwächen gibt, als würden psychisch-moralische Defizite die Lösung ökonomischer Defizite begrenzen, als würde der Mensch an sich selbst scheitern – etwa weil es das böse Innenleben gibt, das über das gute Innenleben siegt.

Um es mit Marx zu sagen: wir leben in einer Gesellschaft, die ökonomisch angetrieben wird durch den ehernen Zwang, Mehrwert zu erzeugen. Diesem kapitalverwertenden Imperativ unterwerfen wir uns bislang bedingungslos, ohne ihn auch nur die Spur infrage zu stellen, schon weil wir nicht zureichend wissen, was es mit dem Begriff *Mehrwert* auf sich hat. Solange das so bleibt, besitzt die Politik nicht die Freiheit, sich dem herrschenden sozial-ökonomischen Imperativ zu verweigern. Eine zynisch-moralische Begleitmusik, die von ihrem Zynismus nicht unbedingt etwas weiß, ist die Folge.

Unbenommen davon, dass das Ökonomische primär ist, ist die Gesellschaft unabhängig von technisch-ökonomischen Kategorien normativ-moralisch beschreib- oder analysierbar (Gesellschaft als überfamiliärer moralischer Kontext); das heißt, dass wir sie tagtäglich moralisch motiviert hervorbringen, wobei wir das überfamiliär-ökonomisch wiewohl nur vermeintlich Notwendige – Produktion für das Kapital (nicht für Bedürfnisse) – moralisch exekutieren, ohne auch nur zu ahnen, dass wir weit entfernt sind, den moralisch-gesellschaftlichen Kontext autonom zu gestalten; eben weil sich der gesellschaftliche Kontext von einem ökonomisch beschreibbaren Allgemeininteresse (der Kapitalverwertung) repräsentiert sieht, das es ohne Wenn und Aber zu exekutieren gilt, noch bevor moralische Interessen – Bedürfnisbefriedigung für alle – ins Spiel kommen. Ein rein moralisch motiviertes Allgemeininteresse kann solange nicht autonom sein, wie es in Abhängigkeit vom höherwertigen ökonomisch motivierten Allgemeininteresse (der Kapitalverwertung) existiert, solange die Ausbildung einer Verbindung zwischen Moral und Ökonomie wiederum ökonomisch motiviert ist; dann ist sie festgefügt, resp. nicht autonom gestaltbar, aber eben zu exekutieren im Sinne einer wesentlichen Bedingung tagtäglicher normativ-moralischen Reproduktion unserer Gesellschaft. Dass wir autonom gestalten, kommt uns so vor, weil jene Verbindung moralisch beschreibbar ausgebildet wird im Kontext einer Erwartungshaltung, die darin besteht, dass die derzeit geltende Art des ökonomischen (Mehrwert-)Getriebes von jedem einzelnen Bürger erwartet, Mehrwert zu erzeugen, also mehrwertfähig zu sein, ohne dass dieser die geringste Ahnung hat, was es bedeutet, mehrwertfähig sein zu müssen.

Genau genommen gibt es also keine Moral, wiewohl es das Wort dafür gibt (DP3,118ff), da Moral die Möglichkeit einer quasi-autonomen Entscheidung voraussetzt. Mehrwertfähigkeit ist aber keine verhandelbare Kategorie. Diese normativ-moralisch beschreibbare Erwartungshaltung, Mehrwert für das Kapital und nicht für Bedürfnisse zu produzieren (DP2, 89), lastet als eigentliche und primäre Pseudo-Norm immer bedrückender auf der normativ-moralisch beschreibbaren Reproduktion der Gesellschaft, die, rein moralisch motiviert, unabhängig von jener in technisch-ökonomischen Kategorien (Zwang zur Mehrwertproduktion) verborgenen Erwartung (mehrwertfähig zu sein) analysierbar ist, wenn auch im Widerspruch zur primären Erwartungshaltung einer Mehrwertfähigkeit des Einzelnen. Ein Widerspruch, der sich immer mehr dem Augenschein nach als unversöhnlich entpuppt, wie Marx im *Kapital* nachgewiesen hat. Der Antagonismus ist unausweichlich, denn im Rahmen dieses Widerspruchs gibt es – frei nach Habermas – zur moralische Analyse und Reproduktion sozialer Strukturen keine Alternative, eine Analyse, die freilich nur dann – den Widerspruch freilegend – zureichend ist, wenn sie auf ein absolut verbindliches, rein moralisch motiviertes Allgemeininteresse (Bedürfnisbefriedigung für alle) verweist – mit dem Ziel, dass soziale Strukturen, sie mögen wie auch immer normativ-moralisch beschreibbar sein, sich an jenem Allgemeininteresse messen lassen, wie gesagt, indem sie es tagtäglich und immer wieder aufs Neue dem eigenen Leben assimilieren als etwas, das *fremd*. Denn für alle da sein zu wollen, ist dem Menschen nicht in die Wiege gelegt, deshalb eine ewige (Erziehungs-)Aufgabe, eben weil das (überfamiliäre) Allgemeininteresse den (familiären) sozialen Strukturen *fremd* ist, bzw. sich auf natürliche Weise in den sozialen Strukturen nicht zu halten vermag.(DP3,166)

Bislang gilt allerdings: die Bürger werden tagtäglich hinter ihrem Rücken auf Mehrwertfähigkeit konditioniert – auf etwas, dass es *real* sehr wahrscheinlich nicht mehr gibt (DP2,63), aber dennoch gilt; gerade auch mit Hilfe der Linken, die, auch wenn sie es ständig sagen, eine andere Gesellschaft als den Kapitalismus (Mehrwertfähigkeit) gar nicht wollen; weil die meisten Linken mental überfordert sind, den Mehrwertbegriff zureichend zu reflektieren als etwas, das uneingeschränkt gilt, ohne real zu existieren.(DP2,206-209) Sie begreifen nicht, dass der Einzelne ohne Mehrwertfähigkeit ausgegrenzt wird – früher oder später im Müll landet, seine Existenzberechtigung verliert. Von diesem moralisch zu exekutierenden Imperativ der Mehrwertfähigkeit, an dem sich alles zu bemessen hat, auch das rein moralisch motivierte Allgemeininteresse (Grundrechte für alle), wissen die Bürger zu wenig; sie wissen nicht, was es mit ihrer Mehrwertfähigkeit auf sich hat; dass sie gefordert wird, ohne dass der Bürger sie zu erlangen vermag – als Voraussetzung dafür, Grundrechte uneingeschränkt in Anspruch nehmen zu können. Vor allem und ausgerechnet für linke Marx-Experten gibt es den Mehrwert nicht als Fiktion, sondern als etwas Reales (DP2,81ff), weil sie ihn mit Geldvermehrung gleichsetzen. Damit sie vom Normalbürger möglichst gut verstanden werden, bedeutet Mehrwert für sie gemäß gesundem Menschenverstand: ich lege Geld an und bekomme nach einer vereinbarten Laufzeit mehr Geld zurück als ich angelegt habe.

Mit dieser Sichtweise legitimieren Rechtspopulisten in der AfD ebenso wie Sahra Wagenknecht (WAS-AFD; DP2,13f; DP4,22) und Andreas Exner (WIF-KMT) – reduziert auf Markt-, bzw. Preisgestaltungsanalyse – die Existenz des Kapitals, bzw. den Kapitalismus, wie unsere Volks- und Betriebswirte in ihren Analysen, ohne ihn zu verstehen; und was man nicht kapiert, kann man auch nicht abschaffen. Das macht ihn so stabil; nicht zuletzt weil ausgerechnet Linke mit selbigen Analysen zu seiner Stabilität beitragen, mit ihnen in der Lage sind, ihr Engagement in die Parlamente hineinzutragen. Sie binden ihr Engagement an parlamentarische Macht, die ihre TeilnehmerInnen mit Einkommen füttert, so dass von dort sozialverträglicher Geist und Wandel unmöglich zu erwarten ist. Politiker, auch Linke in den Parlamenten, machen gewöhnlich so lange weiter wie gehabt, bis alles einmal mehr in Schutt in Asche fällt.

5.3.1 Verbrecherische Strukturen

Das Dilemma besteht – wie gesagt – darin, dass, wenn wir uns, wie in (DP2,45-153) dargestellt, über den Mehrwertbegriff nicht unterhalten können, so dass ein ökonomischer Systemwandel, die Abschaffung des Kapitalismus, nicht gelingen kann, wir uns über eine nicht ökonomisch motivierte Moral (zur Reproduktion des gesellschaftlichen Kontextes), also wie wir sozialverträglich miteinander umgehen können, nicht mehr unterhalten müssen; denn die sozialverträgliche Integration der Bürger ist (unabhängig von ihrer moralischen Einstellung) auf der Basis des Kapitalismus weder umfassend noch nachhaltig möglich. Noch die moralisch beste Erziehung noch so vieler Bürger wird zunehmende Ausgrenzung von immer mehr Bürgern, ihre Atomisierung, resp. Entpolitisierung, nicht verhindern, dafür aber mit einem unerträglichen moralischen Zynismus begleiten, den alle Parteien, *Die Linke* eingeschlossen, schon dem Augenschein nach transportieren. Der Mindestlohn hat dort, wo er eingeführt wurde, in England und den USA, Ausgrenzung und Verelendung nicht verhindert. Er ist weder richtig noch falsch, sondern einfach nur unsinnig; mit der Mindestlohnforderung wird die Lebenssituation der Armen nicht verbessert; sicher ist nur, Linke wollen mit den Forderungen nach Mindestlohn, BGE, etc. ihr parlamentarisches Engagement legitimieren: an die Futtertröge der Regierungsverantwortung kommen, ihre eigene Lebenssituation (in Konkurrenz zu anderen) verbessern.

Mit der Forderung nach mehr Bildung verhält es sich ähnlich. Sie ist zynisch: noch die beste Bildung noch so vieler Bürger wird zunehmende Ausgrenzung nicht verhindern, dafür aber nicht weniger zynisch begleiten, wie es der neue Dokumentarfilm *alphabet* von Erwin Wagenhofer uneingestanden macht; er möchte Bildung für alle. Er sagt, "98% aller Kinder kommen hochbegabt zur Welt. Nach der Schule sind es nur noch 2%." Das mag vielleicht richtig sein. Das Problem wird nur sein, dass unser Wirtschaftssystem mit so vielen begabten Menschen nichts anfangen kann, zumal wenn sie, wie Wagenhofer mit seinem Film, nicht in der Lage sind, den Kapitalismus erst zu verstehen, um ihn dann abzuschaffen. Dieser ist allein mit mehr begabten Bürgern nicht aus der Welt zu schaffen. Es gibt so viele begabte Bürger, die in Bezug auf sozial-ökonomische Zusammenhänge nur Unsinn absondern. So wie es der (dennoch sehenswerte) Film macht. Er möchte v.a., um über die Mundpropaganda erfolgreich zu sein, den Zuschauer mit einem guten, ziemlich selbstgefälligen Gefühl, einer selbstzufriedenen Geisteshaltung nach Hause schicken, die sich dadurch auszeichnet, ökonomiekritische Fragen zum Film nicht zu ertragen – eine Geisteshaltung, die auf Konditionierung gepolt ist und dabei die asozial-regressiven Folgen – versiegelt in einer schönen Gefühlswelt – nicht im geringsten gewahrt. Menschen passen sich den jeweiligen Strukturen an, von denen sie seelisch wie materiell ernährt werden, indem sie impulsiv argumentieren: es geht mir schlecht, also werden die Argumente des Anderen ignoriert oder weggebissen, anstatt sie einer genauen Betrachtung zu unterziehen, die zuweilen auch das eigene Weltbild und mit ihm eigenen Gefühle in Mitleidenschaft zieht. Das lässt ihre Moral nicht zu. Ich nenne sie zynisch; man müsste sie mit etwas mehr ökonomischen Sachverstand verbrecherisch nennen.

Um zynisch zu sein, braucht es keinen ökonomischen Sachverstand: heute sind sie gegen einen Krieg gegen Syrien, gestern waren sie für einen Krieg gegen Libyen; sie sind nicht grundsätzlich gegen den Krieg, gegen Rüstungsexporte, auch wenn das in Äußerungen, z.B. bei Gysi, nicht wörtlich zum Ausdruck kommt. Jedenfalls stellt er, wie die meisten Bürger, Unsinnsproduktionen, z.B. wachsende Autoproduktion, nicht infrage. Wenn man ihm das sagen würde, er verstünde es nicht, wie die meisten Bürger; sie glauben, dass ihren Worten eine hinreichende Beweiskraft für ihre *gute* moralische Einstellung zukomme, die sie, holistisch versiegelt, an ferne bessere Welten binden, an einen zukünftigen Sozialismus, an den charismatischen Politiker, den politischen Helden, der verkrustete Strukturen erfolgreich überwindet, missioniert, wie Hollywood-Filme uns gern weismachen, kurz, an eine Idealität, an die wir tränennass glauben dürfen, die sich – weil unerreichbar – einer überprüfenden Kommunikation entzieht. In solchen Welten fühlen sie sich als ehrliche Menschen. Man müsse unterstellen, dass sie mit ihrer moralischen Einstellung zu einer besseren Gesellschaft beitragen wollen. Wie rührend. Auf dieses moralinsauere Scheingefecht wollen sie den unbequemen Bürger festnageln, um seine analytischen Fähigkeiten zu neutralisieren, damit er seine Schnauze hält.

Fest steht, man kann sich auf Politiker (einschließlich Gysi, Lafontaine, Wagenknecht) nicht verlassen – nicht nur was Kriegseinsätze, sondern auch, was ihre Aussagen zur Sozial- und Finanzpolitik betrifft, und zwar unabhängig davon, wie ihre innere moralische Einstellung im Detail zu bewerten ist.

Dass man sich auf Politiker nicht verlassen kann, verweist auf ein strukturelles Defizit – Politik als Geschäft, Job –, welches das Innenleben massiv in Mitleidenschaft zieht. Das fühlen die meisten Bürger leider nur, ohne dass sie in der Lage wären, ihre Gefühlswelt (Innenleben) in eine umfassende sozial-ökonomische Analyse einzubeziehen, schon weil es sich nicht gehört, über Gefühle anders als nur rührselig zu reden, weit entfernt, diese einer kritischen Betrachtung zu öffnen, so dass sie ermessen können, dass schöne Gefühle zynisch sein können, dazu da, Verelendung – den Hunger in der Welt – einfach nur in ein schönes, selbstzufriedenes Gefühl zu betten: Lasset uns gemeinsam ein Lied singen für alle hungernden Kinder dieser Welt und ein bisschen weinen dazu.

Einen vergleichbaren Gutmenschen-Zynismus kann man – etwas weniger dem Augenschein nach – beim überall herumgereichten Politik- und Islamwissenschaftler Michael Lüders ausmachen, der bei *Beckmann* zur besten Sendezeit auf rührende Weise forderte: Obama solle sich mit Putin zusammensetzen wie es seinerzeit Kohl und Gorbatschow in der Sauna gemacht hätten, um die deutsche Einheit (wie rührend) zu besiegeln. Auch die Argumentationsstrategie seines Kollegen Todenhöfer (TOJ-DNL) ist ungewollt zynisch. Sie besteht darin, behauptete Sachverhalte widerlegen zu wollen; also herrschende Politiker, die es sich im herrschenden System bequem machen, als Diskussionspartner anzuerkennen; damit ist ihre Art und Weise, soziale Strukturen zu rationalisieren, nicht gegen den Krieg gerichtet. Da hilft auch die Moral von Konstantin Wecker nicht, wie der folgende Satz von ihm nahe legt: "Herr Obama, ich spreche ihrem Land die moralische Kompetenz ab, Angriffskriege aus angeblich ethischen Gründen zu führen."(WEK-OBA) Der Satz ist dumm, weil er (im Umkehrschluss) *ethische Kompetenz* zur Führung von Kriegen für möglich hält.

Gutmeinende MitstreiterInnen sollten vielleicht doch in ihre Parolen genauer hineinhören, um versteckte Botschaften zu identifizieren, bzw. unnötige Missverständnisse zu vermeiden. Sonst geben sie, aus dem Bauch (Gefühl) heraus formuliert (den sie nicht reflektieren), ungewollt nicht hinreichend zu verstehen, dass es *humane Kriege* nicht gibt; vielleicht weil sie Angst haben, ihren Beruf zu verfehlen, sprich: in der Öffentlichkeit und bei den Bürgern nicht mehr vermittelbar zu sein, wenn sie ihre Gefühle verletzen, indem sie militärische Einsätze grundsätzlich ablehnen. Der naive Bürger mag sich seinen *guten* Soldaten nicht vermiesen lassen; dafür kennt er ihn zu gut, z.B. Tom Hanks in Spielbergs Film *Der Soldat*

James Ryan. Die Bürger brauchen rührselige Phantasien über ihre sozialen Strukturen wie das missbrauchte Kind seine Eltern, obwohl sie es missbrauchen; sie sind weit entfernt, ihre Phantasien (über sich und ihre Kinder), die sie mit ihren *realen* sozialen Strukturen identifizieren, bzw. verwechseln, für verbrecherisch zu halten, zumal wenn sie in die Tat umgesetzt werden; und sind damit weit entfernt, sich selbst als Helfershelfer involviert zu sehen in jene Strukturen; sie exekutieren die Verbrechen dieser Strukturen moralisch mit ihren von Gefühlen kontaminierten Phantasien, die sie mit jenen Strukturen, dem Gegenstand der Phantasie, in eins setzen; damit legitimieren sie sie wie die wegschauende Mutter den Vater, der sein Kind sexuell missbraucht. So verfahren zynische Gutmenschen in Bezug auf überfamiliäre sozial-ökonomische Strukturen, indem sie sich mit den Strukturrepräsentanten auf Diskussionen (Krieg, ja oder nein) einlassen, zwanghaft, ohne Aussicht, sie je, außer in ihren rührseligen Phantasien, zu erreichen, so dass jene Strukturen in ihrer Gesamtheit nicht in die Kritik geraten – wenn sie, wie gesagt, von schönen Gefühlen kontaminiert sind. Ihre Gefühle sind den Bürgern nun mal heilig.

Es kommt aber noch schlimmer: "Menschen neigen dazu, wenn negative Gefühle sich aufdrängen, anstatt diese, mithin den Gegenstand, auf den sie verweisen, zu verhandeln, sich an Brutalitäten zu beteiligen, und sei es nur, indem sie dem Brutalen (passiv) zustimmen, sei es – absurd aber wahr –, weil sie sich gutmeinend in den gesellschaftlichen Kontext einbringen, mithin nicht tatenlos zusehen wollen, wie ohne ihre (passive) Zustimmung alles in Schutt und Asche fällt oder gemordet wird. Die Menschen halten sich im Nachhinein gar – wie Massenmörder Eichmann – für unschuldig am Grauen (...), das uns heute irgendwann wieder ereilen könnte; sie merken nicht, auf welche Weise sie beteiligt sind" – nicht im Sinne einer umfassenden Ursache, aber zweifellos "im Sinne einer notwendigen Bedingung für das Grauen, damit die politische und ökonomische Elite im öffentlichen Raum ihr grausames Spiel treiben kann."(DP4,23)

Dass der Mensch – sein Innenleben – die grundlegende Ursache, das Zentrum allen Übels, sei, möchte man uns allerdings weismachen – gutmeinend wie der Film *Das weiße Band* von Michael Haneke (WIF-SUL) oder die Psychoanalytikerin Thea Bauriedl.(ZOL-001) An Obamas *Yes, we can* kann man erkennen: Politische Analysen und Einschätzungen legen den Akzent generell zu sehr auf Personen und ihre moralischen Fähigkeiten, und viel zu wenig auf die Analyse (Kritik) möglichst erfolgreich zu bewältigender Strukturen, von denen Personen sich füttern lassen. Daran ist die Arbeiterbewegung gescheitert. Dass man sich füttern lässt, wird als alternativlos *empfunden*. Für eigene schöne Empfindungen lässt man Menschen über die Klinge springen, ein Zusammenhang, der bei Thea Bauriedl nicht vorkommt: der arme Bürger brauche Sicherheit, die er bei Mutti (Merkel) suche – wie rührend. Dass er, bei allem Verständnis, ganz schön brutal sein kann (z.B. Flüchtlinge im Mittelmeer absaufen lässt), deutet unsere Analytikerin in ihrem Interview (ZOL-001) nicht die Spur an – ein massiver Fall von Realitätsverdrängung. Wer verabschiedet sich schon gern aus Strukturen, von denen man sich ernährt *fühlt*. Fühlen reicht. Wer analysiert, Genaueres wissen will, hat schon verloren. Ein warmer Händedruck, ein netter Blick von Mutti und schon *gehört man dazu*; dann fühlt man *mit*, sich verpflichtet, bis zum bitteren Ende; dann hat Analyse keine Chance; sie überfordert mental. Auch unsere weichgewaschene Analytikerin, die es lieber nicht so genau wissen will. Das macht politische Systeme, gerade auch unser kapitalistisches System, so unglaublich stabil.

Strukturen müssen in dem eben beschriebenen Sinne verbrecherisch genannt werden.(CRP-AMD) Das schließt ein, nicht (einzelne) Personen verursachen Verbrechen, auch wenn nicht bestritten werden kann, dass sie notwendige Bedingung sind: dazu neigen, verbrecherische Strukturen (moralisch begründet: kriegt seinen Arsch nicht hoch) zu exekutieren, weil sie sich von ihnen möglichst gut füttern lassen wollen.

Sich den Strukturen zu verweigern, reicht allerdings auch nicht, wiewohl Verweigerungshaltungen einen notwendigen Anfang darstellen. Nehmen sie überhand, werden sie von den Strukturen immer massiver bestraft – in dem Maße, wie sie sich in ihrer Existenz bedroht sehen. Zudem lenken sie Kritik von sich ab, indem sie den Akzent auf Personen – die einzelne, moralisch beschreibbare (Un-)Tat – legen, eine wesentliche Voraussetzung im Kontext von Konditionierung und Anpassung, in denen Bürger mit *guten Gründen* hoffen, sie seien *nicht gemeint*, wenn sie mitkriegen, wie immer mehr Mitbürger – auch eigene Familienangehörige – im Müll landen; schließlich bekämen sie ihren Arsch hoch, hätten sie nichts zu verbergen etc.; sie glauben, sie würden sich individuell durch Leistungsbereitschaft schützen und indem sie möglichst unauffällig bleiben, wenn sie sich also ins Schneckenhaus zurückziehen. Nichts sehen, nichts hören, nichts sagen. (BRK-VLG) Hier kennen Eltern ihre Kinder oder Kinder ihre Eltern nicht mehr. Atomisierung pur.

Allerdings besteht ein besonderes Verbrechen darin, die strukturellen Ursachen des Verbrechens *öffentlich* unter den Teppich zu kehren, selbst wenn damit die eigene Existenz nicht einmal auf dem Spiel stünde. Vielleicht drohte ein Selbstwert-, ein Machtverlust, ein Verlust an sozialer Integration, aber es stünde nicht immer die soziale Existenz komplett auf dem Spiel. Ich meine vornehmlich privilegierte Menschen, die jeden Tag aufs Neue federführend die veröffentlichte Meinung hervorbringen, aber unentwegt nur Unsinn absondern, z.B. im philosophischen Quartet. Zu dieser ökonomisch kaum gefährdeten Gruppe zählen, wie oben angedeutet, auch Kriegsgegner wie Lüders, Todenhöfer oder Wecker. In kleiner Münze wir alle. Wir machen uns, ohne es zu merken oder wahrzunehmen, zu Komplizen eines verbrecherischen sozial-ökonomischen Systems, zumal uns der Mut fehlt, es als verbrecherisch zu bezeichnen.

5.3.2 Über den Film "Der große Crash – Margin Call"

Zu sagen, dass Merkel, Obama, Putin, aber auch Leute wie Ackermann (Ex-Chef der Deutschen Bank) oder gut bezahlte Öffentlichkeitsarbeiter tagtäglich Verbrechen exekutieren und einfache Bürger Beihilfe leisten, ist allerdings nur ein Anfang, dem eine eingehende Analyse folgen muss, die nicht nur das (Verbrechen exekutierende) Innenleben herrschender Politiker, sondern auch das unserige, das des Normalbürgers, einbeziehen muss, schon weil wir ohne Einbeziehung unseres Innenlebens zu keinen diskutier- oder belastbaren Aussagen gegen herrschende Politiker (Strukturen) kommen können. Erforderlich ist eine Ebene der Auseinandersetzung, auf der sich Gemeinsamkeiten herausarbeiten lassen, auf der es auch um Psychoanalyse geht, um in der Lage zu sein, verbrecherische Strukturen als etwas, das krank, im Innenleben des Subjekts freizulegen – abstrakt gesprochen: die Verbindung zwischen Subjekt und Gesellschaft auf eine Weise freizulegen, die jene Verbindung umfassend – alle Menschen einbeziehend – diskutierbar macht. Kurz, wir müssen zu generellen Aussagen kommen, zu denen prinzipiell alle Menschen Stellung beziehen können müssen, indem sie mit Hilfe der Psychoanalyse das, was im gesellschaftlichen Kontext und in anderen Menschen krank ist, auch bei sich selbst als krank wahrnehmen können. Können sie es nicht, gibt es keinen Konsens im Hinblick auf gemeinsame Probleme. Es ist nicht ganz einfach, den sozialen Sachverhalt einer kranken Verbindung zwischen Subjekt und Gesellschaft über Gefühlsäußerungen freizulegen. Vielleicht gelingt es mit Hilfe des Films *Der große Crash – Margin Call* (von J. C. Chandor): Gleich zu Beginn sieht man den Investmentbanker Sam Rogers (Kevin Spacy) selbstvergessen und traurig in seinem Büro vor sich hingrübeln; sein Hund sei krank; er habe ein Vermögen ausgegeben, damit er nicht sterbe. Während er trauert, braut sich etwas zusammen: seine Bank sitzt auf einem Haufen wertloser Papiere, die sie – um sich zu retten – noch am nächsten morgen los werden muss; die Welt steht vor einem Crash, von dem bislang noch keiner so recht etwas wissen will, aber doch wissen könnte. Auch Sam mag etwas spüren, freilich ohne von jeher Genaueres wissen zu wollen. Jedenfalls leidet er unter unsagbaren Spannungen, die nach einem Ventil (der Trauer) suchen, um Realitätstüchtigkeit zu bewahren: Sein todkranker Hund erlaubt ihm, diesen Zusammenhang zu verdrängen: die Verbindung zu seiner Welt aufrechtzuerhalten, in einer Art von Therapie seine *unsagbaren* Spannungen in *sagbare* Trauer zu verwandeln, bzw. abzulenken" (von etwas weg), die das, was er tagtäglich macht: Menschen bescheißen, unberührt lässt. Sprich: negative (unakzeptable) Gefühle zu verschieben auf eine (akzeptable) melancholische Stimmungslage, die auf etwas verweist, seinen Hund, das seine innere Welt, nicht gleich in Schutt und Asche legt. Wenig später hilft er schweren Herzens die Bank zu retten, indem er wertlose Papiere an ahnungslose Kunden verkauft. Das sei normal, so sei die Welt nun mal, versucht John Tudd (Jeremy Irons), sein krimineller Vorgesetzter, ihn zu beruhigen; ob er denn nicht wisse, dass er so etwas seit 34 Jahren mache? – andere vom Markt fegen, große Unternehmen, ahnungslose Menschen. So sei die Welt: die einen gewinnen, andere verlieren. Das ewige Prinzip. Für sich selbst und die Mitarbeiter der Bank müsse man allerdings Verantwortung übernehmen – dafür sorgen, dass die Bank überlebe.

Am Ende des Films darf Sam wieder Gefühle nicht nur zynisch (während seiner Arbeit als Bankmanager), sondern *wahrhaftig* als Mensch ausleben. Oh, tut das gut. Tief traurig bestattet er seinen toten Hund im Garten, der nach der Scheidung von seiner Frau nicht mehr sein eigener ist. Dann fügt sich alles wieder zusammen – Gott sei Dank, noch einmal gut gegangen. Schweren Herzens wird er der Bank wenigstens zwei weitere Jahre erhalten bleiben, alternativlos, weil er Geld braucht.

Ohne seinen sterbenden Hund wäre Sam gar nicht handlungsfähig; weil er nicht so zynisch ist wie sein Chef. Sein Hund ist von Gefühlen kontaminiert, die ihn menschlich erscheinen lassen, wie wir es vergleichsweise bei grünen Politikern wie Ströbele sehen. So sind die Menschen: kriminell, zynisch, rührselig; ein Hund als Projektionsfläche von Verdrängung und Verleugnung, um Spannungen abzubauen und umzuleiten: zu verwandeln in Gefühle der Trauer – mit dem Ziel, dass es weitergehen kann, die Verbindung zum gesellschaftlichen Kontext nicht abreißt; im Windschatten von Rührseligkeiten (DPB,147-153), Trauer um den Hund, sind kriminelle Geschäfte prächtig exekutierbar. Ja, der Führer liebte seinen Schäferhund, kleine blonde Jungs; Mädchen, die ihm Blumen reichten. Wir sehen es beim *Paten* von F. Coppola. Hier befeuern sich Trauer und kriminelle Energie unmittelbar. Der Pate (Al Pacino) leidet tatsächlich, nicht nur gespielt, als in seinem Auftrag sein Schwager bestialisch erwürgt wird.

So etwas läuft auf eine perfide Form von (Selbst-)Konditionierung des Innenlebens hinaus; das Subjekt bindet sich an den gesellschaftlichen Kontext – impulsiv: mit Hilfe seiner Fähigkeit zu lieben; der gesellschaftliche Kontext mag noch so übel sein, er sieht sich am Ende auf Gefühle (des Subjekts) reduzieren. So in der Art: ich und mein Führer; leider gebe es, so Arnulf Baring, den charismatischen Politiker nicht mehr, um den wir in schwerer Zeit *alle* an einem Strang ziehen können, damit *alles* gut *wird*.

(DP3,138-146) Wohlgemerkt, nicht *ist*, sondern *wird*, ist der gesellschaftliche Kontext doch stets Verheißung, Vorstellung, nicht Realität sozial-ökonomischer Strukturen, die den gesellschaftlichen Kontext ausmachen; er mag derweil sein wie er will: negative Erfahrungen mit ihm werden ins Böse – in kriminelle Menschen – projiziert, die es im Interesse der Zukunftsverheißung auszumerzen gilt; dabei gerät der gesellschaftliche Kontext nicht in die Schusslinie der Kritik.

Das alles passiert im Subjekt, macht seine Mentalität aus, allerdings nicht im Sinne einer Ursache, sondern notwendigen Bedingung zur Aufrechterhaltung oder Ausbildung des gesellschaftlichen Kontext; ggf. damit sich nichts ändert. Vergessen wir nicht: das Subjekt generiert über sein Innenleben nicht den gesellschaftlichen Kontext als solchen, sondern in jeder Sekunde seines Lebens die Verbindung zu ihm; unermüdlich; ohne diese innere Arbeit wäre die Gesellschaft, sie mag sozial-ökonomisch aufgebaut sein wie sie will, nicht lebensfähig.(DP4,212) Das können wir so sagen, auch wenn sozial-ökonomische Strukturen sich immer mehr auflösen in einer Zeit, in der der gesellschaftliche Kontext, genauer: die Verbindung zu ihm, sich zunehmend auf Gefühle reduziert sieht, während universale Strukturen, alte Formen der Verbindung, zugleich erodieren, an denen sozial-familiäre Strukturen sich bemessen, in die hinein das Subjekt seine Gefühle projiziert: Der Pate, ganz Familienmensch, will seine Familie schützen und erwürgt sie im selben Atemzug sehenden Auges. Wie der Löwe, der die Jungen der Löwin, seines Rivalen, frisst, um danach die Löwin zu besteigen. Bestialisch. So sind wir gestrickt, so ticken wir mental, so ist unser Innenleben konditioniert – durch unser unermüdliches von Gefühlen kontaminiertes Zutun, ohne, und das ist entscheidend, in der Lage zu sein, unsere Gefühle, das verbindende Substart, auch nur für eine Sekunde zur Disposition zu stellen, also verletzen zu lassen. Schon wenn wir, wie oben am Beispiel Ulrich Gellermanns dargestellt, cholerisch auf Kritik reagieren (GEU-AGR) oder einfach nur, etwas weniger lautstark, Realitätsverdrängung betreiben wie Thea Bauriedl.(ZOL-001)

5.4 Behaviorismus und strukturelle Gewalt

Ohne eine Analyse, die das Innenleben einbezieht, würden wir die Täter: Politiker, Banker, Unternehmer und Menschen der veröffentlichten Meinung nicht effektiv unter moralischen Druck setzen können; wir müssen ihnen das, was wir in unserem Innenleben ausmachen können, massiv anlasten: ihren menschenverachtenden Zynismus, der schon dem Augenschein nach existiert.(KAW-SYR;GFP-003) Er ist in kleiner Münze überall im gesellschaftlichen Körper präsent, nicht unbedingt dem Augenschein nach, aber doch strukturell, z.B. in Rührseligkeiten versteckt.(DPB,148ff)

Um ihn sichtbar zu machen, müssen wir Psychoanalyse betreiben, wie sie Klaus-Jürgen Bruder in (DP4,7-13) andeutet oder in *Psychologie ohne Bewusstsein* (BRK-POB) ausführlicher entwickelt. Eine solche Psychologie bereitete schon Peter Brückner vor, insbesondere in *Das Abseits als sicherer Ort.*(BRP-ABS) Dort spricht er über sich selbst, seine Gefühle, sein Innenleben: seine *Kindheit und Jugend zwischen 1933 und 1945.* Ich sehe hier einen Versuch, Innen (Psychoanalyse) und Außen (Gesellschaftstheorie), Freud und Marx, zusammenzubringen und damit die Verbindung zwischen Subjekt und Gesellschaft diskutierbar freizulegen. Für diese Verbindung, den Weg *vom Gefühl zur Moral,* so der Untertitel von (DP3), zeichnet das Subjekt, sein Innenleben, verantwortlich; gemeint ist eine innere wie äußere Moral, also ein Weg, der im Sinne einer *inneren* Instanz (des Gefühls) auf einen *äußeren* normativ-moralisch beschreibbaren, d.h. verhandelbaren sozialen Sachverhalt – soziale Strukturen – verweist, der Analyse zugänglich, die wiederum auf die innere Instanz (des Gefühls) zeigt.

Die Ausbildung jener Verbindung und, durch diese hindurch, die Ausbildung sozialer Strukturen vollzieht sich allerdings vornehmlich hinter dem Rücken der Subjekte, also weitgehend ohne Bewusstsein, wie einer der Begründer und Propagandisten des Behaviorismus, Watson, betont. Er denkt allerdings, wie Bruder (in BRK-POB) weiter ausführt, dass soziale Felder stets ohne Bewusstsein ausgebildet würden, "ohne zu wissen, was das ist: eine Gesellschaft."(DP4,16) Watson selbst arbeitet gänzlich ohne Gesellschaftsbegriff. Dieser setzt *Bewusstsein* voraus: wir wollen eine Gesellschaft, in der die *Würde des Menschen* unantastbar ist, d.h. Grundrechte für jedes beliebige Subjekt, auch für Straftäter, gelten.

Watson steht mit diesem auf den Gesellschaftsbegriff bezogenen *Unverständnis* (wie er selbst einräumt) nicht allein; für den Normalbürger wie für die meisten Sozialwissenschaftler ist *Gesellschaft* nur eine große Familie – das, was sie jeden Tag machen, wenn sie sprachgestützt miteinander verkehren. Selbst dafür interessierte sich Watson nicht: in diese Familie fühlte er sich nie einbezogen, wie man bei Bruder (BRK-POB) nachlesen kann. Seine Familie war das Versuchslabor mit seinen Ratten, an denen er Versuche vornahm, um die behavioristische Theorie zu bewahrheiten. Er dachte, das Verhalten sei analysierbar, ohne sich auf die Analyse des (menschlichen) Innenlebens noch außerfamiliärer sozial-ökonomischer Strukturen *direkt* zu beziehen; schon gar nicht gewahrte er, dass das Innenleben analysierbar ist, weil es auf jene sozialen Strukturen verweist – im Projektionsmodus: das Subjekt bildet, wie im Film *Der große Crash* illustriert (5.3.2), mit seiner Fähigkeit zu lieben jene Strukturen jeden Tag aufs Neue aus: Sam liebt zwar nicht seinen kriminellen Beruf (als Bankmanager), dafür umso mehr seinen Hund, um in seinem Beruf seelisch nicht zugrunde zu gehen. Aber auch mit Hund geht das ohne analytischen Zugriff aufs

Innenleben, sprich: *ohne Bewusstsein,* auf Dauer nicht gut – vergleichbar dem *Krug, der solange zum Brunnen geht, bis er bricht* (Kleist), bis alles einmal mehr in Schutt und Asche fällt, cholerisch, weil die Konditionierung des Subjekts, ohne Einbeziehung des (Unter-)Bewusstseins auf Dauer nicht klappt; anders als Hunde wehren sich Menschen instinktiv, leider Gottes mit zu wenig Bewusstsein, dagegen, konditioniert zu werden; wie das zu verstehen ist, versuche ich in den vier Teilen *Die Politisierung des Bürgers* zum einen mit Hilfe des Begriffs der Verschiebung (des Gefühls im Objektbezug) herauszuarbeiten; sich sozialverträglich zu wehren, ohne dass alles in Schutt und Asche fällt, gelingt zum zweiten nicht ohne Gesellschaftsbegriff, der *zureichend* nur dann ist, wenn er ein Allgemeininteresse repräsentiert: Grundrechte auch für den Straftäter, das dem Innenleben bewusst appliziert wird, jeden Tag aufs Neue, weil ein Allgemeininteresse, das den Straftäter wie einen *normalen* Menschen einbezieht, in einer sozialen Struktur nicht ohne weiteres aufgeht; es vermag sich in dieser auf *natürliche* Weise – bewusstlos (über bloße Konditionierung) – nicht so zu halten (DP3,166), so dass Gefühle in einer Art (Selbst-)Konditionierung, die sich bewusst gegen eigene Bestandsregungen (Gefühle) richtet, ins Allgemeininteresse projizierbar sind.
Einen solchen Gesellschaftsbegriff gibt bei Watson nicht; er arbeitet gänzlich ohne Gesellschaftsbegriff. Aber auch die Sozialtheorie arbeitet zumindest ohne *zureichenden* Gesellschaftsbegriff.(WIF-SUL,169f) Das trifft in gewisser Weise auf Klaus-Jürgen Bruder zu, auch wenn er die Notwendigkeit *bewussten* Handelns in Bezug auf die Herausbildung sozialer Strukturen betont, ohne allerdings zu sagen, woran jene sich zu bemessen hat: an Grundrechten. Das muss *bewusst* ausformuliert werden; es versteht sich nicht von selbst; zumal dann nicht, wenn's drauf ankommt, z.B. Gewalt droht. Zu sagen, ich denke und handle bewusst, reicht nicht. Für sich genommen existiert der Bewusstseinsbegriff nicht, vielmehr in Abgrenzung, im Widerstreit zum Unbewussten. Bewusst denkt und handelt auch Watson: er setzt seinen Ratten (bewusst) Reizen aus, um zu schauen, was (reizreaktions-schematisch) passiert; sie reagieren nicht gegen ihre Instinkte (unbewusste Bestandsregungen); das geht nur mit Bewusstsein, gegen etwas, das sich auf quasi-natürliche Weise, instinktgeleitet, herausbildet. Dagegen müssen wir *bewusst* sagen, was für eine Gesellschaft wir *wollen,* wenn sie sich nicht *nur* hinter unserem Rücken, *nur* gefühlsgesteuert, herausbilden soll. Wir wollen: eine Gesellschaft, die Grundrechte für alle, *bewusst* auch für Straftäter, garantiert. Nur dann sieht sich der gesellschaftliche Kontext nicht auf Gefühle *reduziert.*(DP3,138-146) Kurzum: erst wenn *alle* Menschen einbezogen sind, kann von einem *zureichenden* Gesellschaftsbegriff die Rede sein, der wiederum Voraussetzung für eine (Sozial-)Analyse von Substanz ist.

Mit einem zureichenden Gesellschaftsbegriff zu arbeiten schließt ferner ein, die Sozial-Abstraktion *Gesellschaft* in begrifflicher Abgrenzung zum Begriff *soziale Struktur*, in der Menschen unmittelbar – also auch *bewusstlos* – miteinander verkehren, zu verwenden.(WIF-SUL,160) Das gelingt nur, wenn der gesellschaftliche Kontext auf etwas verweist, das für jedes beliebige Subjekt von praktischer Bedeutung ist: wenn Grundrechte unmittelbar einklagbar sind außerhalb eines beliebigen sozialen Kontextes impulsiven, bewusstlosen Denkens, Handelns, Liebens; dazu angetan, ein Stück Bewusstsein aus dem Bewusstlosen freizulegen, also etwas aufzurühren, das es in Form von Erlebnisschichten der Vergangenheit gibt, – so wie das Proust in seiner *Recherche* versucht.(DPB,25f)

Die *Recherche* transportiert eine Analyse sozialer Strukturen unter Einbeziehung des Innenlebens. Das ist heute leichter in einer Zeit vollständiger Atomisierung oder vollständiger Erosion universaler Strukturen (Gottesbegriff) möglich und gleichzeitig Voraussetzung für die Ausbildung oder Erneuerung sozialer Strukturen. Sozialintegration klappt immer offensichtlicher nicht mehr nachhaltig *nur* hinter dem Rücken der Subjekte, ohne Bewusstsein, konditioniert über universale Strukturen, die das Gute im Sinne eines Allgemeininteresses repräsentieren, das sich ggf. mit Gewalt (reiz-reaktions-schematisch) gegen das Böse (im Menschen), z.B. mit Hilfe humaner Kriege, durchsetzen müsse.

Es geht nicht darum, dass es Konditionierung nicht mehr geben dürfe, sondern darum, dass man auf sie allein nicht bauen kann. Wir neigen indes dazu, uns allein auf Konditionierung: impulsives Denken und Handeln unter Ausschaltung des Bewusstseins, zu verlassen, ohne genauer und kritischer hinzuschauen, sowohl in sich hinein wie auf äußere Strukturen. Brückner plädiert indirekt für mehr Bewusstsein und Bruder in (BRK-POB) explizit für eine *Psychologie mit Bewusstsein*. Um seiner Argumentation Nachdruck zu verleihen, legt er die sozialgeschichtlichen Wurzeln des Behaviorismus', seine Mentalität, frei, ohne die eine Kritik am Behaviorismus und der am Behaviorismus angelehnten Methode der Konditionierung nicht möglich ist. Jene Kritik braucht das Bewusstsein, genauer: die Transformation des Unbewussten zum Bewussten, den Weg *vom Gefühl zur Moral* (DP3); zumal erst vor dem Hintergrund bewussten Handelns und Denkens das Unbewusste seine begriffliche Schärfe erhält; so wie – umgekehrt – ohne das Unbewusste der Bewusstseins-Begriff gar nicht darstellbar wäre.

Der Behaviorist interessiert sich weder für das eine noch das andere, obwohl die Begriffe Teil seines Wortschatzes sind; dennoch interessiert ihn das Innenleben: der Ort des (Un-)Bewussten, explizit nicht – eben weil es ihm darum geht, Menschen im Hinblick auf bestimmte Verhaltensweisen, auf Gehorsam und Anpassung, abzurichten. Die Wirklichkeit gibt dem Behaviorismus scheinbar recht; denn ohne Bewusstsein laufen wir in der Tat wie abgerichtete kleine Tierchen herum und finden das, sofern wir es überhaupt merken, völlig normal, verkennend, dass man uns so macht (unter tatkräftiger Mithilfe von uns allen) und haben will: gemeingefährlich! Im Behaviorismus ist der einzelne Mensch wie die Gesellschaft auf Instinktverhalten: automatisch ablaufendes Verhalten, reduziert. Um es stumpf zu aktivieren, braucht es den Reiz, mehr nicht, schon gar nicht mehr Wissen darüber, was an Verwüstungen im Innenleben zu befürchten ist, wenn Menschen auf Gehorsam und Anpassung getrimmt und damit nur in der Lage sind, das Unvermeidliche zu exekutieren.

Wenn's hoch kommt, interessiert man sich für das Bewusstsein (Innenleben) als Instanz, Verhaltensweisen im Hinblick auf unvermeidliche kapitalverwertende Prozesse zu exekutieren, im idyllischen Schneckenhaus, darauf sich die Phantasie reduziert sieht; dazu gehört *nichts sehen, nichts hören, nicht (mit)fühlen*. Menschen im Müll – im Mittelmeer – verrecken, ertrinken zu lassen. Das erfordert, wie oben erwähnt, ein Denken und Verhalten im Reiz-Reaktions-Schema, das auf Konditionierung zielt, die wir uns selbst in unserer alltäglichen Kommunikation auferlegen, in dem Maße so erfolgreich wie gemeingefährlich, wie wir auf Kritik allzu empfindlich (lediglich impulsiv) reagieren (ohne genauer hinzusehen) – in dem Maße wie wir mit negativen Gefühlen, die z.B. ein Mensch, der seinen Arsch nicht hoch bekommt, in uns auslöst, nicht umgehen können, unfähig, das zu verhandeln, worauf Gefühle verweisen. Zum Beispiel sich für ein Buch oder Text genauer zu interessieren, bevor man es auf Nimmerwiedersehen für substanzlos hält.(GEU-AGR)

Nicht der Verdacht einer Substanzlosigkeit ist dumm; sondern sich mit dem Verdacht, einem Gefühl, zu begnügen; weil man Gefühle nicht verhandeln kann, nicht verhandeln will.(DP4,24-69) Das macht den Weg für Konditionierung frei. Darauf sind die meisten Bürger geeicht; so sind sie (innerlich) gestrickt; das ist ihre Mentalität; sie reagieren allergisch, wenn negative Befindlichkeiten, der Ausgangspunkt von Kritik, allzu deutlich geäußert werden. Sie verkennen, dass Kritik mit der Äußerung eines Gefühls beginnt. Würgt man die Äußerung eines Gefühls ab, würgt man Kritik ab; man will sie nicht genauer zu Wort kommen lassen. Nicht sehen, nichts hören, nichts fühlen (dafür cholerisch reagieren).

Kurz: im Kontext von Konditionierungen werden Gefühle ausgetauscht, keine Argumente. Hier schließt sich der Kreis: wir konditionieren den anderen, indem wir ihn für unpassende Äußerungen, und seien es nur Gefühlsäußerungen, bestrafen (cholerisch reagieren), damit er sie in Zukunft unterlässt, seine Gefühle abtreibt, noch dazu eigenhändig – bis hin zu einem sauber ausgeschabten Innenleben. Das kann auf Dauer nicht funktionieren, weil der Mensch auf Dauer ohne Gefühlsäußerungen nicht zu existieren vermag; wie gesagt: der Krug geht so lange zum Brunnen, bis er bricht (Kleist) – Gefühle explodieren.

5.4.1 Strukturelle Gewalt und Faschismus

In einer Zeit vollständiger Atomisierung (Erosion universaler Strukturen) ist das Denken und Handeln im Reiz-Reaktions-Schema in jede Pore gesellschaftlichen Lebens eingedrungen (mit gefühlsabtreibender entpolitisierender Wirkung), und zwar auf eine Weise, dass die TeilnehmerInnen es nicht reflektieren/merken (normal finden). Sonst müssten sie sich reflektieren, analysieren, kritisieren – ihr Innenleben reflektieren, aufrühren (lassen). Das tun sie nicht, obwohl sie begriffliche Kategorien des Innenlebens permanent verwenden, z.B. von *Bewusstsein, Geist(eshaltung), Verstehen* etc. sprechen. Auch die grundlegenden Kategorien Es, Ich, und Über-Ich sind Kategorien des Innen. Sie bedürfen der Entäußerung oder Vergegenständlichung, um analytische Kraft zu entfalten. Wer analysiert, betreibt, ob er will oder nicht, bewusst oder unbewusst, Gesellschaftsanalyse, strukturkritisch (bewusst) oder strukturaffirmativ (bewusstlos). Affirmativ dann, wenn man glaubt, das Bewusstsein sei als solches, sozusagen *rein, leerbegrifflich* der Analyse zugänglich, verkennend, dass dies nur über äußere Gegenstände: Texte, soziale Felder, Personen etc. – möglich ist, die Bewusstsein, einen emotionalen Bezug anzeigen, die wir lieben – z.B. Merkel, Wagenknecht oder ein Buch. Deshalb bleiben Bewusstseins-Analysen *fragil*, das heißt aber nur: sie erzeugen negative Gefühle, wenn Gegenstände des Bewusstseins kritisiert werden.

Fragil bedeutet: Bewusstseins-(Struktur-)Analysen legen innere Defizite – Innen-Außen-Differenzen – frei und setzen dadurch Teilnehmer unter Spannung. Richtig krank wird es allerdings dann, wenn Spannungen: Innen-Außen-Differenzen, *nachhaltig* verleugnet oder verdrängt werden, d.h. wenn die Externalisierung des Gefühls nachhaltig scheitert (DP4, Klappentext) – das Gefühl im Huldigungswahn dem Innen nicht entrinnt, der sich auf Ikonen wie Wagenknecht, Rosa Luxemburg etc, beziehen kann (Reanimierung universaler Strukturen im Westentaschenformat). Wer Luxemburg orientierungslos nennt, kann was erleben; der gehört nicht mehr zu uns. So ticken die meisten Linken immer noch. Sie brauchen etwas, das sie anbeten können, um zu überzeugen. Sich selbst finden sie dafür nicht gut genug.

Schon wenn ich einen Text lese, setze ich den Autor des Textes unter Spannung, berühre ich zwangsläufig sein Innenleben. Darauf reagieren Menschen empfindlich; sie neigen dazu, schon das Lesen zu konditionieren. Wie soll das gehen? Lesen ohne Subtext? Es geht, indem man das Unvermeidliche aufsagt, Links-Ikonen wie Luxemburg, Liebknecht, Bebel behuldigt, anstatt sie orientierungslos zu nennen. Welch ein Sakrileg! Behuldigungen sind im Kontext rührseliger Gefühlsdispositionen Ausdruck für Konditionierungen.(DPB,148ff) Die Nazis haben uns gezeigt, wie das geht. Wenn auch nicht auf Dauer.

In *Die Politisierung des Bürgers* (DPB,71ff bis DP4,207f,222) habe ich versucht herauszuarbeiten, dass und wie Konditionierung schon im Vorfeld faschistischer Strukturen, diese vorbereitend, krank macht, tagtäglich *normalisiert wird*, uns normal vorkommt, eine Form von Sozialintegration, die nicht nachhaltig erfolgreich ist, irgendwann in (faschistische) Gewalt mündet. Das beginnt damit, dass wir *Konditionierung auf der Basis des Denkens und Handelns im (behavioristischen) Reiz-Reaktions-Schema* in politische Diskussionen eingehen lassen, unscheinbar, und damit das herrschende System, strukturelle Kriminalität (Bomben auf Syrien), ungewollt in faschistische Strukturen treiben. So etwas hören Linke nicht gern: dass sie befördern, was sie zu bekämpfen vorgeben.

Das Wissen um die a-soziale Gemeingefährlichkeit eines auf Konditionierung ausgerichteten Denkens und Handelns ist leider weitgehend verschüttet. Heute müssen wir einmal mehr neu anfangen – von ganz unten; alles gehört auf den Tisch, auch wir selbst: wir müssen lernen, über Gefühle – vornehmlich negative – zu reden; zunächst akzeptieren, dass sie zum Ausdruck gebracht werden müssen, um dann erst verhandelbar zu sein – mit dem Ziel einer gründlichen Systemkritik, die dann natürlich allein nur im Gefühl nicht mehr aufgeht; das ist das kleine Einmaleins der (Sozial-)Psychologie. Wir dürfen weder mental-kognitiv noch emotional das geringste voraussetzen – schichtübergreifend, zumal in einer Zeit vollständiger Atomisierung des Subjekts, der es immer wieder vergeblich "mit Gefühlen auf Gegenstände der Verheißung zu entrinnen sucht" (DP2, Klappentext), um den Gesprächspartner darauf wie auf den Glauben an Gott, die Arbeiterbewegung etc. festzunageln – zu konditionieren.

Ich deutete oben an, dass es wichtig sei, die sozial-historischen Wurzeln des Behaviorismus herauszuarbeiten, um zu ermessen wie er als Theorie Eingang gefunden hat in eine soziale Praxis menschenverachtender Konditionierung. Diese war damals, so lese ich Bruders Buch (BRK-POB), im letzten Drittel des 19. Jahrhunderts bis hinein in die 1920/30er Jahre noch nicht Sache des einzelnen Subjekts und zwar solange es Gewalt und Unterdrückung noch als etwas, das von Außen einwirkte, erlebte: der Feind wurde nicht in den eigenen verinnerlichten Strukturen: der eigenen Neigung, (andere) zu konditionieren, also noch nicht im Innenleben gesucht; das Subjekt war als Opfer erlebbar, (noch) nicht als Täter. So dass das Subjekt keinesfalls als aktiver und aktivierender Teil der Lösung aufgefasst werden konnte; die Lösung wurde ausschließlich außerhalb des Subjekts angesiedelt – eine Geisteshaltung mit noch einigermaßen intakten universalen Strukturen. Damit war die Psychoanalyse, orientiert am Ödipus-Universalismus, noch einigermaßen plausibel vermittelbar, anders als heute, die wir uns mit der *vaterlosen Gesellschaft* (Mitscherlich) konfrontiert sehen, die ganz neue Anforderungen ans Subjekt stellt, das, ohne universale Strukturen (im Geiste) vollständig atomisiert, sich immer mehr auf sich selbst zurückgeworfen sieht. Damit funktioniert die Konditionierung des Subjekts nur noch, wenn sie mit Selbstunterdrückung, bzw. Selbstkonditionierung des Subjekts einhergeht – im Zusammenhang mit einem vollständigen Rückzug ins Private. Der Andere: das dem eigenen Gefühl Fremde, wird gemieden, ja zum Feind (erklärt), wenn er nicht wie vorgesehen denkt und redet. Das wird von außen, durch die veröffentlichte Meinung, massiv verstärkt.

In der Zeit, als der Behaviorismus entstand, ging es also noch nicht um Selbstanpassung, sondern darum, Menschen im Hinblick auf zu verändernde soziale Strukturen zu erziehen (anzupassen), die man unausgesprochen, bzw. unanalysiert im Subjekt selbst verortete, so dass – im Umkehrschluss – ein *frei* erzogenes Subjekt zwangsläufig eine freie Gesellschaft zur Folge habe. Ein schwerwiegender Irrtum, der Ursache und Wirkung vertauscht, der vermutlich Watson und Dewey aneinander, an der Sache, vorbeireden ließ. Denn eines ist klar: das Subjekt mag im Sinne einer notwendigen Bedingung Anteil haben an gesellschaftlicher Unterdrückung, darf aber keinesfalls als Ursache gesellschaftlicher Gewaltverhältnisse aufgefasst werden. Eine notwendige Bedingung von einem Etwas ist für sich genommen nicht die Ursache von jenem Etwas.

So denkt man bis heute: das Subjekt ist schuld. Später, im Fahrwasser einer subjektorientierten Schuldzuweisung für Gut und Böse, wurde die Gesellschaft wie eine große Familie, *ein einziger großer Trust*, gesehen; mit guten Müttern und Vätern, die ihre Kinder gut erziehen – "dann endlich würde alles Elend überwunden sein, und die Menschen in Harmonie und Frieden leben können."(BRK-POB,161f) Bald gab der real existierende Faschismus das Vorbild ab; er machte Menschen glücklich, solange er sich *zu benehmen* wusste; er sollte halt nur keine Kriege führen, keinen Völkermord an Juden begehen, sondern gut erzogen für die Menschen da sein. Für Autobahnen und gut erzogene Väter und Mütter sorgen. Geschichtsprofessor Arnulf Baring sieht die Gesellschaft heute noch so zusammengehalten, bzw. nicht mehr zusammengehalten, weil es charismatische Persönlichkeiten, selbstlose Helden heute leider nicht mehr gäbe, die das Glück von oben nach unten durchreichen, die zu rühren vermögen, um Denken und Handeln aller Menschen zu einer großen Familie, der Gesellschaft, zusammen zu schmieden.(DP3,138-146)

In der Tat: heute spielt die *Vaterautorität* keine tragende Rolle mehr in der sozialen Praxis. Autoritär zusammengehaltene Strukturen erodierten schon

im 19. Jahrhundert, wenn auch vorerst hinter dem Rücken der Subjekte, so dass diese sich nicht weniger bewusstlos oder unkritisch nach intakten Strukturen sehnten, als seien diese tatsächlich realisierbar, wiewohl sie nur indifferent in beliebige Sozialabstraktionen wie Volk, Nation, Gemeinschaft, Rasse, Masse, kurz: in den Repräsentanten der Sozialabstraktion, den *intakten Vater*, hineinprojiziert wurden, als käme jenen Sozialabstraktionen in sich selbst, über ihre Repräsentanten, eine praktische Bedeutung fürs Subjekt zu; als könne dieses einfach nur in der Sozialabstraktion aufgehen; ihr schreibt man bis heute (hypostasierend) menschliche Eigenschaften (des Denkens und Handelns) zu, um sie dem liebenden Subjekt zugleich abzusprechen. Was das Subjekt tatsächlich denkt und fühlt, wie es ihm tatsächlich geht im Kontext mit jenen Abstraktionen, blieb außen vor; es ging (uneingestanden) nur um eine möglichst reibungslos funktionierende Mechanik des Ganzen, die durch eine schlechte Erziehung (Konditionierung) nicht gestört werden dürfe. In diesem Zusammenhang sollte der "Experte alle denkbaren Störungen vorhersehen und eliminieren, ganz egal, was ihre Motivation sein mag."(BRK-POB,162)
Auch der gutmeinende sozialkritische Sozialist projizierte seinen Optimismus, seine Hoffnungen kritiklos in die Sozialabtraktion (Massen, Volk, Nation, Demokratie, Arbeiterklasse, etc.), in Repräsentationen, in Marx, Engels, W. und K. Liebknecht, Luxemburg, Lenin, Trotzki etc., hinein, als seien Strukturen und nicht das Subjekt eine eigenständige Person. Nur dass Sozialabstraktionen, z.B. die Massen, oft genug nicht hielten, was sie versprachen, wodurch der gutmeinende sozial engagierte Schriftsteller Jack London in den Selbstmord getrieben wurde.(BRK-POB,131)
Fazit: Fast alle gutmeinende Sozialarbeiter, Sozialtheoretiker ohnehin, mit Sicherheit Schriftsteller wie Jack London arbeiten mit einem unzureichenden Gesellschaftsbegriff. Von *zureichend* kann man nur reden, wenn Sozialabstraktionen, auch solche wie *Demokratie* und *Arbeiterklasse*, auf etwas verweisen, was für jedes beliebige Subjekt von praktischer Bedeutung ist (Grundrechte für alle). Nur dann lässt sich sinnvoll von einem gesellschaftlichen Kontext sprechen, nämlich genau dann, wenn dieser sich begrifflich von einer beliebigen sozialen Struktur unterscheidet, in der Subjekte unmittelbar miteinander verkehren.(WIF-SUL,160f) Ohne jene begriffliche Differenz leben Struktur-Repräsentanten im Wahn, dass man mit Kritik an *ihren* demokratischen Strukturen diese gefährden würde: Der Nichtwähler gefährde die Demokratie, nicht der Demokratie-Repräsentant, so der Spiegel vom 16.09.2013.(KLM-APO) Diese Wahnvorstellung – Verwechslung von Ursache und Wirkung – stellt eine weitere Voraussetzung dar, dass das Subjekt von der *Macht* konditioniert werden kann, ob nun von (Parteien) der Arbeiterklasse oder ganz generell vom organisierten Kapitalismus, ist ganz gleichgültig; entscheidend ist die Angst

vor Bestrafung, für die Erosion von (Macht-)Strukturen verantwortlich zu sein, darauf man faktisch nicht den geringsten Einfluss hat. Sie lösen sich von innen her auf in einer Zeit, in der universale Strukturen (Gottesbegriff) nicht mehr überzeugen. Oder sie halten sich eben nur noch mit kriminellen Mitteln, z.B. indem man glaubt, soziale Probleme mit polizeilicher oder militärischer Gewalt lösen zu müssen.

Eine wesentliche Bedingung für einen möglichen Einfluss des Subjekts auf (kriminelle) Strukturen besteht darin, dass das Subjekt sich genau diesen Strukturen verweigern kann, z.B. indem es nicht zur Wahl geht — ohne damit aber die Strukturen schon zu verändern, auszubilden, neu zu beleben. Auch ist, wie gesagt, eine notwendige Bedingung für etwas keine Ursache für dieses Etwas. Aber symbolische Verweigerungshaltungen tragen wenigstens zu Machterosionen bei; darauf reagieren Strukturrepräsentanten meist hysterisch. Sie lehnen es strikt ab, dass Abstraktionen (also etwas, was in ihren Gehirnen rumspukt) auf etwas verweisen, was für das Subjekt von praktischer Bedeutung ist in dem Sinne, dass es sich einem sozialen Kontext zu verweigern vermag; denn würde es sich entziehen, wäre es nicht mehr zuverlässig konditionierbar.

Wir brauchen also das Subjekt im Guten wie im Schlechten. Ohne seine aktive Teilhabe, und bestehe sie nur in einer Verweigerungshaltung, werden wir das Gespenst der Konditionierung nicht los; ohne Verweigerungshaltungen (an kriminellen Strukturen) gerinnt Kritik am Konditionierungsbegriff zum Lippenbekenntnis. Und ohne kritischen Blick aufs Subjekt, sein Innenleben, übersehen wir, dass wir in unseren sozialen Beziehungen zur Konditionierung im Hinblick auf stabile kriminelle Strukturen beitragen, dass diese ohne unsere aktive Mithilfe gar nicht existieren könnten, schon wenn wir dazu neigen, Kritik mit Ignoranz, Aggressionen, Kommunikationsverweigerung zu bestrafen. Linke reagieren besonders empfindlich auf Kritik, v.a. indem sie unentwegt unlautere Motive unterstellen, unsachlich schon deshalb, weil Kritik unabhängig davon, mit welchen Motiven sie transportiert wird, richtig, falsch oder unsinnig sein kann.

Das schließt ein: man kann den Sack einer Kritik an *Behaviorismus und Konditionierung zur Stabilisierung krimineller Strukturen* nur zu machen, wenn Sozialabstraktionen auf etwas verweisen (Grundrechte für alle), was für jedes beliebige Subjekt von praktischer Bedeutung ist. Ihre Theorien zu Ende denken Sozialwissenschaftler generell nicht — bis heute. Deshalb sind sie nur eingeschränkt in der Lage, das Problem von Behaviorismus und Konditionierung als generelles Problem struktureller Gewalt zu thematisieren. Es zu Ende zu denken heißt, es mit Hilfe der Psychoanalyse als Problem des eigenen Innenlebens zu begreifen. Dazu war Watson, einer der Propagandisten von Behaviorismus und Konditionierung, mental nicht in der Lage: das Bewusstsein (als Kategorie des Innenlebens) im sozialen Kontext zu thematisieren; weil er ohne entsprechendes Innenleben das Problem nicht begriff; dass er nichts begriff, gab er gegenüber Dewey freimütig zu, der das Bewusstsein (Innenleben), wenn auch ohne zureichenden Gesellschaftsbegriff, einbezog, indes unkritisch im Sinne einer Instanz zur Anpassung. Dennoch, anders als Watson und Dewey sind Sozialwissenschaftler heute weit entfernt, das zu begreifen, was sie nicht begreifen; und anders als Bruder (in BRK-POB und DP4,7-13) verkennen Sozialwissenschaftler, einschließlich Psychoanalytiker (ZOL-001), bis heute, und man kann es ihnen auch nicht erklären, dass sie zu einem gemeingefährlichen Denken und Handeln im Reiz-Reaktions-Schema neigen – dies in einer Zeit enger werdenden ökonomischen Spielraums aufgrund eines umfassenden Mehrwertzwangs. Besonders betrüblich ist aber, sie vermögen diesen sozial-ökonomischen Sachverhalt, anders als die Väter des Behaviorismus, noch nicht einmal theoretisch zu begleiten. Tote Hose.

Anhang

Abkürzungen (siehe auch *Die Politisierung des Bürgers*, Teil 2)

AG	Arbeitsgemeinschaft
AT	Altes Testament
BGE	Bedingungsloses Grundeinkommen
DPB	siehe WIF-DPB: Die Politisierung des Bürgers, 1. Teil
DP2	siehe WIF-DP2: Die Politisierung des Bürgers, 2. Teil
DP3	siehe WIF-DP3: Die Politisierung des Bürgers, 3. Teil
DP4	siehe WIF-DP4: Die Politisierung des Bürgers, 4. Teil
DWN	Deutsche-Wirtschafts-Nachrichten.de
WIF	Witsch, Franz
GFP	German-foreign-policy.de
GG	Grundgesetz
GPPP	Gesellschaft für Psychohistorie und Politische Psychologie e.V.
IS	Islamischer Staat
KN	Kritisches-Netzwerk.de
MP1	Materialien zur Politisierung des Bürgers, Band 1
MP2	siehe WIF-MP2: Materialien zur Politisierung des Bürgers, Band 2
NDS	nachdenkseiten.de
NGfP	Neue Gesellschaft für Psychologie (Berlin)
NLO	Netzwerk Linke Opposition
PDL	Partei *Die Linke*
PDS	Partei des demokratischen Sozialismus, ehemals SED
PKK	Arbeiterpartei Kurdistans (Partiya Karkerên Kurdistan)
RAF	Rote Armee Fraktion
RG	rationalgalerie.de
TKH	Theorie des kommunikativen Handelns (von Habermas)
TK1	TKH Band 1 (HAJ-TK1)
TK2	TKH Band 2 (HAJ-TK2)
V.N	Pseudonym eines WASG-Aktivisten
VGR	Volkswirtschaftliche Gesamtrechnung
WASG	Wahlalternative soziale Gerechtigkeit (2004 – 2007)
WASH	Wahlalternative Soziales Hamburg (2008 – 2014)
ZO	Zeit Online
SUL	Sozialintegration und Lernen (WIF-SUL)

Quellen:

AGM-WKR: Michel Aglietta, Ist der Weltkapitalismus regulierbar?, Supplement der Zeitschrift Sozialismus 11/2002

BIJ-NZA: Joachim Bischoff, Neoliberales Zeitalter? Abend- oder Morgendämmerung des Laissez-faire-Kapitalismus?, Sozialismus 03/2000

BIJ-PEP: ders., Brie u.a., Programmatischen Eckpunkte auf dem Weg zu einer neuen Linkspartei in Deutschland (Diskussionsgrundlage der gemeinsamen Programmkommission von Linkspartei.PDS und WASG), Februar 2006

BOK-GDK: Karl Heinz Bohrer, Grenzen der Korrektheit. Jürgen Habermas' politische Semantik, FAZ vom 10.06.2002

BRK-MuG: Klaus-Jürgen Bruder u.a. (Hg.), Machtwirkung und Glücksversprechen, Gießen 2014 (Psychosozial-Verlag)

BRK-POB: ders., Psychologie ohne Bewusstsein. Die Geburt der behavioristischen Sozialtechnologie, Frankf./M. 1982 (Suhrkamp)

BRK-VLG: ders., Nichts sehen, nichts hören, nichts sagen. Widerstand gegen die Transformation. Vortrag auf der Jahrestagung der GPPP vom 04.04.-06. 04.2014 in St. Peter-Ording

BRP-ABS: P. Brückner, Das Abseits als sicherer Ort. Kindheit und Jugend zwischen 1933 und 1945, Berlin 1994 (Wagenbach), erstmals erschienen 1980

BUP-UPD: Peter Bürger, Ursprung des postmodernen Denkens, Weilerswist, Göttingen 2000

COH-NWM: Hansgeorg Conert, Neoliberalismus und Weltmarkt, Supplement der Zeitschrift Sozialismus 10/2003

DEG-AOE: Gilles Deleuze und Félix Guattari, Anti-Ödipus. Kapitalismus und Schizophrenie, Frankf./M. ³1981, erstmals erschienen Paris 1972

DWN-002: Fukushima: Die Wahrscheinlichkeit, dass die Rettung gelingt, geht gegen Null, DWN vom 09.10.2013

DWN-025: US-Drohnen töten 1147 Zivilisten bei der Jagd auf 41 Terroristen, DWN vom 27.11.2014

EXA-OEK: Andreas Exner, Die Öko-Falle: Naturalisierung der Katastrophenpolitik, KN vom 31.08.2013

GEU-AGR: Ulrich Gellermann: Als Günter Grass mal das Volk war. RG vom 14.08.13

GFP-003: Elitejournalisten, GFP vom 16.09.13

GFP-009: Zur Tötung vorgeschlagen. GFP vom 06.01.2015

JEK-STE: Ken Jebsen: Stell dir vor, es ist Krieg und keiner erinnert sich, KN vom 11.09.2013

HAJ-DEA: J. Habermas, Die Einbeziehung des Anderen. Studien zur politischen Theorie, Frankf./Main 1999, erstmals erschienen 1996

HAJ-ESA: ders., Eine semantische Anmerkung für Marcel Reich-Ranicki, aus gegebenen Anlässen (zu Martin Walsers Roman *Tod eines Kritikers*), SZ vom 07.06.2006

HAJ-PDM: ders., Der philosophische Diskurs der Moderne, Frankf./M. 1988, 1. Auflage 1983

HAJ-TK1: ders., Theorie des kommunikativen Handelns, Bd.1: Handlungsrationalität und gesellschaftliche Rationalisierung. Frankf./M. 1995, 1. Aufl. 1981

HAJ-TK2: ders., Theorie des kommunikativen Handelns, Bd.2: Zur Kritik der funktionalistischen Vernunft. Frankf./M. 1995, 1. Aufl. 1981

HAK-TMB: Klaus Harpprecht, Thomas Mann. Eine Biographie, Hamburg 1995

HOW-ST1: Werner Hofmann, Sozialökonomische Studientexte. Bd.1: Wert- und Preislehre, Berlin 1979, erstmals erschienen 1964

HOW-ST2: ders., Sozialökonomische Studientexte. Bd.2: Einkommenstheorie, Berlin 1979, erstmals erschienen 1965

HOW-ST3: ders., Sozialökonomische Studientexte. Bd.3: Theorie der Wirtschaftsentwicklung, Berlin 1979, erstmals erschienen 1966

KAW-SYR: Wilfried Kahrs, Syrische Freiheitskämpfer ermorden 11 UN-Mitarbeiter, KN vom 15.09.13

KOE-LZT: Egmont R. Koch und Michael Wech, Lizenz zum Töten. Wie Israel seine Feinde liquidiert, ARD-Reportage, veröffentlich auf youtube am 04.04.2013

LAO-AGL: O. Lafontaine u.a., Aufruf zur Gründung einer neuen Linken, Berlin 2006

NIF-GEM: Friedrich Nietzsche, Genealogie der Moral, in NIF-WE3, Bd.3

NIF-WE3: ders., Werke in 3 Bänden, herausgegeben von Karl Schlechta, München ³1962, 1. Auflage 1958

MAK-W23: Karl Marx, Das Kapital. Der Produktionsprozess des Kapitals, Dietz-Verlag Berlin 1973, erstmals erschienen 1867

MAK-W24: ders., Das Kapital. Der Zirkulationsprozess des Kapitals, Dietz-Verlag Berlin 1973, erstmals erschienen und herausgegeben von Engels 1885

MAK-W25: ders., Das Kapital. Der Gesamtprozess der kapitalistischen Produktion, Dietz-Verlag Berlin 1973, erstmals erschienen und herausgegeben von Engels 1894

PFH-DZG: Hermannus Pfeiffer, Die Zähmung des Geldes, Marxistische Blätter 1/2002

PUM-PIA: Mary Ann Pulaski, Piaget. Eine Einführung in seine Theorien und sein Werk, Frankf./M. 1978, erstmals erschienen 1971

SCE-DNW: Egbert Scheunemann, Determinismus der Naturgesetze und Willensfreiheit, Hamburg 2007

SCE-HFS: ders., Habermas auf fünf Seiten, Hamburg 2007

SCE-LSW: ders., Leserbrief an "Spektrum der Wissenschaft" zum Artikel "Die Fortschrittsillusion" (4/2007)

SCJ-TUS: Jeremy Scahill, Terrorstaat USA – Schmutzige Kriege – Die geheimen Kommandoaktionen der USA, NDR-Dokumentation, veröffentlich auf youtube.de am 28.11.2013

TOJ-DNL: Jürgen Todenhöfer, Der nächste Lügenkrieg?, NDS vom 10.09.13

TUE-VSP: Ernst Tugendhat, Vorlesungen zur Einführung in die sprachanalytische Philosophie, Frankf./M. 1976

WAS-AFD: Sahra Wagenknecht, BZ-Interview: über Konkurrenz von der AfD, Steuergerechtigkeit und Freiheit, Badische Zeitung vom 17.05.2013

WEK-OBA: Konstantin Wecker, Wir treiben die nächste Generation ins Kriegerische, DWN vom 05.10.2014

WIF-DPB: Franz Witsch, Die Politisierung des Bürgers, 1. Zum Begriff der Teilhabe, Norderstedt 2015, 1.Auflage 2009

WIF-DP2: ders., Die Politisierung des Bürgers, 2.Teil: Mehrwert und Moral, Norderstedt 2012

WIF-DP3: ders., Die Politisierung des Bürgers, 3.Teil: Vom Gefühl zur Moral, Norderstedt 2013

WIF-DP4: ders., Die Politisierung des Bürgers, 4.Teil: Theorie der Gefühle, Norderstedt 2013

WIF-KMT: ders., Kapital braucht den Markt, aber der Markt braucht nicht das Kapital, Leserbrief vom 31.08.13 zu Andreas Exner in EXA-OEK

WIF-MP2: ders., Materialien zur Politisierung des Bürgers, Band 2: Kommunikation unter Verdacht, Norderstedt 2105

WIF-SUL: ders., Sozialintegration und Lernen, in (BRK-MuG, 157-170)

ZOL-001: Thea Bauriedl, Demokratie: "Wie Lämmer, die Merkel nachlaufen", ZO vom 30.09.2013